HR

企业劳动用工合规

HR不可不知的200个实务问题及风险提示

倪宝芳　王朝勇　陆云英　主编

法律出版社
LAW PRESS·CHINA
北京

图书在版编目（CIP）数据

企业劳动用工合规：HR不可不知的200个实务问题及风险提示／倪宝芳，王朝勇，陆云英主编．--北京：法律出版社，2023
ISBN 978-7-5197-7533-9

Ⅰ．①企… Ⅱ．①倪… ②王… ③陆… Ⅲ．①劳动法-中国-问题解答 Ⅳ．①D922.505

中国国家版本馆CIP数据核字（2023）第017587号

企业劳动用工合规
——HR不可不知的200个实务问题及风险提示
QIYE LAODONG YONGGONG HEGUI
— HR BUKE BUZHI DE 200 GE SHIWU WENTI JI FENGXIAN TISHI

倪宝芳　王朝勇　陆云英　主编

责任编辑　李争春
装帧设计　李　瞻

出版发行 法律出版社
编辑统筹 法规出版分社
责任校对 张红蕊
责任印制 耿润瑜
经　　销 新华书店

开本 710毫米×1000毫米　1/16
印张 20.5　　**字数** 388千
版本 2023年3月第1版
印次 2023年3月第1次印刷
印刷 三河市龙大印装有限公司

地址：北京市丰台区莲花池西里7号（100073）
网址：www.lawpress.com.cn
投稿邮箱：info@lawpress.com.cn
举报盗版邮箱：jbwq@lawpress.com.cn
销售电话：010-83938349
客服电话：010-83938350
咨询电话：010-63939796

书号：ISBN 978-7-5197-7533-9
定价：88.00元
凡购买本社图书，如有印装错误，我社负责退换。电话：010-83938349

主编简介

倪宝芳

1957年2月出生、法律本科、浙江金兰律师事务所律师。1991年从事法律工作，1998年开始在劳动保障监察支队工作20年并担任副支队长，在此期间专门研究企业合法合规用工，对企业用工合法合规的管理与员工队伍稳定、用工成本降低及用工风险避免之间的关系有着较深的研究。2000年取得律师资格，2005年成为浙江省首批公职律师。

主编简介

王朝勇

律师、仲裁员。北京大学法学院法律硕士研究生兼职导师、清华大学法学院法律硕士专业学位研究生联合导师、中国政法大学法律硕士学院研究生兼职导师、中国政法大学证据科学研究院硕士研究生实务导师、中国人民大学法学院法律硕士专业学位研究生实务导师、中国人民大学虚假诉讼治理研究中心执行主任、高级研究员、中国政法大学企业合规研究中心执行主任、高级研究员。著有《开设赌场罪——类案释解与法律实务》《企业行政合规——基础理论与法律实务》《说赢就赢——虚假诉讼案件一本通》《拒不执行判决、裁定案件一本通》《民间借贷——新型疑难复杂案例精选》《说赢就赢——虚假诉讼案例指导》《有效辩护之道——我为法律人辩护》《扫黑除恶——司法观点与辩护要点》《说成就成——律师点评大要案》《说过就过——司法考试通关大全》《企业合规实战案例解析》《中学生法治教育读本》等著作。

主编简介

陆云英

律师、浙江金兰律师事务所主任、在读博士。中国政法大学企业合规研究中心执行主任、高级研究员，中国政法大学法律硕士学院研究生兼职导师，最高人民法院国家责任研究基地研究员，中国人民大学虚假诉讼治理研究中心研究员，北京师范大学中国企业家刑事风险防控(北京)中心核心成员，金华市律师协会副秘书长、理事，金华市科技园创业导师，浙江省法律宣讲团成员，金华仲裁委员会仲裁员，民建开发区基础委员会委员，金华市贸促会涉外商事法律专家，金华民建企业家联合会副会长，金华兰溪商会副会长，曾担任金华市政府法律顾问、金华市政府法律专家库成员、金华市立法咨询专家。主编出版了《开设赌场罪——类案释解与法律实务》《企业行政合规——基础理论与法律实务》《企业经营管理法律风险》《说赢就赢——虚假诉讼案例指导》《说成就成——律师点评大要案》《民间借贷——新型疑难复杂案例精选》《企业合规实战案例解析》《说上就上——公司创业板上市法律实务和案例解析》。

编 委 会

主 编

倪宝芳 王朝勇 陆云英

副主编

金晓晖 徐 超 陈晓磊 陆一凡

编 委

蒋 骞 童晓洪 潘 宁 刘绪光

单子峰 李哲睿 赵姝赟 林 敏

张 斌 李胜蓝 陆一行 王小强

薛爱芬 张妤婷 李 佳 周庆祥

前言 Preface

随着我国法治社会与法治经济的不断推进,无论是对劳动者还是用人单位而言,劳动用工合规的重要性和必要性都在不断凸显。劳动用工合规涉及劳动者的人身权益与财产权益的保护。与此同时,也与用人单位的经济利益密切相关,甚至事关用人单位自身生存发展,体现用人单位积极承担社会责任的正面价值。有的用人单位由于缺乏对劳动法律法规的正确认识和理解,在劳动用工过程中存在诸多不合规行为,被追究民事责任、行政责任甚至刑事责任,遭受了巨大损失,其实,通过劳动用工合规,这种损失是完全可以避免的。由此可见,用人单位只有在劳动用工符合、遵守、执行相关劳动法律法规,保证劳动用工合法性、规范性的前提下,才能保障自身人员队伍稳定,降低用人成本,避免用工风险,助力用人单位持续稳定健康成长与发展,实现生产经营目标和目的。从这个角度出发,劳动用工合规对中小企业的意义尤为重大。

编者根据多年实践经验,并在检索大量文献资料的基础上,收集了用人单位劳动用工方面常见的核心风险,内容涵盖劳动用工招聘、入职录用体检、劳动合同订立、劳动合同变更及履行、劳动合同解除、劳动合同终止、社会保险、工伤待遇、规章制度及其他相关权益。同时,编者结合自身对劳动法律法规的理解、运用多年实务经验,筛选出一批具有代表性、典型性、实用性和普遍性劳动用工问题,通过风险提示和问答的形式汇编成本书,意在为用人单位 **HR** 在劳动用工管理过程中提供参考和借鉴,以期有效提高其识别劳动用工合规风险的能力,更好开展合规风险管理、合规风险防控、合规管理评估、违规管理问责等活动。

编者也希望本书能够成为用人单位提高自身管理能力,有效规避劳动用工风险，具有实用性、可操作性的工具。同时也为广大的劳动者普及劳动用工方面的基本常识，以便更好地维护自身合法权益。

本书分为风险提示、实务问答、典型案例三部分内容。风险提示按照风险识别、合规指引及法规依据三项内容，按照用人单位的用工流程，即人员招聘、人员管理、人员离职的顺序编排，每一部分内容都具备独立完整性。实务问答部分则采用提出问题、分析梳理解答、得出效果结论的形式向读者展示，内容通俗易懂，利于掌握。典型案例部分收集汇编了部分人力资源社会保障部、最高人民法院联合发布劳动人事争议的典型案例以及最高人民法院、最高人民检察院发布的典型案例，并在附录部分收录常用的劳动法律法规，以便读者随时查询。

最后，衷心感谢本书作者，投入巨大时间精力推动本书完成并成功出版上市！

浙江金兰律师事务所

2023 年 3 月 6 日

目录 Contents

第一章 企业劳动用工风险提示

第一节 招聘、入职管理

1.【风险识别】招工就业歧视

【合规指引】用人单位在招用劳动者过程中要防止就业歧视，不得因民族、种族、性别、宗教信仰等不同而拒绝招用。招聘简章或广告中不得出现法律禁止的相关歧视性内容，在发布前要对内容的合法性、正当性进行严格审查，避免此类风险发生。

【法规依据】

《就业促进法》①

第三条　劳动者依法享有平等就业和自主择业的权利。

劳动者就业，不因民族、种族、性别、宗教信仰等不同而受歧视。

第二十六条　用人单位招用人员、职业中介机构从事职业中介活动，应当向劳动者提供平等的就业机会和公平的就业条件，不得实施就业歧视。

第六十二条　违反本法规定，实施就业歧视的，劳动者可以向人民法院提起诉讼。

第六十八条　违反本法规定，侵害劳动者合法权益，造成财产损失或者其他损害的，依法承担民事责任；构成犯罪的，依法追究刑事责任。

---

①　为方便阅读，本书中的法律、法规均使用简称。

2.【风险识别】录用职工时歧视妇女

【合规指引】女性的生理机能决定了“四期”(经期、孕期、产期、哺乳期)的生理变化,需要特别保护。有的用人单位在录用职工时存在性别歧视。实践中,时有发生用人单位因此而被行政处罚或者被提起诉讼。

【法规依据】

《就业促进法》

第二十七条　国家保障妇女享有与男子平等的劳动权利。

用人单位招用人员,除国家规定的不适合妇女的工种或者岗位外,不得以性别为由拒绝录用妇女或者提高对妇女的录用标准。

用人单位录用女职工,不得在劳动合同中规定限制女职工结婚、生育的内容。

第六十二条　违反本法规定,实施就业歧视的,劳动者可以向人民法院提起诉讼。

《妇女权益保障法》

第四十三条　用人单位在招录(聘)过程中,除国家另有规定外,不得实施下列行为:

(一)限定为男性或者规定男性优先;

(二)除个人基本信息外,进一步询问或者调查女性求职者的婚育情况;

(三)将妊娠测试作为入职体检项目;

(四)将限制结婚、生育或者婚姻、生育状况作为录(聘)用条件;

(五)其他以性别为由拒绝录(聘)用妇女或者差别化地提高对妇女录(聘)用标准的行为。

第四十四条　用人单位在录(聘)用女职工时,应当依法与其签订劳动(聘用)合同或者服务协议,劳动(聘用)合同或者服务协议中应当具备女职工特殊保护条款,并不得规定限制女职工结婚、生育等内容。

职工一方与用人单位订立的集体合同中应当包含男女平等和女职工权益保护相关内容,也可以就相关内容制定专章、附件或者单独订立女职工权益保护专项集体合同。

第八十五条　违反本法规定,侵害妇女的合法权益,其他法律、法规规定行政处罚的,从其规定;造成财产损失或者人身损害的,依法承担民事责任;构成犯罪的,依法追究刑事责任。

3.【风险识别】招用职工未明确录用条件

【合规指引】该风险可以通过另行制定岗位职责或者考核要求等方式来告知职工而进行规避,尽管发生概率不是很高,但必须注意保存考核记录并在规定期限作出是否符合录用条件的决定。否则将会丧失以不符合录用条件为由而解除劳动合同的权利。

【法规依据】

《劳动合同法》

第三十九条第一款第一项　劳动者有下列情形之一的,用人单位可以解除劳动合同:

(一)在试用期间被证明不符合录用条件的;

4.【风险识别】扣押劳动者证件、向劳动者收取财物或要求提供担保

【合规指引】用人单位在招用劳动者时有时会扣押劳动者的证件、向劳动者收取财物或要求提供担保。要求劳动者提供担保的风险在一些中小型企业中时有发生,主要是因为用人单位不了解相关法律规定。实践中,只要用人单位认识到该行为是违法的,就可以避免该类风险。

【法规依据】

《劳动合同法》

第九条　用人单位招用劳动者,不得扣押劳动者的居民身份证和其他证件,不得要求劳动者提供担保或者以其他名义向劳动者收取财物。

第八十四条第一、二款　用人单位违反本法规定,扣押劳动者居民身份证等证件的,由劳动行政部门责令限期退还劳动者本人,并依照有关法律规定给予处罚。

用人单位违反本法规定,以担保或者其他名义向劳动者收取财物的,由劳动行政部门责令限期退还劳动者本人,并以每人五百元以上二千元以下的标准处以罚款;给劳动者造成损害的,应当承担赔偿责任。

《居民身份证法》

第十六条　有下列行为之一的,由公安机关给予警告,并处二百元以下罚款,有违法所得的,没收违法所得:

(一)使用虚假证明材料骗领居民身份证的;

(二)出租、出借、转让居民身份证的;

(三)非法扣押他人居民身份证的。

5.【风险识别】录用未满16周岁的未成年人

【合规指引】用人单位一般很少发生这种错误,故此风险的发生概率并不高,但风险后果较为严重。用人单位在招用职工时要注意审查其身份证明尤其是年龄,只要用人单位在职工入职时按照审查程序严格审查把关,就能够避免此类风险发生。否则,将会面临行政处罚,甚至要承担刑事责任。

【法规依据】

《劳动法》

第十五条　禁止用人单位招用未满十六周岁的未成年人。

文艺、体育和特种工艺单位招用未满十六周岁的未成年人,必须遵守国家有关规定,并保障其接受义务教育的权利。

第九十四条　用人单位非法招用未满十六周岁的未成年人的,由劳动行政部门责令改正,处以罚款;情节严重的,由市场监督管理部门吊销营业执照。

《未成年人保护法》

第六十一条第一、二款　任何组织或者个人不得招用未满十六周岁未成年人,国家另有规定的除外。

营业性娱乐场所、酒吧、互联网上网服务营业场所等不适宜未成年人活动的场所不得招用已满十六周岁的未成年人。

《禁止使用童工规定》

第二条　国家机关、社会团体、企业事业单位、民办非企业单位或者个体工商户(以下统称用人单位)均不得招用不满16周岁的未成年人(招用不满16周岁的未成年人,以下统称使用童工)。

禁止任何单位或者个人为不满16周岁的未成年人介绍就业。

禁止不满16周岁的未成年人开业从事个体经营活动。

第四条　用人单位招用人员时,必须核查被招用人员的身份证;对不满16周岁的未成年人,一律不得录用。用人单位录用人员的录用登记、核查材料应当妥善保管。

6.【风险识别】招用未取得职业资格证书的人员从事技术工种工作

【合规指引】国家对从事涉及公共安全、人身健康、生命财产安全等特殊工种的劳动者，实行职业资格证书制度。因此，用人单位招用此类特殊职业（工种）的从业者时应当从取得职业资格证书的人员中录用。

【法规依据】

《就业促进法》

第五十一条　国家对从事涉及公共安全、人身健康、生命财产安全等特殊工种的劳动者，实行职业资格证书制度，具体办法由国务院规定。

7.【风险识别】未向职工如实告知用人单位用工情况

【合规指引】在实践中用人单位有时会疏于向劳动者告知工作内容、工作条件、工作地点、职业危害、安全生产状况、劳动报酬等用人单位的基本情况，此时会造成劳动合同无效、行政追责或者处罚等后果。因此，必须加以重视。

【法规依据】

《劳动合同法》

第八条　用人单位招用劳动者时，应当如实告知劳动者工作内容、工作条件、工作地点、职业危害、安全生产状况、劳动报酬，以及劳动者要求了解的其他情况；用人单位有权了解劳动者与劳动合同直接相关的基本情况，劳动者应当如实说明。

第二十六条第一款第一项　下列劳动合同无效或者部分无效：

（一）以欺诈、胁迫的手段或者乘人之危，使对方在违背真实意思的情况下订立或者变更劳动合同的；

《职业病防治法》

第三十三条第一、二款　用人单位与劳动者订立劳动合同（含聘用合同，下同）时，应当将工作过程中可能产生的职业病危害及其后果、职业病防护措施和待遇等如实告知劳动者，并在劳动合同中写明，不得隐瞒或者欺骗。

劳动者在已订立劳动合同期间因工作岗位或者工作内容变更，从事与所订立劳动合同中未告知的存在职业病危害的作业时，用人单位应当依照前款规定，向劳动者履行如实告知的义务，并协商变更原劳动合同相关条款。

第七十一条第三项　用人单位违反本法规定，有下列行为之一的，由卫生行政部门责令限期改正，给予警告，可以并处五万元以上十万元以下的罚款：

（三）订立或者变更劳动合同时，未告知劳动者职业病危害真实情况的；

8.【风险识别】招用尚未解除劳动合同的劳动者

【合规指引】为了避免招用类似劳动者的风险，用人单位需对劳动者的姓名、年龄、工作经验、工作年限、个人信息、健康证明、离职证明等进行审查，尤其是对通过跳槽或者猎头引入方式招用的劳动者更要谨慎审查。只要用人单位在员工入职时严格按照程序审查，就能避免此类风险的发生。否则，用人单位可能会承担连带赔偿责任。

【法规依据】

《劳动法》

第九十九条　用人单位招用尚未解除劳动合同的劳动者，对原用人单位造成经济损失的，该用人单位应当依法承担连带赔偿责任。

《劳动合同法》

第九十一条　用人单位招用与其他用人单位尚未解除或者终止劳动合同的劳动者，给其他用人单位造成损失的，应当承担连带赔偿责任。

9.【风险识别】社会保险关系未转移，用人单位就为劳动者办理入职

【合规指引】社会保险关系管理实行身份唯一性管理，原社会保险关系不中断，一般情况下是无法再次办理社会保险的。若用人单位为其办理入职就会存在许多风险，如工伤、医疗风险等，还有可能会受到行政处罚。因此，用人单位一定要慎重。

【法规依据】

《劳动法》

第七十二条　社会保险基金按照保险类型确定资金来源，逐步实行社会统筹。用人单位和劳动者必须依法参加社会保险，缴纳社会保险费。

《社会保险法》

第四条　中华人民共和国境内的用人单位和个人依法缴纳社会保险费，有权查询缴费记录、个人权益记录，要求社会保险经办机构提供社会保险咨询等相关服务。

个人依法享受社会保险待遇，有权监督本单位为其缴费情况。

第五十八条第一款 用人单位应当自用工之日起三十日内为其职工向社会保险经办机构申请办理社会保险登记。未办理社会保险登记的，由社会保险经办机构核定其应当缴纳的社会保险费。

10.【风险识别】招用外国人应遵守就业许可规定

【合规指引】外国人在中国境内就业会受到居住期限和就业范围的限制，国家对其实行许可管理制度，只有经国家有关部门批准同意取得居住权及《中华人民共和国外国人就业许可证书》并办理相关手续后方可就业。否则将构成非法用工须承担行政责任或者刑事责任。

【法规依据】

《外国人在中国就业管理规定》

第五条 用人单位聘用外国人须为该外国人申请就业许可，经获准并取得《中华人民共和国外国人就业许可证书》（以下简称许可证书）后方可聘用。

第二十七条 对违反本规定未申领就业证擅自就业的外国人和未办理许可证书擅自聘用外国人的用人单位，由公安机关按《中华人民共和国外国人入境出境管理法实施细则》第四十四条处理。

第二十八条 对拒绝劳动行政部门检查就业证、擅自变更用人单位、擅自更换职业、擅自延长就业期限的外国人，由劳动行政部门收回其就业证，并提请公安机关取消其居留资格。对需该机关遣送出境的，遣送费用由聘用单位或该外国人承担。

第二十九条 对伪造、涂改、冒用、转让、买卖就业证和许可证书的外国人和用人单位，由劳动行政部门收缴就业证和许可证书，没收其非法所得，并处以1万元以上10万元以下的罚款；情节严重构成犯罪的，移送司法机关依法追究刑事责任。

第二节 劳动合同签订及续签

11.【风险识别】劳动关系建立

【合规指引】关于劳动关系什么时候建立许多人对此有误解:有人认为劳动合同签订之日劳动关系建立,也有人认为试用期过后劳动关系建立,还有人认为不签订劳动合同劳动关系就不建立,上述说法都是不正确的。劳动相关法律规定劳动关系是用人单位使用劳动者时即建立,即使与劳动者事先签订了劳动合同但没有使用该劳动者,劳动关系也不会建立。因此,用人单位要厘清劳动关系的建立与劳动合同的签订两者之间的关系。

【法规依据】

《劳动合同法》

第七条　用人单位自用工之日起即与劳动者建立劳动关系。用人单位应当建立职工名册备查。

12.【风险识别】未建立职工名册

【合规指引】用人单位招用职工应当建立名册,既能方便有关部门备查,又能方便管理。不建立职工名册将会受到行政处罚。

【法规依据】

《劳动合同法》

第七条　用人单位自用工之日起即与劳动者建立劳动关系。用人单位应当建立职工名册备查。

《劳动合同法实施条例》

第八条　劳动合同法第七条规定的职工名册,应当包括劳动者姓名、性别、公民身份号码、户籍地址及现住址、联系方式、用工形式、用工起始时间、劳动合同期限等内容。

第三十三条　用人单位违反劳动合同法有关建立职工名册规定的,由劳动行政部门责令限期改正；逾期不改正的，由劳动行政部门处2000元以上2万元以下的罚款。

13.【风险识别】未及时依法订立劳动合同

【合规指引】此风险的后果较为严重，用人单位要特别注意，否则面临的将是较大的经济损失。

【法规依据】

《劳动合同法》

第八十二条　用人单位自用工之日起超过一个月不满一年未与劳动者订立书面劳动合同的，应当向劳动者每月支付二倍的工资。

用人单位违反本法规定不与劳动者订立无固定期限劳动合同的，自应当订立无固定期限劳动合同之日起向劳动者每月支付二倍的工资。

《劳动合同法实施条例》

第七条　用人单位自用工之日起满一年未与劳动者订立书面劳动合同的，自用工之日起满一个月的次日至满一年的前一日应当依照劳动合同法第八十二条的规定向劳动者每月支付两倍的工资，并视为自用工之日起满一年的当日已经与劳动者订立无固定期限劳动合同，应当立即与劳动者补订书面劳动合同。

14.【风险识别】免除法定责任、排除职工权利

【合规指引】此风险发生概率较高，后果比较严重。有些用人单位利用自身的优势地位在权利义务方面规定得非常离谱，减轻或者免除自己的负担而增加他人的责任或者减损他人的权益的条款时常出现在劳动合同条款中，此举最终将导致劳动合同无效或部分无效，同时用人单位还需承担赔偿责任。

【法规依据】

《劳动合同法》

第二十六条　下列劳动合同无效或者部分无效：

（一）以欺诈、胁迫的手段或者乘人之危，使对方在违背真实意思的情况下订立或者变更劳动合同的；

（二）用人单位免除自己的法定责任、排除劳动者权利的；

（三）违反法律、行政法规强制性规定的。

第八十六条　劳动合同依照本法第二十六条规定被确认无效，给对方造成损害的，有过错的一方应当承担赔偿责任。

15.【风险识别】违法约定违约金

【合规指引】实践中，用人单位与劳动者约定违约金的现象较为普遍。《劳动合同法》对违约金的约定有严格的规定，用人单位在与劳动者约定违约金时必须高度注意违约金的种类及约定条件，不能盲目设定违约金。

【法规依据】

《劳动合同法》

第二十二条　用人单位为劳动者提供专项培训费用，对其进行专业技术培训的，可以与该劳动者订立协议，约定服务期。

劳动者违反服务期约定的，应当按照约定向用人单位支付违约金。违约金的数额不得超过用人单位提供的培训费用。用人单位要求劳动者支付的违约金不得超过服务期尚未履行部分所应分摊的培训费用。

用人单位与劳动者约定服务期的，不影响按照正常的工资调整机制提高劳动者在服务期期间的劳动报酬。

第二十三条　用人单位与劳动者可以在劳动合同中约定保守用人单位的商业秘密和与知识产权相关的保密事项。

对负有保密义务的劳动者，用人单位可以在劳动合同或者保密协议中与劳动者约定竞业限制条款，并约定在解除或者终止劳动合同后，在竞业限制期限内按月给予劳动者经济补偿。劳动者违反竞业限制约定的，应当按照约定向用人单位支付违约金。

第二十五条　除本法第二十二条和第二十三条规定的情形外，用人单位不得与劳动者约定由劳动者承担违约金。

16.【风险识别】未按时续签劳动合同

【合规指引】在劳动合同到期后，用人单位还想继续使用该劳动者，但又没有及时续签劳动合同。此类风险容易发生，会给用人单位带来较大的经济损失。用人单位应当注意劳动合同的期限及到期日，审查是否符合续签条件并及时决定是否续签。

【法规依据】

《劳动合同法》

第十条 建立劳动关系，应当订立书面劳动合同。

已建立劳动关系，未同时订立书面劳动合同的，应当自用工之日起一个月内订立书面劳动合同。

用人单位与劳动者在用工前订立劳动合同的，劳动关系自用工之日起建立。

第八十二条 用人单位自用工之日起超过一个月不满一年未与劳动者订立书面劳动合同的，应当向劳动者每月支付二倍的工资。

用人单位违反本法规定不与劳动者订立无固定期限劳动合同的，自应当订立无固定期限劳动合同之日起向劳动者每月支付二倍的工资。

最高人民法院《关于审理劳动争议案件适用法律问题的解释(一)》

第三十四条 劳动合同期满后，劳动者仍在原用人单位工作，原用人单位未表示异议的，视为双方同意以原条件继续履行劳动合同。一方提出终止劳动关系的，人民法院应予支持。

根据劳动合同法第十四条规定，用人单位应当与劳动者签订无固定期限劳动合同而未签订的，人民法院可以视为双方之间存在无固定期限劳动合同关系，并以原劳动合同确定双方的权利义务关系。

17.【风险识别】未按规定签订无固定期限劳动合同

【合规指引】此类风险在实践中比较常见，而且后果较为严重，容易引起争议，因此用人单位要特别注意了解符合签订无固定期限劳动合同的条件并在法定期限内签订。

【法规依据】

《劳动合同法》

第十四条 无固定期限劳动合同，是指用人单位与劳动者约定无确定终止时间的劳动合同。

用人单位与劳动者协商一致，可以订立无固定期限劳动合同。有下列情形之一，劳动者提出或者同意续订、订立劳动合同的，除劳动者提出订立固定期限劳动合同外，应当订立无固定期限劳动合同：

(一)劳动者在该用人单位连续工作满十年的；

（二）用人单位初次实行劳动合同制度或者国有企业改制重新订立劳动合同时，劳动者在该用人单位连续工作满十年且距法定退休年龄不足十年的；

（三）连续订立二次固定期限劳动合同，且劳动者没有本法第三十九条和第四十条第一项、第二项规定的情形，续订劳动合同的。

用人单位自用工之日起满一年不与劳动者订立书面劳动合同的，视为用人单位与劳动者已订立无固定期限劳动合同。

第八十二条　用人单位自用工之日起超过一个月不满一年未与劳动者订立书面劳动合同的，应当向劳动者每月支付二倍的工资。

用人单位违反本法规定不与劳动者订立无固定期限劳动合同的，自应当订立无固定期限劳动合同之日起向劳动者每月支付二倍的工资。

18.【风险识别】未按规定延续劳动合同期限

【合规指引】劳动合同到期时用人单位应当审查是否存在法定延长情节，并及时与延续期满的劳动者办理劳动合同终止手续。

【法规依据】

《劳动合同法》

第四十二条　劳动者有下列情形之一的，用人单位不得依照本法第四十条、第四十一条的规定解除劳动合同：

（一）从事接触职业病危害作业的劳动者未进行离岗前职业健康检查，或者疑似职业病病人在诊断或者医学观察期间的；

（二）在本单位患职业病或者因工负伤并被确认丧失或者部分丧失劳动能力的；

（三）患病或者非因工负伤，在规定的医疗期内的；

（四）女职工在孕期、产期、哺乳期的；

（五）在本单位连续工作满十五年，且距法定退休年龄不足五年的；

（六）法律、行政法规规定的其他情形。

第四十五条　劳动合同期满，有本法第四十二条规定情形之一的，劳动合同应当续延至相应的情形消失时终止。但是，本法第四十二条第二项规定丧失或者部分丧失劳动能力劳动者的劳动合同的终止，按照国家有关工伤保险的规定执行。

第三节　试用期管理

19.【风险识别】约定试用期期限不符合规定

【合规指引】在实践中用人单位应当熟知法律法规对试用期期限的相关规定，避免随意、多次或者单独约定试用期期限。

【法规依据】

《劳动合同法》

第十九条　劳动合同期限三个月以上不满一年的，试用期不得超过一个月；劳动合同期限一年以上不满三年的，试用期不得超过二个月；三年以上固定期限和无固定期限的劳动合同，试用期不得超过六个月。

同一用人单位与同一劳动者只能约定一次试用期。

以完成一定工作任务为期限的劳动合同或者劳动合同期限不满三个月的，不得约定试用期。

试用期包含在劳动合同期限内。劳动合同仅约定试用期的，试用期不成立，该期限为劳动合同期限。

第八十三条　用人单位违反本法规定与劳动者约定试用期的，由劳动行政部门责令改正；违法约定的试用期已经履行的，由用人单位以劳动者试用期满月工资为标准，按已经履行的超过法定试用期的期间向劳动者支付赔偿金。

20.【风险识别】试用期约定的对象违规

【合规指引】关于试用期的约定法律有明确的限制，对同一劳动者在同一用人单位只能约定一次试用期。但实践中有的用人单位在试用期的设置上是违法的，如劳动者再次到原单位就业，又与其重新约定试用期。当劳动者离开单位后又到原单位不能再次约定试用期，否则，用人单位就违反试用期限制的规定，需承担法律责任。

【法规依据】

《劳动合同法》

第十九条　劳动合同期限三个月以上不满一年的，试用期不得超过一个月；劳动合同期限一年以上不满三年的，试用期不得超过二个月；三年以上固定期限和无固定期限的劳动合同，试用期不得超过六个月。

同一用人单位与同一劳动者只能约定一次试用期。

以完成一定工作任务为期限的劳动合同或者劳动合同期限不满三个月的，不得约定试用期。

试用期包含在劳动合同期限内。劳动合同仅约定试用期的，试用期不成立，该期限为劳动合同期限。

第八十三条　用人单位违反本法规定与劳动者约定试用期的，由劳动行政部门责令改正；违法约定的试用期已经履行的，由用人单位以劳动者试用期满月工资为标准，按已经履行的超过法定试用期的期间向劳动者支付赔偿金。

21.【风险识别】不得约定试用期

【合规指引】劳动合同法对劳动合同约定试用期有严格限制，对于签订以完成一定工作任务为期限的劳动合同或者劳动合同期限不满3个月的，不得约定试用期。

【法规依据】

《劳动合同法》

第十九条第三款　以完成一定工作任务为期限的劳动合同或者劳动合同期限不满三个月的，不得约定试用期。

第七十条　非全日制用工双方当事人不得约定试用期。

22.【风险识别】仅约定试用期

【合规指引】有些用人单位为了了解职工情况，往往会与其仅签订试用期的劳动合同，殊不知这样做不但没有达到了解情况的目的反而达成了短期劳动合同。因为法律规定试用期包含在劳动合同期限内，单独签订的试用期劳动合同是不成立的。所以用人单位对此应当予以重视。

【法规依据】

《劳动合同法》

第十九条第四款　试用期包含在劳动合同期限内。劳动合同仅约定试用期的，试用期不成立，该期限为劳动合同期限。

第四节　工资管理

23.【风险识别】调薪缺乏制度

【合规指引】用人单位依法自主确定本单位的工资分配方式和工资水平，根据本单位的生产经营特点和经济效益可以对工资作适当调整，但应当受到限制。用人单位应当依法制定本单位工资支付及调整规定的规章制度，不能随意或者报复性地调整工资，否则将导致工资调整行为无效。

【法规依据】

《劳动法》

第四十七条　用人单位根据本单位的生产经营特点和经济效益，依法自主确定本单位的工资分配方式和工资水平。

第四十八条　国家实行最低工资保障制度。最低工资的具体标准由省、自治区、直辖市人民政府规定，报国务院备案。

用人单位支付劳动者的工作不得低于当地最低工资标准。

《劳动合同法》

第四条　用人单位应当依法建立和完善劳动规章制度，保障劳动者享有劳动权利、履行劳动义务。

用人单位在制定、修改或者决定有关劳动报酬、工作时间、休息休假、劳动安全卫生、保险福利、职工培训、劳动纪律以及劳动定额管理等直接涉及劳动者切身利益的规章制度或者重大事项时，应当经职工代表大会或者全体职工讨论，提出方案和意见，与工会或者职工代表平等协商确定。

在规章制度和重大事项决定实施过程中，工会或者职工认为不适当的，有权向用人单位提出,通过协商予以修改完善。

用人单位应当将直接涉及劳动者切身利益的规章制度和重大事项决定公示,或者告知劳动者。

24.【风险识别】工资结构不明确

【合规指引】许多用人单位不按规定设计工资表,特别是有些小微企业不分工资项目、性质,仅笼统地支付一笔工资,根本无法分清是基本工资、福利待遇还是考核奖金或者其他,导致因为如何计算加班工资而发生纠纷。因此,用人单位应当按规范制作工资发放表。

【法规依据】

《工资支付暂行规定》

第四条　工资支付主要包括:工资支付项目、工资支付水平、工资支付形式、工资支付对象、工资支付时间以及特殊情况下的工资支付。

25.【风险识别】加班工资基数约定低于最低工资标准

【合规指引】此风险较易发生。用人单位安排职工加班,一定要发放加班工资,并且加班工资计算不得低于最低工资标准。加班是在正常工作的基础上进行的,至少应以最低工资标准为基数计算;尽管加班工资的基数是可以由双方进行约定的,但也受到一定限制。

【法规依据】

《劳动法》

第四十四条　有下列情形之一的,用人单位应当按照下列标准支付高于劳动者正常工作时间工资的工资报酬:

(一)安排劳动者延长工作时间的,支付不低于工资的百分之一百五十的工资报酬;

(二)休息日安排劳动者工作又不能安排补休的,支付不低于工资的百分之二百的工资报酬;

(三)法定休假日安排劳动者工作的,支付不低于工资的百分之三百的工资报酬。

原劳动部办公厅《关于印发〈关于《劳动法》若干条文的说明〉的通知》

第四十四条　有下列情形之一的,用人单位应当按照下列标准支付高于劳动者正常工作时间工资的工资报酬：

（一）安排劳动者延长工作时间的，支付不低于工资的百分之一百五十的工资报酬；

（二）休息日安排劳动者工作又不能安排补休的，支付不低于工资的百分之二百的工资报酬；

（三）法定休假日安排劳动者工作的，支付不低于工资的百分之三百的工资报酬。

本条的“工资”，实行计时工资的用人单位，指的是用人单位规定的其本人的基本工资，其计算方法是：用月基本工资除以月法定工作天数（23.5天）即得日工资，用日工资除以日工作时间即得小时工资；实行计件工资的用人单位，指的是劳动者在加班加点的工作时间内应得的计件工资。

26.【风险识别】工资未按时足额支付

【合规指引】工资是职工劳动所得，是职工生存和生活的依赖，国家对此有明确规定并进行干预。用人单位必须高度重视，既不能克扣也不能无故拖欠工资，并应将工资发放到职工本人。否则，用人单位会因此支付赔偿金。

【法规依据】

《劳动法》

第五十条　工资应当以货币形式按月支付给劳动者本人。不得克扣或者无故拖欠劳动者的工资。

《劳动合同法》

第三十条　用人单位应当按照劳动合同约定和国家规定，向劳动者及时足额支付劳动报酬。

用人单位拖欠或者未足额支付劳动报酬的，劳动者可以依法向当地人民法院申请支付令，人民法院应当依法发出支付令。

第三十八条第一款第二项　用人单位有下列情形之一的，劳动者可以解除劳动合同：

（二）未及时足额支付劳动报酬的；

第八十五条第一项　用人单位有下列情形之一的，由劳动行政部门责令限期支付劳动报酬、加班费或者经济补偿；劳动报酬低于当地最低工资标准的，应当支付其差额部分；逾期不支付的，责令用人单位按应付金额百分之五十以上

百分之一百以下的标准向劳动者加付赔偿金:

(一)未按照劳动合同的约定或者国家规定及时足额支付劳动者劳动报酬的;

27.【风险识别】未约定劳动报酬或者劳动报酬约定不明

【合规指引】实践中此类风险一般存在于小微企业中,发生概率较大。劳动报酬约定不明或者没有约定,最终需承担责任的是用人单位。

【法规依据】

《劳动合同法》

第十一条　用人单位未在用工的同时订立书面劳动合同,与劳动者约定的劳动报酬不明确的,新招用的劳动者的劳动报酬按照集体合同规定的标准执行;没有集体合同或者集体合同未规定的,实行同工同酬。

第十八条　劳动合同对劳动报酬和劳动条件等标准约定不明确,引发争议的,用人单位与劳动者可以重新协商;协商不成的,适用集体合同规定;没有集体合同或者集体合同未规定劳动报酬的,实行同工同酬;没有集体合同或者集体合同未规定劳动条件等标准的,适用国家有关规定。

28.【风险识别】工资低于当地最低工资标准

【合规指引】该风险发生概率不高,一旦发生后果严重。劳动者向用人单位提供了正常劳动,用人单位支付给劳动者的工资就不得低于当地最低工资标准,需谨慎预防。

【法规依据】

《劳动法》

第四十八条　国家实行最低工资保障制度。最低工资的具体标准由省、自治区、直辖市人民政府规定,报国务院备案。

用人单位支付劳动者的工资不得低于当地最低工资标准。

《劳动合同法》

第八十五条第二项　用人单位有下列情形之一的,由劳动行政部门责令限期支付劳动报酬、加班费或者经济补偿;劳动报酬低于当地最低工资标准的,应当支付其差额部分;逾期不支付的,责令用人单位按应付金额百分之五十以上百分之一百以下的标准向劳动者加付赔偿金:

(二)低于当地最低工资标准支付劳动者工资的;

29.【风险识别】劳动定额确定缺乏合理性

【合规指引】目前国家没有统一的劳动定额标准,除建筑等个别行业外,劳动定额管理缺位,实践中决定权在用人单位,只要定额不是显著的不合理,本风险较小。因此用人单位在制定劳动定额时,一定要查看是否有国家标准、行业标准或者参考同行业的情况而合理制定。

【法规依据】

《劳动法》

第三十六条 国家实行劳动者每日工作时间不超过八小时、平均每周工作时间不超过四十四小时的工时制度。

第三十七条 对实行计件工作的劳动者,用人单位应当根据本法第三十六条规定的工时制度合理确定其劳动定额和计件报酬标准。

《劳动合同法》

第四条第二款 用人单位在制定、修改或者决定有关劳动报酬、工作时间、休息休假、劳动安全卫生、保险福利、职工培训、劳动纪律以及劳动定额管理等直接涉及劳动者切身利益的规章制度或者重大事项时,应当经职工代表大会或者全体职工讨论,提出方案和意见,与工会或者职工代表平等协商确定。

第三十一条 用人单位应当严格执行劳动定额标准,不得强迫或者变相强迫劳动者加班。……

30.【风险识别】伪造、变造、隐匿、销毁工资支付记录

【合规指引】有的用人单位发放工资不规范,如因为不制作工资表、用现金发放并不让劳动者签字、工资表保管不善等原因造成无法提供工资表,但是要应付有关部门检查而采取伪造、变造、隐匿、销毁工资支付记录等不当行为。

【法规依据】

《工资支付暂行规定》

第六条 用人单位应将工资支付给劳动者本人。劳动者本人因故不能领取工资时,可由其亲属或委托他人代领。

用人单位可委托银行代发工资。

用人单位必须书面记录支付劳动者工资的数额、时间、领取者的姓名以及签字,并保存两年以上备查。用人单位在支付工资时应向劳动者提供一份其个人的工资清单。

《浙江省企业工资支付管理办法》

第十三条　劳动者有权查询和核对本人的工资支付记录和出勤记录。用人单位不得伪造、变造、隐匿、销毁工资支付记录和劳动者出勤记录。

第三十四条　企业伪造、变造、隐匿、销毁工资支付记录和劳动者出勤记录的,由人力资源和社会保障部门责令其限期改正,并处 5000 元以上 2 万元以下的罚款;对其法定代表人或者直接负责的主管人员处 1000 元以上 1 万元以下的罚款。

31.【风险识别】法定休假日、婚丧假、年休假等假期工资支付不合规

【合规指引】国家规定带薪休假制度,职工按规定带薪休假期间用人单位应当发放工资。用人单位未按规定发放带薪休假工资的相关劳动争议高发。用人单位要按规定支付带薪休假期间的工资。

【法规依据】

《劳动法》

第五十一条　劳动者在法定休假日和婚丧假期间以及依法参加社会活动期间,用人单位应当依法支付工资。

《劳动合同法》

第三十条第一款　用人单位应当按照劳动合同约定和国家规定,向劳动者及时足额支付劳动报酬。

《工资支付暂行规定》

第十一条　劳动者依法享受年休假、探亲假、婚假、丧假期间,用人单位应按劳动合同规定的标准支付劳动者工资。

32.【风险识别】停工、停产期间不向劳动者支付工资

【合规指引】很多用人单位的管理人员认为,如果单位停工停产,让劳动者在家待岗,单位自然不必支付其劳动报酬,“多劳多得,少劳少得,不劳不得”是天经地义的,在这种观念的影响下,单位发生此风险的概率较高,需要提醒用人单位高度注意。

【法规依据】

《工资支付暂行规定》

第十二条　非因劳动者原因造成单位停工、停产在一个工资支付周期内的，用人单位应按劳动合同规定的标准支付劳动者工资。超过一个工资支付周期的，若劳动者提供了正常劳动，则支付给劳动者的劳动报酬不得低于当地的最低工资标准；若劳动者没有提供正常劳动，应按国家有关规定办理。

《劳动合同法》

第八十五条第一项　用人单位有下列情形之一的，由劳动行政部门责令限期支付劳动报酬、加班费或者经济补偿；劳动报酬低于当地最低工资标准的，应当支付其差额部分；逾期不支付的，责令用人单位按应付金额百分之五十以上百分之一百以下的标准向劳动者加付赔偿金：

（一）未按照劳动合同的约定或者国家规定及时足额支付劳动者劳动报酬的；

33.【风险识别】用人单位无正当理由拖欠职工工资

【合规指引】实践中，用人单位存在无故拖欠劳动者工资的情形，从而导致支付高额赔偿金，得不偿失。因此，提醒用人单位应格外注意，做到按月及时支付职工工资。

【法规依据】

《劳动法》

第五十条　工资应当以货币形式按月支付给劳动者本人。不得克扣或者无故拖欠劳动者的工资。

《劳动合同法》

第三十条第一款　用人单位应当按照劳动合同约定和国家规定，向劳动者及时足额支付劳动报酬。

第八十五条第一项　用人单位有下列情形之一的，由劳动行政部门责令限期支付劳动报酬、加班费或者经济补偿；劳动报酬低于当地最低工资标准的，应当支付其差额部分；逾期不支付的，责令用人单位按应付金额百分之五十以上百分之一百以下的标准向劳动者加付赔偿金：

（一）未按照劳动合同的约定或者国家规定及时足额支付劳动者劳动报酬的；

34.【风险识别】用人单位随意克扣工资

【合规指引】在劳动合同履行过程中，用人单位有权行使对职工扣除代扣代缴部分相关费用的权利，如扣除社会保险费职工个人承担部分的金额。实践中，确实存在用人单位随意克扣劳动者工资的情形，因此提醒用人单位应格外注意，做到依法代扣代缴。

【法规依据】

《劳动法》

第五十条　工资应当以货币形式按月支付给劳动者本人。不得克扣或者无故拖欠劳动者的工资。

《劳动合同法》

第三十条第一款　用人单位应当按照劳动合同约定和国家规定，向劳动者及时足额支付劳动报酬。

第八十五条第一项　用人单位有下列情形之一的，由劳动行政部门责令限期支付劳动报酬、加班费或者经济补偿；劳动报酬低于当地最低工资标准的，应当支付其差额部分；逾期不支付的，责令用人单位按应付金额百分之五十以上百分之一百以下的标准向劳动者加付赔偿金：

（一）未按照劳动合同的约定或者国家规定及时足额支付劳动者劳动报酬的；

第五节　考勤管理

35.【风险识别】考勤记录未经职工确认

【合规指引】考勤记录未经职工确认是考勤工作中的风险点之一。如发生劳动争议或者纠纷，用人单位不能提供有效考勤记录，无法对员工的缺勤或者加班等情况进行确认，会承担较高的风险责任。实践中曾发生过缺勤作为出勤、虚报加班等弄虚作假的情形。用人单位必须制定考勤制度，由专人负责考勤工作；也可以采用电子考勤方式，严格把好考勤关。

【法规依据】

《劳动争议调解仲裁法》

第六条　发生劳动争议，当事人对自己提出的主张，有责任提供证据。与争议事项有关的证据属于用人单位掌握管理的，用人单位应当提供；用人单位不提供的，应当承担不利后果。

36.【风险识别】未妥善保存考勤记录

【合规指引】考勤记录主要反映劳动者的出勤情况及加班情况，因涉及工资问题，妥善保存考勤记录有利于发生争议或者纠纷时为己方提供有力证据。本项风险产生概率较小，但能反映用人单位的管理水平。

【法规依据】

《劳动争议调解仲裁法》

第六条　发生劳动争议，当事人对自己提出的主张，有责任提供证据。与争议事项有关的证据属于用人单位掌握管理的，用人单位应当提供；用人单位不提供的，应当承担不利后果。

《工资支付暂行规定》

第六条　用人单位应将工资支付给劳动者本人。劳动者本人因故不能领取工资时，可由其亲属或委托他人代领。

用人单位可委托银行代发工资。

用人单位必须书面记录支付劳动者工资的数额、时间、领取者的姓名以及签字，并保存两年以上备查。用人单位在支付工资时应向劳动者提供一份其个人的工资清单。

37.【风险识别】劳动者未按时上下班，用人单位未与其办理确认手续

【合规指引】实务中此类风险发生概率较高，由于缺乏证据，处理难度较大，容易造成用人单位的经济损失，需引起高度重视。用人单位必须重视职工的出勤及加班加点等工作纪律的制度建设并加强管理，及时考核考评。

【法规依据】

《劳动争议调解仲裁法》

第六条　发生劳动争议，当事人对自己提出的主张，有责任提供证据。与

争议事项有关的证据属于用人单位掌握管理的，用人单位应当提供；用人单位不提供的，应当承担不利后果。

38.【风险识别】未制定考勤管理制度

【合规指引】用人单位没有制定或者未公示书面考勤管理制度，考勤考核时缺乏依据，往往导致缺勤时无法处理的尴尬局面。

【法规依据】

《劳动合同法》

第四条第一款　用人单位应当依法建立和完善劳动规章制度，保障劳动者享有劳动权利、履行劳动义务。

《劳动争议调解仲裁法》

第六条　发生劳动争议，当事人对自己提出的主张，有责任提供证据。与争议事项有关的证据属于用人单位掌握管理的，用人单位应当提供；用人单位不提供的，应当承担不利后果。

39.【风险识别】考勤考核制度制定程序不规范

【合规指引】用人单位要求劳动者遵守考勤制度，却忽略在制定考勤考核制度前和员工平等协商。若将考勤考核制度的内容包含在员工手册中，风险就会变小。因为员工手册一般会在平等协商、履行公示程序后制定并印发。

【法规依据】

《劳动合同法》

第四条　用人单位应当依法建立和完善劳动规章制度，保障劳动者享有劳动权利、履行劳动义务。

用人单位在制定、修改或者决定有关劳动报酬、工作时间、休息休假、劳动安全卫生、保险福利、职工培训、劳动纪律以及劳动定额管理等直接涉及劳动者切身利益的规章制度或者重大事项时，应当经职工代表大会或者全体职工讨论，提出方案和意见，与工会或者职工代表平等协商确定。

……

用人单位应当将直接涉及劳动者切身利益的规章制度和重大事项决定公示，或者告知劳动者。

第八十条　用人单位直接涉及劳动者切身利益的规章制度违反法律、法规规定的，由劳动行政部门责令改正，给予警告；给劳动者造成损害的，应当承担赔偿责任。

第六节　劳动合同终止

40.【风险识别】医疗期内的职工劳动合同终止

【合规指引】职工处于医疗期内用人单位应该等待该期限届满才能办理劳动合同终止手续，医疗期的长短视具体情况而定，此风险经常发生，用人单位要把握医疗期是否到期。否则，劳动合同终止无效。

【法规依据】

《劳动合同法》

第四十二条第三项　劳动者有下列情形之一的，用人单位不得依照本法第四十条、第四十一条的规定解除劳动合同：

（三）患病或者非因工负伤，在规定的医疗期内的；

第四十五条　劳动合同期满，有本法第四十二条规定情形之一的，劳动合同应当续延至相应的情形消失时终止。但是，本法第四十二条第二项规定丧失或者部分丧失劳动能力劳动者的劳动合同的终止，按照国家有关工伤保险的规定执行。

41.【风险识别】基层工会主席、副主席或者委员的劳动合同终止

【合规指引】工会是职工自愿结合的工人阶级群众组织，是中国共产党联系职工群众的桥梁和纽带。工会组织代表职工的利益，依法维护职工的合法权益。基层工会委员会每届任期三年或者五年。基层工会专职主席、副主席或者委员自任职之日起，其劳动合同期限自动延长，延长期限相当于其任职期间；非专职主席、副主席或者委员自任职之日起，其尚未履行的劳动合同期限短于任期的，劳动合同期限自动延长至任期期满。因此，用人单位应当注意担任单位工会主席、副主席或者委员的职工劳动合同期限与其在工会的任职期限关系，

即使工会主席、副主席或者委员在任职期限内劳动合同期满也不能随便终止劳动合同(除非其在任职期间存在个人严重过失或者达到法定退休年龄),而应当将劳动合同期限自动延长至任期届满。否则,用人单位将要承担违法终止劳动合同的不利后果。

【法规依据】

《劳动合同法》

第四十二条第六项　劳动者有下列情形之一的,用人单位不得依照本法第四十条、第四十一条的规定解除劳动合同:

(六)法律、行政法规规定的其他情形。

第四十五条　劳动合同期满,有本法第四十二条规定情形之一的,劳动合同应当续延至相应的情形消失时终止。但是,本法第四十二条第二项规定丧失或者部分丧失劳动能力劳动者的劳动合同的终止,按照国家有关工伤保险的规定执行。

《工会法》

第十九条　基层工会专职主席、副主席或者委员自任职之日起,其劳动合同期限自动延长,延长期限相当于其任职期间;非专职主席、副主席或者委员自任职之日起,其尚未履行的劳动合同期限短于任期的,劳动合同期限自动延长至任期期满。但是,任职期间个人严重过失或者达到法定退休年龄的除外。

42.【风险识别】发生工伤的职工劳动合同终止

【合规指引】发生工伤的职工伤残鉴定为 7—10 级的,劳动合同到期可以终止劳动合同。但除支付经济补偿外,还应支付一次性就业补助金和医疗补助金。

【法规依据】

《劳动合同法》

第四十二条第二项　劳动者有下列情形之一的,用人单位不得依照本法第四十条、第四十一条的规定解除劳动合同:

(二)在本单位患职业病或者因工负伤并被确认丧失或者部分丧失劳动能力的;

第四十五条　劳动合同期满,有本法第四十二条规定情形之一的,劳动合同应当续延至相应的情形消失时终止。但是,本法第四十二条第二项规定丧失或者部分丧失劳动能力劳动者的劳动合同的终止,按照国家有关工伤保险的规定执行。

43.【风险识别】从事接触职业病危害作业的职工劳动合同终止

【合规指引】从事接触职业病危害作业的职工劳动合同期满时,用人单位不能直接与其终止劳动合同,而应为其安排离岗前职业健康检查。用人单位必须重视这一潜在风险。在实践中该类风险很容易被一些用人单位忽视,后果会相当严重。

【法规依据】

《劳动合同法》

第四十二条第一项　劳动者有下列情形之一的,用人单位不得依照本法第四十条、第四十一条的规定解除劳动合同:

(一)从事接触职业病危害作业的劳动者未进行离岗前职业健康检查,或者疑似职业病病人在诊断或者医学观察期间的;

第四十五条　劳动合同期满,有本法第四十二条规定情形之一的,劳动合同应当续延至相应的情形消失时终止。但是,本法第四十二条第二项规定丧失或者部分丧失劳动能力劳动者的劳动合同的终止,按照国家有关工伤保险的规定执行。

44.【风险识别】在诊断或者医学观察期的疑似职业病的职工劳动合同终止

【合规指引】用人单位不能直接与在诊断或者医学观察期的疑似职业病的职工终止劳动合同,需要视诊断结果或者医学观察情况而定。在诊断或者医学观察期间,用人单位应当继续履行劳动合同义务。经诊断为职业病的按相关规定办理;没有职业病的,用人单位可以与其终止劳动合同。

【法规依据】

《劳动合同法》

第四十二条第一项　劳动者有下列情形之一的,用人单位不得依照本法第四十条、第四十一条的规定解除劳动合同:

(一)从事接触职业病危害作业的劳动者未进行离岗前职业健康检查,或者疑似职业病病人在诊断或者医学观察期间的;

第四十五条　劳动合同期满，有本法第四十二条规定情形之一的，劳动合同应当续延至相应的情形消失时终止。但是，本法第四十二条第二项规定丧失或者部分丧失劳动能力劳动者的劳动合同的终止，按照国家有关工伤保险的规定执行。

45.【风险识别】在本单位连续工作时间满 15 年且距法定退休年龄不足 5 年的职工劳动合同终止

【合规指引】用人单位不能直接与在本单位连续工作时间满 15 年且距法定退休年龄不足 5 年的职工终止劳动合同，对年龄较大、工作年限较长的职工给予适当照顾，也符合以人为本的社会道德。用人单位只要重点掌握“连续工作 15 年”和“不足 5 年”这两个方面，该风险就可以避免。

【法规依据】

《劳动合同法》

第四十二条第五项　劳动者有下列情形之一的，用人单位不得依照本法第四十条、第四十一条的规定解除劳动合同：

（五）在本单位连续工作满十五年，且距法定退休年龄不足五年的；

第四十五条　劳动合同期满，有本法第四十二条规定情形之一的，劳动合同应当续延至相应的情形消失时终止。但是，本法第四十二条第二项规定丧失或者部分丧失劳动能力劳动者的劳动合同的终止，按照国家有关工伤保险的规定执行。

46.【风险识别】与劳动者连续订立两次固定期限劳动合同期满后，用人单位终止劳动合同

【合规指引】劳动者连续签订两次固定期限劳动合同期满后，用人单位无权终止劳动合同，此时是否终止劳动合同的决定权在劳动者手里，劳动者要求签订无固定期限劳动合同的，用人单位还应当与其签订无固定期限劳动合同，除非劳动者有《劳动合同法》第 39 条和第 40 条规定的情况。实际上，用人单位只要在第一次劳动合同到期时考虑是否签订第二次劳动合同，就可以避免此风险。

【法规依据】

《劳动合同法》

第十四条第二款　用人单位与劳动者协商一致，可以订立无固定期限劳动

合同。有下列情形之一,劳动者提出或者同意续订、订立劳动合同的,除劳动者提出订立固定期限劳动合同外,应当订立无固定期限劳动合同:

(一)劳动者在该用人单位连续工作满十年的;

(二)用人单位初次实行劳动合同制度或者国有企业改制重新订立劳动合同时,劳动者在该用人单位连续工作满十年且距法定退休年龄不足十年的;

(三)连续订立二次固定期限劳动合同,且劳动者没有本法第三十九条和第四十条第一项、第二项规定的情形,续订劳动合同的。

第八十二条第二款　用人单位违反本法规定不与劳动者订立无固定期限劳动合同的,自应当订立无固定期限劳动合同之日起向劳动者每月支付二倍的工资。

第七节　劳动合同解除

47.【风险识别】违规与处于孕期、产期、哺乳期的女职工解除劳动合同

【合规指引】此风险在实践中经常发生,既损害女职工的权益,又会给单位造成经济损失。

【法规依据】

《劳动合同法》

第四十二条第四项　劳动者有下列情形之一的,用人单位不得依照本法第四十条、第四十一条的规定解除劳动合同:

(四)女职工在孕期、产期、哺乳期的;

第四十八条　用人单位违反本法规定解除或者终止劳动合同,劳动者要求继续履行劳动合同的,用人单位应当继续履行;劳动者不要求继续履行劳动合同或者劳动合同已经不能继续履行的,用人单位应当依照本法第八十七条规定支付赔偿金。

第八十七条　用人单位违反本法规定解除或者终止劳动合同的,应当依照本法第四十七条规定的经济补偿标准的二倍向劳动者支付赔偿金。

《妇女权益保障法》

第四十七条　用人单位应当根据妇女的特点，依法保护妇女在工作和劳动时的安全、健康以及休息的权利。

妇女在经期、孕期、产期、哺乳期受特殊保护。

《女职工劳动保护特别规定》

第五条　用人单位不得因女职工怀孕、生育、哺乳降低其工资、予以辞退、与其解除劳动或者聘用合同。

48.【风险识别】违规解除工伤职工劳动合同

【合规指引】工伤职工受劳动法律特殊保护，除法律特别规定外一般不得解除。

【法规依据】

《劳动合同法》

第四十二条第二项　劳动者有下列情形之一的，用人单位不得依照本法第四十条、第四十一条的规定解除劳动合同：

（二）在本单位患职业病或者因工负伤并被确认丧失或者部分丧失劳动能力的；

第四十八条　用人单位违反本法规定解除或者终止劳动合同，劳动者要求继续履行劳动合同的，用人单位应当继续履行；劳动者不要求继续履行劳动合同或者劳动合同已经不能继续履行的，用人单位应当依照本法第八十七条规定支付赔偿金。

第八十七条　用人单位违反本法规定解除或者终止劳动合同的，应当依照本法第四十七条规定的经济补偿标准的二倍向劳动者支付赔偿金。

49.【风险识别】未保留职工提出协商解除劳动合同的书面证据

【合规指引】职工提出协商解除劳动合同，用人单位无须支付经济补偿，但由于用人单位疏于保留相关证据材料导致解除劳动合同的真正原因无法判断，从而会给用人单位带来不利后果。现实中，用人单位常犯此错误而承担赔偿责任。

【法规依据】

《劳动合同法》

第四十六条第二项　有下列情形之一的，用人单位应当向劳动者支付经济

补偿:

(二)用人单位依照本法第三十六条规定向劳动者提出解除劳动合同并与劳动者协商一致解除劳动合同的;

第四十八条　用人单位违反本法规定解除或者终止劳动合同,劳动者要求继续履行劳动合同的,用人单位应当继续履行;劳动者不要求继续履行劳动合同或者劳动合同已经不能继续履行的,用人单位应当依照本法第八十七条规定支付赔偿金。

第八十七条　用人单位违反本法规定解除或者终止劳动合同的,应当依照本法第四十七条规定的经济补偿标准的二倍向劳动者支付赔偿金。

《劳动争议调解仲裁法》

第六条　发生劳动争议,当事人对自己提出的主张,有责任提供证据。与争议事项有关的证据属于用人单位掌握管理的,用人单位应当提供;用人单位不提供的,应当承担不利后果。

50.【风险识别】试用期内解除劳动合同

【合规指引】在试用期内解除劳动合同是有严格限制的,不能随意解除。只有符合《劳动合同法》第 39 条和第 40 条第 1 项、第 2 项规定的情形才能解除劳动合同并应向其说明理由。用人单位要高度重视,解除试用期内的劳动合同必须审查是否符合解除劳动合同的条件,否则将会承担赔偿金的后果。

【法规依据】

《劳动合同法》

第二十一条　在试用期中,除劳动者有本法第三十九条和第四十条第一项、第二项规定的情形外,用人单位不得解除劳动合同。用人单位在试用期解除劳动合同的,应当向劳动者说明理由。

第三十九条　劳动者有下列情形之一的,用人单位可以解除劳动合同:

(一)在试用期间被证明不符合录用条件的;

(二)严重违反用人单位的规章制度的;

(三)严重失职,营私舞弊,给用人单位造成重大损害的;

(四)劳动者同时与其他用人单位建立劳动关系,对完成本单位的工作任务造成严重影响,或者经用人单位提出,拒不改正的;

(五)因本法第二十六条第一款第一项规定的情形致使劳动合同无效的;

（六）被依法追究刑事责任的。

第四十条第一、二项　有下列情形之一的，用人单位提前三十日以书面形式通知劳动者本人或者额外支付劳动者一个月工资后，可以解除劳动合同：

（一）劳动者患病或者非因工负伤，在规定的医疗期满后不能从事原工作，也不能从事由用人单位另行安排的工作的；

（二）劳动者不能胜任工作，经过培训或者调整工作岗位，仍不能胜任工作的；

第八十三条　用人单位违反本法规定与劳动者约定试用期的，由劳动行政部门责令改正；违法约定的试用期已经履行的，由用人单位以劳动者试用期满月工资为标准，按已经履行的超过法定试用期的期间向劳动者支付赔偿金。

51.【风险识别】试用期结束后仍以劳动者试用期不符合录用条件为由解除劳动合同

【合规指引】实践中用人单位对在试用期内不符合录用条件的劳动者未及时解除劳动合同或者随意延长试用期的现象时有发生，也存在试用期结束后仍以试用期不符合录用条件为由解除劳动合同，此风险发生频率较高，用人单位需加以重视。

【法规依据】

《劳动合同法》

第十九条第一款　劳动合同期限三个月以上不满一年的，试用期不得超过一个月；劳动合同期限一年以上不满三年的，试用期不得超过二个月；三年以上固定期限和无固定期限的劳动合同，试用期不得超过六个月。

第三十九条第一项　劳动者有下列情形之一的，用人单位可以解除劳动合同：

（一）在试用期间被证明不符合录用条件的；

第四十八条　用人单位违反本法规定解除或者终止劳动合同，劳动者要求继续履行劳动合同的，用人单位应当继续履行；劳动者不要求继续履行劳动合同或者劳动合同已经不能继续履行的，用人单位应当依照本法第八十七条规定支付赔偿金。

第八十七条　用人单位违反本法规定解除或者终止劳动合同的，应当依照本法第四十七条规定的经济补偿标准的二倍向劳动者支付赔偿金。

52.【风险识别】医疗期满，解除劳动合同

【合规指引】劳动者患病或者非因工负伤其医疗期届满后，用人单位可否与其解除劳动合同，关键在于是否符合两个法定条件：一是劳动者不能从事原工作；二是劳动者不能从事另行安排的工作。只有符合解除条件才可以解除劳动合同。否则，属于违法解除劳动合同，用人单位将会承担相应的法律责任。

【法规依据】

《劳动合同法》

第四十条第一项　有下列情形之一的，用人单位提前三十日以书面形式通知劳动者本人或者额外支付劳动者一个月工资后，可以解除劳动合同：

（一）劳动者患病或者非因工负伤，在规定的医疗期满后不能从事原工作，也不能从事由用人单位另行安排的工作的；

第四十八条　用人单位违反本法规定解除或者终止劳动合同，劳动者要求继续履行劳动合同的，用人单位应当继续履行；劳动者不要求继续履行劳动合同或者劳动合同已经不能继续履行的，用人单位应当依照本法第八十七条规定支付赔偿金。

53.【风险识别】不胜任工作，解除劳动合同

【合规指引】劳动者在生产经营活动中要发挥自己的能力和作用，提高工作效率，按时完成工作任务。由于劳动者自身能力的原因，无法按要求完成劳动合同约定的任务或者同工种、同岗位人员的工作量，在这样的情况下用人单位可以考虑与其解除劳动合同。但应把握两个法定要求：一是对劳动者进行调岗；二是对其进行专门培训。通过调岗或者培训仍然不能胜任工作的，用人单位可以作出解除劳动合同的决定。需要特别注意的是如果用人单位擅自解除劳动合同，就要承担违法解除劳动合同的不利法律后果。

【法规依据】

《劳动合同法》

第四十条第二项　有下列情形之一的，用人单位提前三十日以书面形式通知劳动者本人或者额外支付劳动者一个月工资后，可以解除劳动合同：

（二）劳动者不能胜任工作，经过培训或者调整工作岗位，仍不能胜任工作的；

第四十八条　用人单位违反本法规定解除或者终止劳动合同,劳动者要求继续履行劳动合同的,用人单位应当继续履行;劳动者不要求继续履行劳动合同或者劳动合同已经不能继续履行的,用人单位应当依照本法第八十七条规定支付赔偿金。

54.【风险识别】客观情况发生变化,解除劳动合同

【合规指引】企业在生产经营过程中,会遇到如自然条件发生变化、企业搬迁、企业被兼并、企业资产转移等使原劳动合同不能履行或者不必要履行的情况。发生上述情况时,根据变化后的客观情况由双方对劳动合同进行变更协商,直到达成一致意见。如果劳动者不同意变更劳动合同,原劳动合同已经不能继续履行,在这种情况下,用人单位只能解除劳动合同,但需要按照法律的规定支付赔偿金。如果用人单位没有与劳动者协商变更劳动合同事宜而是直接以客观情况发生变化为由解除劳动合同的行为就是违法的,将承担法律责任。

【法规依据】

《劳动合同法》

第四十条第三项　有下列情形之一的,用人单位提前三十日以书面形式通知劳动者本人或者额外支付劳动者一个月工资后,可以解除劳动合同:

(三)劳动合同订立时所依据的客观情况发生重大变化,致使劳动合同无法履行,经用人单位与劳动者协商,未能就变更劳动合同内容达成协议的。

第四十八条　用人单位违反本法规定解除或者终止劳动合同,劳动者要求继续履行劳动合同的,用人单位应当继续履行;劳动者不要求继续履行劳动合同或者劳动合同已经不能继续履行的,用人单位应当依照本法第八十七条规定支付赔偿金。

55.【风险识别】经济性裁员,解除劳动合同

【合规指引】经济性裁员是用人单位遇到企业重整、生产经营发生严重困难等情况时需要解除多个劳动者的劳动合同,此种情形属于用人单位解除劳动合同的一种情形。经济性裁员应当注意四个要件:(1)经济性裁员许可条件;(2)用人单位必须符合法定情形;(3)经济性裁员禁止性条件;(4)经济性裁员限制性条件。

【法规依据】

《劳动合同法》

第四十一条第一款　有下列情形之一,需要裁减人员二十人以上或者裁减不足二十人但占企业职工总数百分之十以上的,用人单位提前三十日向工会或者全体职工说明情况,听取工会或者职工的意见后,裁减人员方案经向劳动行政部门报告,可以裁减人员:

(一)依照企业破产法规定进行重整的;

(二)生产经营发生严重困难的;

(三)企业转产、重大技术革新或者经营方式调整,经变更劳动合同后,仍需裁减人员的;

(四)其他因劳动合同订立时所依据的客观经济情况发生重大变化,致使劳动合同无法履行的。

第四十八条　用人单位违反本法规定解除或者终止劳动合同,劳动者要求继续履行劳动合同的,用人单位应当继续履行;劳动者不要求继续履行劳动合同或者劳动合同已经不能继续履行的,用人单位应当依照本法第八十七条规定支付赔偿金。

56.【风险识别】用人单位单方面解除劳动合同未依法通知工会

【合规指引】用人单位依法单方面解除劳动合同是法律赋予的权利,也是自主用工权的体现。但用人单位应当将解除劳动合同的理由通知工会,否则会被认为违法解除劳动合同。在诉讼发生之前,用人单位采用书面形式通知工会进行补正就可避免该风险。

【法规依据】

《劳动合同法》

第四十三条　用人单位单方解除劳动合同,应当事先将理由通知工会。用人单位违反法律、行政法规规定或者劳动合同约定的,工会有权要求用人单位纠正。用人单位应当研究工会的意见,并将处理结果书面通知工会。

最高人民法院《关于审理劳动争议案件适用法律问题的解释(一)》

第四十七条　建立了工会组织的用人单位解除劳动合同符合劳动合同法第三十九条、第四十条规定,但未按照劳动合同法第四十三条规定事先通知工会,劳动者以用人单位违法解除劳动合同为由请求用人单位支付赔偿金的,人民法院应予支持,但起诉前用人单位已经补正有关程序的除外。

57.【风险识别】妥善保存劳动关系终止的原因依据

【合规指引】劳动合同履行过程中会遇到各种情况,导致劳动合同履行出现障碍,但无论发生协商解除劳动合同还是过失性解除或者非过失性解除劳动合同或者劳动合同到期不再续签劳动合同都会涉及劳动关系终止和是否需要支付经济补偿等事宜。劳动关系终止的原因是用人单位在劳动合同终止后是否需要承担相应责任的决定性因素;因此,就其原因证据妥善保存具有积极意义。能够避免劳动关系终止后责任不清,甚至会发生劳动合同解除、终止行为无效、反悔,并支付经济补偿或者要求恢复劳动关系等风险。

【法规依据】

《劳动争议调解仲裁法》

第六条　发生劳动争议,当事人对自己提出的主张,有责任提供证据。与争议事项有关的证据属于用人单位掌握管理的,用人单位应当提供;用人单位不提供的,应当承担不利后果。

《劳动合同法》

第四十六条　有下列情形之一的,用人单位应当向劳动者支付经济补偿:

(一)劳动者依照本法第三十八条规定解除劳动合同的;

(二)用人单位依照本法第三十六条规定向劳动者提出解除劳动合同并与劳动者协商一致解除劳动合同的;

(三)用人单位依照本法第四十条规定解除劳动合同的;

(四)用人单位依照本法第四十一条第一款规定解除劳动合同的;

(五)除用人单位维持或者提高劳动合同约定条件续订劳动合同,劳动者不同意续订的情形外,依照本法第四十四条第一项规定终止固定期限劳动合同的;

(六)依照本法第四十四条第四项、第五项规定终止劳动合同的;

(七)法律、行政法规规定的其他情形。

最高人民法院《关于审理劳动争议案件适用法律问题的解释(一)》

第四十四条　因用人单位作出的开除、除名、辞退、解除劳动合同、减少劳动报酬、计算劳动者工作年限等决定而发生的劳动争议,用人单位负举证责任。

58.【风险识别】劳动合同终止或者解除不支付经济补偿

【合规指引】此类错误做法导致的后果轻者须立即支付补偿金，重者须承担赔偿金或者接受行政处罚。实践中用人单位都知晓此规定，所以风险发生的概率不高。但应当注意支付经济补偿的情形、标准、期限。

【法规依据】

《劳动合同法》

第四十六条　有下列情形之一的，用人单位应当向劳动者支付经济补偿：

（一）劳动者依照本法第三十八条规定解除劳动合同的；

（二）用人单位依照本法第三十六条规定向劳动者提出解除劳动合同并与劳动者协商一致解除劳动合同的；

（三）用人单位依照本法第四十条规定解除劳动合同的；

（四）用人单位依照本法第四十一条第一款规定解除劳动合同的；

（五）除用人单位维持或者提高劳动合同约定条件续订劳动合同，劳动者不同意续订的情形外，依照本法第四十四条第一项规定终止固定期限劳动合同的；

（六）依照本法第四十四条第四项、第五项规定终止劳动合同的；

（七）法律、行政法规规定的其他情形。

第四十七条　经济补偿按劳动者在本单位工作的年限，每满一年支付一个月工资的标准向劳动者支付。六个月以上不满一年的，按一年计算；不满六个月的，向劳动者支付半个月工资的经济补偿。

劳动者月工资高于用人单位所在直辖市、设区的市级人民政府公布的本地区上年度职工月平均工资三倍的，向其支付经济补偿的标准按职工月平均工资三倍的数额支付，向其支付经济补偿的年限最高不超过十二年。

本条所称月工资是指劳动者在劳动合同解除或者终止前十二个月的平均工资。

第五十条第二款　劳动者应当按照双方约定，办理工作交接。用人单位依照本法有关规定应当向劳动者支付经济补偿的，在办结工作交接时支付。

59.【风险识别】劳动合同终止与劳动合同解除经济补偿的差异

【合规指引】通常情况下劳动合同终止与劳动合同解除劳动者都有取得经

济补偿的权利，但两者又有区别。劳动合同终止的经济补偿是《劳动合同法》的规定，而劳动合同解除的经济补偿是《劳动法》的规定。主要的分界点在《劳动合同法》实施之日，劳动合同终止经济补偿自 2008 年 1 月 1 日开始计算，劳动合同解除经济补偿自用工之日就计算，也就是说，职工在 2008 年 1 月 1 日之前就在用人单位工作至 2008 年 1 月 1 日之后，如被解除劳动合同，那么经济补偿的年限可以连续计算；如被终止劳动合同，即使职工在 2008 年 1 月 1 日之前在用人单位工作至 2008 年 1 月 1 日之后，其经济补偿也只能从 2008 年 1 月 1 日开始计算。因此，用人单位要特别注意工作年限较长的职工经济补偿的时段。

【法规依据】

《劳动合同法》

第九十七条第三款　本法施行之日存续的劳动合同在本法施行后解除或者终止，依照本法第四十六条规定应当支付经济补偿的，经济补偿年限自本法施行之日起计算；本法施行前按照当时有关规定，用人单位应当向劳动者支付经济补偿的，按照当时有关规定执行。

《劳动法》

第二十八条　用人单位依据本法第二十四条、第二十六条、第二十七条的规定解除劳动合同的，应当依照国家有关规定给予经济补偿。

60.【风险识别】未足额支付应当支付的经济补偿

【合规指引】用人单位应当依法支付解除或者终止劳动合同的经济补偿，支付经济补偿有明确的标准，如果用人单位未按照法律规定的标准支付可能会导致无故拖欠或克扣经济补偿金的后果，那么用人单位则需要承担相应的责任。

【法规依据】

《劳动合同法》

第四十七条　经济补偿按劳动者在本单位工作的年限，每满一年支付一个月工资的标准向劳动者支付。六个月以上不满一年的，按一年计算；不满六个月的，向劳动者支付半个月工资的经济补偿。

劳动者月工资高于用人单位所在直辖市、设区的市级人民政府公布的本地区上年度职工月平均工资三倍的，向其支付经济补偿的标准按职工月平均工资三倍的数额支付，向其支付经济补偿的年限最高不超过十二年。

本条所称月工资是指劳动者在劳动合同解除或者终止前十二个月的平均

工资。

第八十五条第四项　用人单位有下列情形之一的，由劳动行政部门责令限期支付劳动报酬、加班费或者经济补偿；劳动报酬低于当地最低工资标准的，应当支付其差额部分；逾期不支付的，责令用人单位按应付金额百分之五十以上百分之一百以下的标准向劳动者加付赔偿金：

（四）解除或者终止劳动合同，未依照本法规定向劳动者支付经济补偿的。

61.【风险识别】解除或者终止劳动合同时未出具相应的证明，未及时办理档案和社保转移手续

【合规指引】劳动合同解除或者终止后，用人单位出具相应的证明是法定义务。劳动者再次就业或者领取失业金等都需要离职证明，否则将会给劳动者造成损害。

【法规依据】

《劳动合同法》

第五十条第一款　用人单位应当在解除或者终止劳动合同时出具解除或者终止劳动合同的证明，并在十五日内为劳动者办理档案和社会保险关系转移手续。

第八十九条　用人单位违反本法规定未向劳动者出具解除或者终止劳动合同的书面证明，由劳动行政部门责令改正；给劳动者造成损害的，应当承担赔偿责任。

62.【风险识别】用人单位未支付竞业限制的经济补偿

【合规指引】劳动合同中约定竞业限制，在解除或者终止劳动合同后，劳动者应当履行竞业限制的义务而用人单位应当支付经济补偿。用人单位未按约定支付经济补偿将导致竞业限期期限提前终止并仍需支付已履行期限内的经济补偿的后果。若用人单位无须对离岗劳动者竞业限制，可在合同解除或终止时提出解除竞业限制的规定，以免发生支付经济补偿的纠纷。

【法规依据】

《劳动合同法》

第二十三条　用人单位与劳动者可以在劳动合同中约定保守用人单位的商业秘密和与知识产权相关的保密事项。

对负有保密义务的劳动者,用人单位可以在劳动合同或者保密协议中与劳动者约定竞业限制条款,并约定在解除或者终止劳动合同后,在竞业限制期限内按月给予劳动者经济补偿。劳动者违反竞业限制约定的,应当按照约定向用人单位支付违约金。

最高人民法院《关于审理劳动争议案件适用法律问题的解释(一)》

第三十八条　当事人在劳动合同或者保密协议中约定了竞业限制和经济补偿,劳动合同解除或者终止后,因用人单位的原因导致三个月未支付经济补偿,劳动者请求解除竞业限制约定的,人民法院应予支持。

63.【风险识别】竞业限制期限内,用人单位解除竞业限制协议

【合规指引】在竞业限制履行过程中,用人单位根据生产经营的情况有权提出解除竞业限制协议。但劳动者可以请求用人单位额外支付3个月的竞业限制经济补偿。若用人单位未按约定支付经济补偿将导致竞业限制期限提前终止并仍需支付已履行期限内的经济补偿及额外支付3个月经济补偿的后果。若用人单位无须对离岗劳动者竞业限制,可在合同解除或终止时提出解除竞业限制的规定,以免发生支付经济补偿的纠纷。

【法规依据】

最高人民法院《关于审理劳动争议案件适用法律问题的解释(一)》

第三十九条　在竞业限制期限内,用人单位请求解除竞业限制协议的,人民法院应予支持。

在解除竞业限制协议时,劳动者请求用人单位额外支付劳动者三个月的竞业限制经济补偿的,人民法院应予支持。

第八节　违纪违规管理

64.【风险识别】缺乏劳动规章制度

【合规指引】在用人单位管理过程中如果出现职工的行为不符合本单位利

益或者损害本单位权益的情况,需要对该职工作出处理。结果却因为没有制定相应的规章制度而得不到相关部门支持,反而需要用人单位承担责任。

【法规依据】

《劳动合同法》

第四条第一款　用人单位应当依法建立和完善劳动规章制度,保障劳动者享有劳动权利、履行劳动义务。

第三十九条第二项　劳动者有下列情形之一的,用人单位可以解除劳动合同:

(二)严重违反用人单位的规章制度的;

第八十条　用人单位直接涉及劳动者切身利益的规章制度违反法律、法规规定的,由劳动行政部门责令改正,给予警告;给劳动者造成损害的,应当承担赔偿责任。

《劳动法》

第二十五条第二项　劳动者有下列情形之一的,用人单位可以解除劳动合同:

(二)严重违反劳动纪律或者用人单位规章制度的;

65.【风险识别】违纪行为处理的规定缺乏合理性和可操作性

【合规指引】提醒用人单位在制定规章制度时注意使规章制度具备合理性和可操作性,可以量化的尽量做到量化,能够描述的情节要仔细描述,并规定合理的期限以便及时作出处理。

【法规依据】

《劳动合同法》

第四条第一、二款　用人单位应当依法建立和完善劳动规章制度,保障劳动者享有劳动权利、履行劳动义务。

用人单位在制定、修改或者决定有关劳动报酬、工作时间、休息休假、劳动安全卫生、保险福利、职工培训、劳动纪律以及劳动定额管理等直接涉及劳动者切身利益的规章制度或者重大事项时,应当经职工代表大会或者全体职工讨论,提出方案和意见,与工会或者职工代表平等协商确定。

第八十条　用人单位直接涉及劳动者切身利益的规章制度违反法律、法规规定的,由劳动行政部门责令改正,给予警告;给劳动者造成损害的,应当承担赔偿责任。

66.【风险识别】违纪证据不足

【合规指引】实践中，此类风险发生的概率较高。因用人单位对职工作出的开除、除名、辞退、解除劳动合同等处理决定而发生的劳动争议，用人单位往往因收集或者持有证据不足或者不充分，导致败诉。因此，用人单位对违纪违规职工作出处理决定前要收集充分的证据再及时作出处理决定并及时送达该决定。

【法规依据】

《劳动争议调解仲裁法》

第六条　发生劳动争议，当事人对自己提出的主张，有责任提供证据。与争议事项有关的证据属于用人单位掌握管理的，用人单位应当提供；用人单位不提供的，应当承担不利后果。

最高人民法院《关于审理劳动争议案件适用法律问题的解释(一)》

第四十四条　因用人单位作出的开除、除名、辞退、解除劳动合同、减少劳动报酬、计算劳动者工作年限等决定而发生的劳动争议，用人单位负举证责任。

《劳动合同法》

第四十八条　用人单位违反本法规定解除或者终止劳动合同，劳动者要求继续履行劳动合同的，用人单位应当继续履行；劳动者不要求继续履行劳动合同或者劳动合同已经不能继续履行的，用人单位应当依照本法第八十七条规定支付赔偿金。

第八十七条　用人单位违反本法规定解除或者终止劳动合同的，应当依照本法第四十七条规定的经济补偿标准的二倍向劳动者支付赔偿金。

67.【风险识别】违纪违规行为处理不及时

【合规指引】用人单位对职工违纪违规的事实清楚、证据充分，但没有及时作出处理也要承担风险。对违纪违规行为处理不及时，有可能会因为时效问题无法行使合同解除权。目前法律法规对企业职工违纪违规处理时效没有明确规定，但有的地方法院对此有类似规定。

【法规依据】

浙江省高级人民法院民事审判第一庭、浙江省劳动人事争议仲裁院《关于审理劳动争议案件若干问题的解答(二)》

八、劳动者违反用人单位规章制度,符合用人单位与其解除劳动合同的条件,用人单位应在多长时间内行使劳动合同解除权?

答:劳动者违反用人单位规章制度,符合用人单位与其解除劳动合同的条件,用人单位一般应在知道或者应当知道之日起5个月内行使劳动合同解除权。

68.【风险识别】违纪处分决定未向员工送达

【合规指引】用人单位对违纪违规职工的处理决定必须按照法律规定或者双方约定的送达方式及时送达。否则,该决定将无法生效。

【法规依据】

《劳动争议调解仲裁法》

第六条 发生劳动争议,当事人对自己提出的主张,有责任提供证据。与争议事项有关的证据属于用人单位掌握管理的,用人单位应当提供;用人单位不提供的,应当承担不利后果。

最高人民法院《关于审理劳动争议案件适用法律问题的解释(一)》

第四十四条 因用人单位作出的开除、除名、辞退、解除劳动合同、减少劳动报酬、计算劳动者工作年限等决定而发生的劳动争议,用人单位负举证责任。

第九节 工作内容及岗位管理

69.【风险识别】擅自变更劳动合同约定内容

【合规指引】用人单位在用工过程中,因生产经营需要可以变更劳动合同约定的内容,但前提是需要与对方协议。否则,会造成变更劳动合同内容无效的后果。此操作环节往往会被用人单位忽视,进而引发风险。

【法规依据】

《劳动合同法》

第三十五条第一款　用人单位与劳动者协商一致,可以变更劳动合同约定的内容。变更劳动合同,应当采用书面形式。

最高人民法院《关于审理劳动争议案件适用法律问题的解释(一)》

第四十三条　用人单位与劳动者协商一致变更劳动合同,虽未采用书面形式,但已经实际履行了口头变更的劳动合同超过一个月,变更后的劳动合同内容不违反法律、行政法规且不违背公序良俗,当事人以未采用书面形式为由主张劳动合同变更无效的,人民法院不予支持。

70.【风险识别】调职调岗不合法

【合规指引】对调职调岗约定合理性的判断没有明确的标准,可能会导致风险的发生。因此,用人单位应当注意调岗要有客观合理的原因、具有关联性并不带有针对性和惩罚性及薪资保持不变(不能胜任工作调岗的除外),力求降低风险的发生。

【法规依据】

《劳动合同法》

第三十五条第一款　用人单位与劳动者协商一致,可以变更劳动合同约定的内容。变更劳动合同,应当采用书面形式。

最高人民法院《关于审理劳动争议案件适用法律问题的解释(一)》

第四十三条　用人单位与劳动者协商一致变更劳动合同,虽未采用书面形式,但已经实际履行了口头变更的劳动合同超过一个月,变更后的劳动合同内容不违反法律、行政法规且不违背公序良俗,当事人以未采用书面形式为由主张劳动合同变更无效的,人民法院不予支持。

71.【风险识别】缺乏不胜任工作依据

【合规指引】劳动者能力有大小,工作效率有高低。在工作中会出现劳动者不胜任工作的状况,如需要调整工作岗位或者安排培训必须要有证据证明。否则,难以排除擅自变更岗位的嫌疑。实践中此类风险发生概率较高,用人单位应当注意制定岗位考核标准或者依据,同时注意调岗调职方式。

【法规依据】

《劳动合同法》

第四十条第二项　有下列情形之一的，用人单位提前三十日以书面形式通知劳动者本人或者额外支付劳动者一个月工资后，可以解除劳动合同：

（二）劳动者不能胜任工作，经过培训或者调整工作岗位，仍不能胜任工作的；

72.【风险识别】对劳动者合理调岗

【合规指引】用人单位在劳动者因病、客观情况发生变化或者经济性裁员达不到法定人数等因素而导致变更岗位应属合情合理，如劳动者会产生情绪或者不到岗或者逾期到岗等情况发生，用人单位一定要按单位的考勤管理流程办理，详细记载延误理由和缺勤到岗情况，掌握相关资料，尽量避免产生不利后果。

【法规依据】

《劳动合同法》

第四十条　有下列情形之一的，用人单位提前三十日以书面形式通知劳动者本人或者额外支付劳动者一个月工资后，可以解除劳动合同：

（一）劳动者患病或者非因工负伤，在规定的医疗期满后不能从事原工作，也不能从事由用人单位另行安排的工作的；

（二）劳动者不能胜任工作，经过培训或者调整工作岗位，仍不能胜任工作的；

（三）劳动合同订立时所依据的客观情况发生重大变化，致使劳动合同无法履行，经用人单位与劳动者协商，未能就变更劳动合同内容达成协议的。

最高人民法院《关于审理劳动争议案件适用法律问题的解释（一）》

第四十三条　用人单位与劳动者协商一致变更劳动合同，虽未采用书面形式，但已经实际履行了口头变更的劳动合同超过一个月，变更后的劳动合同内容不违反法律、行政法规且不违背公序良俗，当事人以未采用书面形式为由主张劳动合同变更无效的，人民法院不予支持。

73.【风险识别】劳动者对符合规定的调岗不服从

【合规指引】用人单位对符合规定调岗的职工，一定要将调岗通知到本人，明确到岗时间。职工有遵守劳动纪律的义务，职工逾期到岗或者不到岗，用人单位要做好考勤记录并了解原因，职工若无正当理由逾期到岗或者不到岗可按规章制度处理。

【法规依据】

《劳动法》

第三条第二款　劳动者应当完成劳动任务，提高职业技能，执行劳动安全卫生规程，遵守劳动纪律和职业道德。

第二十五条第二项　劳动者有下列情形之一的，用人单位可以解除劳动合同：

（二）严重违反劳动纪律或者用人单位规章制度的；

《劳动合同法》

第三条第一款　订立劳动合同，应当遵循合法、公平、平等自愿、协商一致、诚实信用的原则。

第四十条第二项　有下列情形之一的，用人单位提前三十日以书面形式通知劳动者本人或者额外支付劳动者一个月工资后，可以解除劳动合同：

（二）劳动者不能胜任工作，经过培训或者调整工作岗位，仍不能胜任工作的；

第十节　工时、休息休假管理

74.【风险识别】不执行法定休息休假的相关规定

【合规指引】法定休息时间加班应当支付加班工资。休息日安排工作首先应当安排补休，不能补休的应当支付加班工资。必要时用人单位可以申请特殊工时制度。

【法规依据】

《劳动法》

第三十九条　企业因生产特点不能实行本法第三十六条、第三十八条规定的，经劳动行政部门批准，可以实行其他工作和休息办法。

第四十四条第二项　有下列情形之一的，用人单位应当按照下列标准支付高于劳动者正常工作时间工资的工资报酬：

（二）休息日安排劳动者工作又不能安排补休的，支付不低于工资的百分之二百的工资报酬；

《劳动合同法》

第三十一条　用人单位应当严格执行劳动定额标准，不得强迫或者变相强迫劳动者加班。用人单位安排加班的，应当按照国家有关规定向劳动者支付加班费。

75.【风险识别】超时加班加点

【合规指引】用人单位安排超时加班应加强控制，符合法律法规的相关规定，否则将会受到行政处罚。注意按照加班要求和流程支付加班加点工资。必要时可申请特殊工时制度。

【法规依据】

《劳动法》

第三十九条　企业因生产特点不能实行本法第三十六条、第三十八条规定的，经劳动行政部门批准，可以实行其他工作和休息办法。

第四十一条　用人单位由于生产经营需要，经与工会和劳动者协商后可以延长工作时间，一般每日不得超过一小时；因特殊原因需要延长工作时间的，在保障劳动者身体健康的条件下延长工作时间每日不得超过三小时，但是每月不得超过三十六小时。

第四十三条　用人单位不得违反本法规定延长劳动者的工作时间。

《劳动保障监察条例》

第二十五条　用人单位违反劳动保障法律、法规或者规章延长劳动者工作时间的，由劳动保障行政部门给予警告，责令限期改正，并可以按照受侵害的劳动者每人100元以上500元以下的标准计算，处以罚款。

76.【风险识别】未执行女职工特殊保护规定

【合规指引】根据女性的生理特点，对女职工工作的安排必须严格执行法律法规规定，同时加强对女职工的特别保护。否则，用人单位将要承担法律责任。

【法规依据】

《劳动法》

第五十八条第一款　国家对女职工和未成年工实行特殊劳动保护。

第五十九条　禁止安排女职工从事矿山井下、国家规定的第四级体力劳动强度的劳动和其他禁忌从事的劳动。

第六十条　不得安排女职工在经期从事高处、低温、冷水作业和国家规定的第三级体力劳动强度的劳动。

第六十一条　不得安排女职工在怀孕期间从事国家规定的第三级体力劳动强度的劳动和孕期禁忌从事的劳动。对怀孕七个月以上的女职工,不得安排其延长工作时间和夜班劳动。

第六十三条　不得安排女职工在哺乳未满一周岁的婴儿期间从事国家规定的第三级体力劳动强度的劳动和哺乳期禁忌从事的其他劳动,不得安排其延长工作时间和夜班劳动。

第九十五条　用人单位违反本法对女职工和未成年工的保护规定,侵害其合法权益的,由劳动行政部门责令改正,处以罚款;对女职工或者未成年工造成损害的,应当承担赔偿责任。

《女职工劳动特别保护规定》

第四条第一款　用人单位应当遵守女职工禁忌从事的劳动范围的规定。用人单位应当将本单位属于女职工禁忌从事的劳动范围的岗位书面告知女职工。

第五条　用人单位不得因女职工怀孕、生育、哺乳降低其工资、予以辞退、与其解除劳动或者聘用合同。

第六条　女职工在孕期不能适应原劳动的,用人单位应当根据医疗机构的证明,予以减轻劳动量或者安排其他能够适应的劳动。

对怀孕 7 个月以上的女职工,用人单位不得延长劳动时间或者安排夜班劳动,并应当在劳动时间内安排一定的休息时间。

怀孕女职工在劳动时间内进行产前检查,所需时间计入劳动时间。

77.【风险识别】未执行年休假规定

【合规指引】单位可依生产经营的特点及情况,依法自主安排职工年休假,同时听取其意见,尽可能在本年度内安排;确因工作需要,征得职工本人同意可跨年度安排。

【法规依据】

《劳动法》

第四十五条　国家实行带薪年休假制度。

劳动者连续工作一年以上的，享受带薪年休假。具体办法由国务院规定。

《职工带薪年休假条例》

第五条 单位根据生产、工作的具体情况，并考虑职工本人意愿，统筹安排职工年休假。

年休假在1个年度内可以集中安排，也可以分段安排，一般不跨年度安排。单位因生产、工作特点确有必要跨年度安排职工年休假的，可以跨1个年度安排。

单位确因工作需要不能安排职工休年休假的，经职工本人同意，可以不安排职工休年休假。对职工应休未休的年休假天数，单位应当按照该职工日工资收入的300%支付年休假工资报酬。

《企业职工带薪年休假实施办法》

第九条 用人单位根据生产、工作的具体情况，并考虑职工本人意愿，统筹安排年休假。用人单位确因工作需要不能安排职工年休假或者跨1个年度安排年休假的，应征得职工本人同意。

78.【风险识别】病假管理程序不当

【合规指引】用人单位指定医院的行为，导致风险发生的概率并不高。加强病假的管理和制定审批流程，做好关怀和探望，及时了解病情。同时还需要特别注意无病装病、小病大治、病假旅游等现象，发现违规及时处理。

【法规依据】

《劳动合同法》

第四条第一款 用人单位应当依法建立和完善劳动规章制度，保障劳动者享有劳动权利、履行劳动义务。

第三十九条第二项 劳动者有下列情形之一的，用人单位可以解除劳动合同：

（二）严重违反用人单位的规章制度的；

《企业职工患病或非因工负伤医疗期规定》

第三条 企业职工因患病或非因工负伤，需要停止工作医疗时，根据本人实际参加工作年限和在本单位工作年限，给予三个月到二十四个月的医疗期：

（一）实际工作年限十年以下的，在本单位工作年限五年以下的为三个月；

五年以上的为六个月。

（二）实际工作年限十年以上的，在本单位工作年限五年以下的为六个月；五年以上十年以下的为九个月；十年以上十五年以下的为十二个月；十五年以上二十年以下的为十八个月；二十年以上的为二十四个月。

第四条　医疗期三个月的按六个月内累计病休时间计算；六个月的按十二个月内累计病休时间计算；九个月的按十五个月内累计病休时间计算；十二个月的按十八个月内累计病休时间计算；十八个月的按二十四个月内累计病休时间计算；二十四个月的按三十个月内累计病休时间计算。

第十一节　社会保险管理

79.【风险识别】未依法为职工缴纳社会保险费用

【合规指引】此类风险较大，后果严重。涉及行政监督检查、社会保险费补缴、行政罚款及缴纳滞纳金，如不能补缴造成损失还要承担赔偿责任。作为用人单位必须高度重视，依法参加社会保险并缴纳费用。

【法规依据】

《劳动法》

第七十二条　社会保险基金按照保险类型确定资金来源，逐步实行社会统筹。用人单位和劳动者必须依法参加社会保险，缴纳社会保险费。

《社会保险法》

第四条　中华人民共和国境内的用人单位和个人依法缴纳社会保险费，有权查询缴费记录、个人权益记录，要求社会保险经办机构提供社会保险咨询等相关服务。

个人依法享受社会保险待遇，有权监督本单位为其缴费情况。

第五十八条　用人单位应当自用工之日起三十日内为其职工向社会保险经办机构申请办理社会保险登记。未办理社会保险登记的，由社会保险经办机构核定其应当缴纳的社会保险费。

第六十三条第一、二款　用人单位未按时足额缴纳社会保险费的，由社会保险费征收机构责令其限期缴纳或者补足。

用人单位逾期仍未缴纳或者补足社会保险费的，社会保险费征收机构可以向银行和其他金融机构查询其存款账户；并可以申请县级以上有关行政部门作出划拨社会保险费的决定，书面通知其开户银行或者其他金融机构划拨社会保险费。用人单位账户余额少于应当缴纳的社会保险费的，社会保险费征收机构可以要求该用人单位提供担保，签订延期缴费协议。

第八十四条　用人单位不办理社会保险登记的，由社会保险行政部门责令限期改正；逾期不改正的，对用人单位处应缴社会保险费数额一倍以上三倍以下的罚款，对其直接负责的主管人员和其他直接责任人员处五百元以上三千元以下的罚款。

第八十六条　用人单位未按时足额缴纳社会保险费的，由社会保险费征收机构责令限期缴纳或者补足，并自欠缴之日起，按日加收万分之五的滞纳金；逾期仍不缴纳的，由有关行政部门处欠缴数额一倍以上三倍以下的罚款。

80.【风险识别】未在法定时间内为职工参加社会保险

【合规指引】此类风险的后果较严重，影响程度较高，易导致用人单位付出高额经济赔偿。用人单位如能先参保后用工，尤其是先参加工伤保险，就会使此类风险的概率大大降低。

【法规依据】

《社会保险法》

第四条　中华人民共和国境内的用人单位和个人依法缴纳社会保险费，有权查询缴费记录、个人权益记录，要求社会保险经办机构提供社会保险咨询等相关服务。

个人依法享受社会保险待遇，有权监督本单位为其缴费情况。

第三十三条　职工应当参加工伤保险，由用人单位缴纳工伤保险费，职工不缴纳工伤保险费。

《工伤保险条例》

第二条　中华人民共和国境内的企业、事业单位、社会团体、民办非企业单位、基金会、律师事务所、会计师事务所等组织和有雇工的个体工商户（以下称用人单位）应当依照本条例规定参加工伤保险，为本单位全部职工或者雇工（以下称职工)缴纳工伤保险费。

中华人民共和国境内的企业、事业单位、社会团体、民办非企业单位、基金会、律师事务所、会计师事务所等组织的职工和个体工商户的雇工,均有依照本条例的规定享受工伤保险待遇的权利。

《社会保险费征缴暂行条例》

第八条　企业在办理登记注册时,同步办理社会保险登记。

前款规定以外的缴费单位应当自成立之日起30日内,向当地社会保险经办机构申请办理社会保险登记。

81.【风险识别】与职工签订自愿不参加社会保险的协议

【合规指引】实践中,加工制造业等劳动密集行业较多出现员工同用人单位签订自愿不参加社会保险的协议的情形,此类风险后果严重,如导致员工的医疗待遇、工伤待遇、生育待遇、失业待遇都无法享受,且此协议属无效协议,职工随时可向用人单位要求赔偿,还可能会导致劳动合同被迫解除同时还需支付经济补偿。

【法规依据】

《社会保险法》

第四条　中华人民共和国境内的用人单位和个人依法缴纳社会保险费,有权查询缴费记录、个人权益记录,要求社会保险经办机构提供社会保险咨询等相关服务。

个人依法享受社会保险待遇,有权监督本单位为其缴费情况。

《劳动法》

第七十三条第一、二款　劳动者在下列情形下,依法享受社会保险待遇:

(一)退休;

(二)患病、负伤;

(三)因工伤残或者患职业病;

(四)失业;

(五)生育。

劳动者死亡后,其遗属依法享受遗属津贴。

82.【风险识别】未按法定基数缴纳社会保险费

【合规指引】此类风险发生的概率较高,如发生争议必将导致用人单位付出高额经济赔偿及承担行政责任。

【法规依据】

《社会保险法》

第六十三条第一、二款　用人单位未按时足额缴纳社会保险费的，由社会保险费征收机构责令其限期缴纳或者补足。

用人单位逾期仍未缴纳或者补足社会保险费的，社会保险费征收机构可以向银行和其他金融机构查询其存款账户；并可以申请县级以上有关行政部门作出划拨社会保险费的决定，书面通知其开户银行或者其他金融机构划拨社会保险费。用人单位账户余额少于应当缴纳的社会保险费的，社会保险费征收机构可以要求该用人单位提供担保，签订延期缴费协议。

第八十六条　用人单位未按时足额缴纳社会保险费的，由社会保险费征收机构责令限期缴纳或者补足，并自欠缴之日起，按日加收万分之五的滞纳金；逾期仍不缴纳的，由有关行政部门处欠缴数额一倍以上三倍以下的罚款。

第十二节　集体合同

83.【风险识别】拒绝集体协商

【合规指引】此类风险发生概率不高。但随着法治建设的不断推进，劳动者的法治意识逐渐增强，集体力量的作用不断增强，集体协商机制一定会随之发展。实际上，集体协商机制对用人单位的管理工作能起到非常大的促进作用，通过集体协商机制也能发挥职工的积极性和能动性。集体协商机制使产生的争议或者纠纷的解决有了沟通渠道，减少了发生劳动仲裁或者诉讼的概率。

【法规依据】

《劳动合同法》

第五十一条　企业职工一方与用人单位通过平等协商，可以就劳动报酬、工作时间、休息休假、劳动安全卫生、保险福利等事项订立集体合同。集体合同草案应当提交职工代表大会或者全体职工讨论通过。

集体合同由工会代表企业职工一方与用人单位订立;尚未建立工会的用人单位,由上级工会指导劳动者推举的代表与用人单位订立。

第五十三条　在县级以下区域内,建筑业、采矿业、餐饮服务业等行业可以由工会与企业方面代表订立行业性集体合同,或者订立区域性集体合同。

《劳动法》

第三十三条　企业职工一方与企业可以就劳动报酬、工作时间、休息休假、劳动安全卫生、保险福利等事项,签订集体合同。集体合同草案应当提交职工代表大会或者全体职工讨论通过。

集体合同由工会代表职工与企业签订;没有建立工会的企业,由职工推举的代表与企业签订。

84.【风险识别】缺乏民主协商、监督机制

【合规指引】因用人单位民主协商和监督机制不健全,没有建立工会组织,企业职工对用人单位履行劳动合同、集体合同的情况缺乏监督,对用人单位制定、修改或者决定有关劳动报酬、工作时间、休息休假、劳动安全卫生、保险福利、职工培训、劳动纪律以及劳动定额管理等直接涉及劳动者切身利益的规章制度或者重大事项无法参与,往往会导致上述规章制度失去执行效力。因此,用人单位应当重视企业工会组织的建设,健全协商和监督机制;发挥企业工会落实规章制度、化解职工之间产生的矛盾和争议等作用,以避免风险的产生。

【法规依据】

《劳动合同法》

第四条第二、三款　用人单位在制定、修改或者决定有关劳动报酬、工作时间、休息休假、劳动安全卫生、保险福利、职工培训、劳动纪律以及劳动定额管理等直接涉及劳动者切身利益的规章制度或者重大事项时,应当经职工代表大会或者全体职工讨论,提出方案和意见,与工会或者职工代表平等协商确定。

在规章制度和重大事项决定实施过程中,工会或者职工认为不适当的,有权向用人单位提出,通过协商予以修改完善。

第五十一条　企业职工一方与用人单位通过平等协商,可以就劳动报酬、工作时间、休息休假、劳动安全卫生、保险福利等事项订立集体合同。集体合同草案应当提交职工代表大会或者全体职工讨论通过。

集体合同由工会代表企业职工一方与用人单位订立；尚未建立工会的用人单位，由上级工会指导劳动者推举的代表与用人单位订立。

第五十三条　在县级以下区域内，建筑业、采矿业、餐饮服务业等行业可以由工会与企业方面代表订立行业性集体合同，或者订立区域性集体合同。

《工会法》

第十一条第一、二款　用人单位有会员二十五人以上的，应当建立基层工会委员会；不足二十五人的，可以单独建立基层工会委员会，也可以由两个以上单位的会员联合建立基层工会委员会，也可以选举组织员一人，组织会员开展活动。女职工人数较多的，可以建立工会女职工委员会，在同级工会领导下开展工作；女职工人数较少的，可以在工会委员会中设女职工委员。

企业职工较多的乡镇、城市街道，可以建立基层工会的联合会。

《集体合同规定》

第二十一条　用人单位一方的协商代表，由用人单位法定代表人指派，首席代表由单位法定代表人担任或由其书面委托的其他管理人员担任。

第二十二条　协商代表履行职责的期限由被代表方确定。

85.【风险识别】签订集体合同未履行法定程序

【合规指引】确定集体合同内容，注意制定集体合同的主体资格，制定程序、报备案规定等。

【法规依据】

《劳动合同法》

第五十一条　企业职工一方与用人单位通过平等协商，可以就劳动报酬、工作时间、休息休假、劳动安全卫生、保险福利等事项订立集体合同。集体合同草案应当提交职工代表大会或者全体职工讨论通过。

集体合同由工会代表企业职工一方与用人单位订立；尚未建立工会的用人单位，由上级工会指导劳动者推举的代表与用人单位订立。

第五十三条　在县级以下区域内，建筑业、采矿业、餐饮服务业等行业可以由工会与企业方面代表订立行业性集体合同，或者订立区域性集体合同。

第五十四条　集体合同订立后，应当报送劳动行政部门；劳动行政部门自收到集体合同文本之日起十五日内未提出异议的，集体合同即行生效。

依法订立的集体合同对用人单位和劳动者具有约束力。行业性、区域性集体合同对当地本行业、本区域的用人单位和劳动者具有约束力。

《劳动法》

第三十三条　企业职工一方与企业可以就劳动报酬、工作时间、休息休假、劳动安全卫生、保险福利等事项,签订集体合同。集体合同草案应当提交职工代表大会或者全体职工讨论通过。

集体合同由工会代表职工与企业签订;没有建立工会的企业,由职工推举的代表与企业签订。

第三十四条　集体合同签订后应当报送劳动行政部门;劳动行政部门自收到集体合同文本之日起十五日内未提出异议的,集体合同即行生效。

第十三节　规章制度制定、修改、公示

86.【风险识别】规章制度的制定未履行法定民主程序

【合规指引】此类风险发生的概率较高。实践中用人单位往往忽视民主程序这一环节,导致制定的规章制度不生效或者无效,甚至赔偿经济损失。

【法规依据】

《劳动合同法》

第四条第二款　用人单位在制定、修改或者决定有关劳动报酬、工作时间、休息休假、劳动安全卫生、保险福利、职工培训、劳动纪律以及劳动定额管理等直接涉及劳动者切身利益的规章制度或者重大事项时,应当经职工代表大会或者全体职工讨论,提出方案和意见,与工会或者职工代表平等协商确定。

87.【风险识别】未保留民主协商的书面证据

【合规指引】用人单位要有证据保留意识,民主协商或者讨论的记录材料、开会的签到表或者通知书等都应由专人保管。民主协商过程是单位规章制度有效性的保障。规章制度制定不合法将会给单位带来不可估量的损失。

【法规依据】

《劳动合同法》

第四条第二款　用人单位在制定、修改或者决定有关劳动报酬、工作时间、休息休假、劳动安全卫生、保险福利、职工培训、劳动纪律以及劳动定额管理等直接涉及劳动者切身利益的规章制度或者重大事项时，应当经职工代表大会或者全体职工讨论，提出方案和意见，与工会或者职工代表平等协商确定。

第三十八条第一款第四项　用人单位有下列情形之一的，劳动者可以解除劳动合同：

（四）用人单位的规章制度违反法律、法规的规定，损害劳动者权益的；

第八十条　用人单位直接涉及劳动者切身利益的规章制度违反法律、法规规定的，由劳动行政部门责令改正，给予警告；给劳动者造成损害的，应当承担赔偿责任。

88.【风险识别】规章制度未向员工公示或告知

【合规指引】此类风险发生的概率不是很高，但用人单位仍须注意公示的必要性以及公示的方法。单位制定的规章制度是需要职工遵守和执行的，一定要向职工公示或者告知。否则无法生效，更谈不上遵守执行。

【法规依据】

《劳动合同法》

第四条第四款　用人单位应当将直接涉及劳动者切身利益的规章制度和重大事项决定公示，或者告知劳动者。

第三十八条第一款第四项　用人单位有下列情形之一的，劳动者可以解除劳动合同：

（四）用人单位的规章制度违反法律、法规的规定，损害劳动者权益的；

第八十条　用人单位直接涉及劳动者切身利益的规章制度违反法律、法规规定的，由劳动行政部门责令改正，给予警告；给劳动者造成损害的，应当承担赔偿责任。

89.【风险识别】规章制度公示方式不当

【合规指引】此类风险发生的概率在某些经常使用公司局域网或网站公

布信息或使用电子邮件发送通知的用人单位非常高，提醒用人单位采取稳妥的公示方法(对公示方式事先确定并告知)，否则可能导致是否公示知晓的举证很难。因此用人单位应当注意公示方式，以避免由此而产生的法律风险。

【法规依据】

《劳动合同法》

第三十八条第一款第四项　用人单位有下列情形之一的，劳动者可以解除劳动合同：

(四)用人单位的规章制度违反法律、法规的规定，损害劳动者权益的；

第八十条　用人单位直接涉及劳动者切身利益的规章制度违反法律、法规规定的，由劳动行政部门责令改正，给予警告；给劳动者造成损害的，应当承担赔偿责任。

90.【风险识别】规章制度中存在不合法、不合理的内容

【合规指引】用人单位在制定规章制度时要特别注意有关法律法规的规定，尤其是规定双方权利义务的内容必须符合法律法规规定，不能免除自己的法定责任、排除劳动者权利。

【法规依据】

《劳动合同法》

第四条第一、三款　用人单位应当依法建立和完善劳动规章制度，保障劳动者享有劳动权利、履行劳动义务。

在规章制度和重大事项决定实施过程中，工会或者职工认为不适当的，有权向用人单位提出，通过协商予以修改完善。

第三十八条第一款第四项　用人单位有下列情形之一的，劳动者可以解除劳动合同：

(四)用人单位的规章制度违反法律、法规的规定，损害劳动者权益的；

第八十条　用人单位直接涉及劳动者切身利益的规章制度违反法律、法规规定的，由劳动行政部门责令改正，给予警告；给劳动者造成损害的，应当承担赔偿责任。

第十四节　劳务派遣和非全日制用工

91.【风险识别】超范围使用劳务派遣工

【合规指引】正确理解“三性”含义，根据“三性”的范围使用被派遣的劳动者，否则有可能将劳务派遣的用工形式演变成用工单位的标准用工形式。

【法规依据】

《劳动合同法》

第六十六条第一、二款　劳动合同用工是我国的企业基本用工形式。劳务派遣用工是补充形式，只能在临时性、辅助性或者替代性的工作岗位上实施。

前款规定的临时性工作岗位是指存续时间不超过六个月的岗位；辅助性工作岗位是指为主营业务岗位提供服务的非主营业务岗位；替代性工作岗位是指用工单位的劳动者因脱产学习、休假等原因无法工作的一定期间内，可以由其他劳动者替代工作的岗位。

92.【风险识别】辅助性岗位

【合规指引】许多使用劳务派遣工的用人单位经常在非辅助性岗位上使用劳务派遣工，辅助性岗位在“三性”岗位中发生争议纠纷最多，究其原因是用人单位对辅助性岗位的概念不清或“明知故犯”。辅助性岗位应当由用工单位经职工代表大会或者全体职工讨论，提出方案和意见，与工会或者职工代表平等协商确定，并在用工单位内公示。违反劳务派遣的相关规定将会导致用工性质的改变，因此用工单位要重视辅助性岗位的设置和人员的使用。

【法规依据】

《劳务派遣暂行规定》

第三条第三款　用工单位决定使用被派遣劳动者的辅助性岗位，应当经职工代表大会或者全体职工讨论，提出方案和意见，与工会或者职工代表平等协商确定，并在用工单位内公示。

第二十二条　用工单位违反本规定第三条第三款规定的，由人力资源社会保障行政部门责令改正，给予警告；给被派遣劳动者造成损害的，依法承担赔偿责任。

《劳动合同法》

第九十二条第二款　劳务派遣单位、用工单位违反本法有关劳务派遣规定的，由劳动行政部门责令限期改正；逾期不改正的，以每人五千元以上一万元以下的标准处以罚款，对劳务派遣单位，吊销其劳务派遣业务经营许可证。用工单位给被派遣劳动者造成损害的，劳务派遣单位与用工单位承担连带赔偿责任。

93.【风险识别】未实行“同工同酬”

【合规指引】用工单位应当按照同工同酬原则，对被派遣劳动者与本单位同类岗位的劳动者实行相同的劳动报酬分配办法。用工单位无同类岗位劳动者的，参照用工单位所在地相同或者相近岗位劳动者的劳动报酬确定。

【法规依据】

《劳动合同法》

第六十三条第一款　被派遣劳动者享有与用工单位的劳动者同工同酬的权利。用工单位应当按照同工同酬原则，对被派遣劳动者与本单位同类岗位的劳动者实行相同的劳动报酬分配办法。用工单位无同类岗位劳动者的，参照用工单位所在地相同或者相近岗位劳动者的劳动报酬确定。

第九十二条第二款　劳务派遣单位、用工单位违反本法有关劳务派遣规定的，由劳动行政部门责令限期改正；逾期不改正的，以每人五千元以上一万元以下的标准处以罚款，对劳务派遣单位，吊销其劳务派遣业务经营许可证。用工单位给被派遣劳动者造成损害的，劳务派遣单位与用工单位承担连带赔偿责任。

94.【风险识别】劳务派遣用工劳动合同特别规定

【合规指引】劳务派遣的用工关系有三方主体即有劳务派遣单位、被派遣的劳动者以及用工单位。劳务派遣单位与用工单位之间的关系是由协议为纽带，劳务派遣单位与被派遣的劳动者之间是劳动合同关系；用工单位与被派遣的劳动者是劳务关系。因此，劳动者的劳动关系与劳务派遣单位建立，并且劳动合同期限不得少于2年。根据相关法律的规定劳务派遣的劳动合同无论签订过几次都不会产生无固定期限的劳动合同。实践中，应当注意名为业务外包实为劳务派遣的行为，将会涉及违法后果。三方之间的劳动合同或者劳务协议违反法律规定会受到法律制裁。

【法规依据】

《劳动合同法》

第五十八条　劳务派遣单位是本法所称用人单位，应当履行用人单位对劳动者的义务。劳务派遣单位与被派遣劳动者订立的劳动合同，除应当载明本法第十七条规定的事项外，还应当载明被派遣劳动者的用工单位以及派遣期限、工作岗位等情况。

劳务派遣单位应当与被派遣劳动者订立二年以上的固定期限劳动合同，按月支付劳动报酬；被派遣劳动者在无工作期间，劳务派遣单位应当按照所在地人民政府规定的最低工资标准，向其按月支付报酬。

第五十九条第一款　劳务派遣单位派遣劳动者应当与接受以劳务派遣形式用工的单位（以下称用工单位）订立劳务派遣协议。劳务派遣协议应当约定派遣岗位和人员数量、派遣期限、劳动报酬和社会保险费的数额与支付方式以及违反协议的责任。

第九十二条第二款　劳务派遣单位、用工单位违反本法有关劳务派遣规定的，由劳动行政部门责令限期改正；逾期不改正的，以每人五千元以上一万元以下的标准处以罚款，对劳务派遣单位，吊销其劳务派遣业务经营许可证。用工单位给被派遣劳动者造成损害的，劳务派遣单位与用工单位承担连带赔偿责任。

95.【风险识别】非全日制用工的工作时间的制约

【合规指引】非全日制用工是指每日工作时间不超过四小时，每周工作时间累计不超过二十四小时；计酬标准不得低于用人单位所在地人民政府规定的最低小时工资标准；劳动报酬结算支付周期最长不得超过十五日；不得约定试用期的用工形式。采用非全日制用工形式要掌握好每日和每周的工作时间，否则有可能将非全日制用工变成全日制用工。

【法规依据】

《劳动合同法》

第六十八条　非全日制用工，是指以小时计酬为主，劳动者在同一用人单位一般平均每日工作时间不超过四小时，每周工作时间累计不超过二十四小时的用工形式。

第七十条　非全日制用工双方当事人不得约定试用期。

第七十二条　非全日制用工小时计酬标准不得低于用人单位所在地人民政府规定的最低小时工资标准。

非全日制用工劳动报酬结算支付周期最长不得超过十五日。

第十五节　工会监督

96.【风险识别】用人单位拒绝或者阻挠工会监督

【合规指引】工会的监督权是法律赋予的权力，工会履行监督职能时用人单位应予以配合。用人单位如拒绝向工会提供相关资料或者提供虚假资料或者隐匿、毁灭资料的，将会受到有关行政处罚。

【法规依据】

《劳动合同法》

第七十八条　工会依法维护劳动者的合法权益，对用人单位履行劳动合同、集体合同的情况进行监督。用人单位违反劳动法律、法规和劳动合同、集体合同的，工会有权提出意见或者要求纠正；劳动者申请仲裁、提起诉讼的，工会依法给予支持和帮助。

《劳动法》

第八十八条　各级工会依法维护劳动者的合法权益，对用人单位遵守劳动法律、法规的情况进行监督。

任何组织和个人对于违反劳动法律、法规的行为有权检举和控告。

《工会法》

第五十一条　违反本法第三条、第十二条规定，阻挠职工依法参加和组织工会或者阻挠上级工会帮助、指导职工筹建工会的，由劳动行政部门责令其改正；拒不改正的，由劳动行政部门提请县级以上人民政府处理；以暴力、威胁等手段阻挠造成严重后果，构成犯罪的，依法追究刑事责任。

第十六节　劳动安全卫生、工伤管理

97.【风险识别】未开展岗前安全培训，未告知可能的职业危害

【合规指引】要做好岗前培训工作、告知职业危害；同时提供符合国家规定的劳动安全卫生条件和劳动保护用品，严格防止人身与财产遭受损害与损失，这些对用人单位和职工来讲都是一种利益保护。

【法规依据】

《劳动法》

第五十二条　用人单位必须建立、健全劳动安全卫生制度，严格执行国家劳动安全卫生规程和标准，对劳动者进行劳动安全卫生教育，防止劳动过程中的事故，减少职业危害。

第五十四条　用人单位必须为劳动者提供符合国家规定的劳动安全卫生条件和必要的劳动防护用品，对从事有职业危害作业的劳动者应当定期进行健康检查。

第五十六条　劳动者在劳动过程中必须严格遵守安全操作规程。

劳动者对用人单位管理人员违章指挥、强令冒险作业，有权拒绝执行；对危害生命安全和身体健康的行为，有权提出批评、检举和控告。

98.【风险识别】用人单位未参加工伤保险

【合规指引】用人单位未为职工参加工伤保险，职工发生工伤事故，按《工伤保险条例》规定其所有费用全部由用人单位承担，如支付医疗费用、残疾补助金、一次性就业补助金和医疗补助金等费用。

【法规依据】

《工伤保险条例》

第六十二条第二款　依照本条例规定应当参加工伤保险而未参加工伤保险的用人单位职工发生工伤的，由该用人单位按照本条例规定的工伤保险待遇

项目和标准支付费用。

99.【风险识别】发生工伤时,用人单位未采取措施及时救治

【合规指引】发生工伤时,事关人身安全及财产损失。用人单位必须积极展开施救使职工得到及时治疗并使人身损害和财产损失降到最低限度。工伤事故是按无过错责任原则来承担责任的。工伤事故的发生往往会涉及用人单位安全生产责任,如未及时采取措施不但要承担赔偿责任,还要承担行政责任或者刑事责任。

【法规依据】

《工伤保险条例》

第四条第三款　职工发生工伤时,用人单位应当采取措施使工伤职工得到及时救治。

《安全生产法》

第八十三条　生产经营单位发生生产安全事故后,事故现场有关人员应当立即报告本单位负责人。

单位负责人接到事故报告后,应当迅速采取有效措施,组织抢救,防止事故扩大,减少人员伤亡和财产损失,并按照国家有关规定立即如实报告当地负有安全生产监督管理职责的部门,不得隐瞒不报、谎报或者迟报,不得故意破坏事故现场、毁灭有关证据。

第一百一十条第一款　生产经营单位的主要负责人在本单位发生生产安全事故时,不立即组织抢救或者在事故调查处理期间擅离职守或者逃匿的,给予降级、撤职的处分,并由应急管理部门处上一年年收入百分之六十至百分之一百的罚款;对逃匿的处十五日以下拘留;构成犯罪的,依照刑法有关规定追究刑事责任。

100.【风险识别】未在法定期限内申请工伤认定

【合规指引】发生工伤事故,用人单位应当自事故伤害发生之日或者被诊断、鉴定为职业病之日起 30 日内,向统筹地区社会保险行政部门提出工伤认定申请。此类风险在实践中多有发生,如用人单位相关人员由于某些原因未能及时申请工伤认定导致申报工伤超过法定期限,就要承担医疗费的风险。

【法规依据】

《工伤保险条例》

第十七条　职工发生事故伤害或者按照职业病防治法规定被诊断、鉴定为职业病,所在单位应当自事故伤害发生之日或者被诊断、鉴定为职业病之日起30日内,向统筹地区社会保险行政部门提出工伤认定申请。遇有特殊情况,经报社会保险行政部门同意,申请时限可以适当延长。

用人单位未按前款规定提出工伤认定申请的,工伤职工或者其近亲属、工会组织在事故伤害发生之日或者被诊断、鉴定为职业病之日起1年内,可以直接向用人单位所在地统筹地区社会保险行政部门提出工伤认定申请。

按照本条第一款规定应当由省级社会保险行政部门进行工伤认定的事项,根据属地原则由用人单位所在地的设区的市级社会保险行政部门办理。

用人单位未在本条第一款规定的时限内提交工伤认定申请,在此期间发生符合本条例规定的工伤待遇等有关费用由该用人单位负担。

第二章 企业劳动用工实务问答

第一节 招聘录用和劳动合同签订

1. 招聘劳动者，如何审查才能把好年龄关？

一家纺织厂因业务急需招聘一批劳动者，招聘方式采用熟人推荐，简化面试程序、简单审查书面材料，将范某、林某两位没有身份证明材料人员招用到纺织厂。在使用过程中，有人举报该纺织厂使用童工。劳动保障监察机构接到举报后，对纺织厂进行调查并要求其提供范某和林某的身份证明信息，由于该纺织厂在招用时根本就没有取得相关身份证明材料，劳动保障监察机构自行调查取得范某和林某的真实身份信息材料，确认为童工。依据相关法律对纺织厂作出行政处罚，罚款 3 万元。

劳动者是否达到法定就业年龄是用人单位招用时应审查的必要内容。《劳动法》《禁止使用童工规定》明确规定对不满 16 周岁的未成年人一律不得招用（除法律另有规定外），否则可能要承担民事责任、行政责任和刑事责任。

【法规依据】

《劳动法》

第十五条　禁止用人单位招用未满十六周岁的未成年人。

文艺、体育和特种工艺单位招用未满十六周岁的未成年人，必须遵守国家有关规定，并保障其接受义务教育的权利。

第九十四条　用人单位非法招用未满十六周岁的未成年人的，由劳动行政部门责令改正，处以罚款；情节严重的，由市场监督管理部门吊销营业执照。

第九十五条　用人单位违反本法对女职工和未成年工的保护规定，侵害其合法权益的，由劳动行政部门责令改正，处以罚款；对女职工或者未成年工造成损害的，应当承担赔偿责任。

《禁止使用童工规定》

第二条　国家机关、社会团体、企业事业单位、民办非企业单位或者个体工商户（以下统称用人单位）均不得招用不满16周岁的未成年人（招用不满16周岁的未成年人，以下统称使用童工）。

禁止任何单位或者个人为不满16周岁的未成年人介绍就业。

禁止不满16周岁的未成年人开业从事个体经营活动。

第四条　用人单位招用人员时，必须核查被招用人员的身份证；对不满16周岁的未成年人，一律不得录用。用人单位录用人员的录用登记、核查材料应当妥善保管。

第六条　用人单位使用童工的，由劳动保障行政部门按照每使用一名童工每月处5000元罚款的标准给予处罚；在使用有毒物品的作业场所使用童工的，按照《使用有毒物品作业场所劳动保护条例》规定的罚款幅度，或者按照每使用一名童工每月处5000元罚款的标准，从重处罚。劳动保障行政部门并应当责令用人单位限期将童工送回原居住地交其父母或者其他监护人，所需交通和食宿费用全部由用人单位承担。

第十条　童工患病或者受伤的，用人单位应当负责送到医疗机构治疗，并负担治疗期间的全部医疗和生活费用。

童工伤残或者死亡的，用人单位由工商行政管理部门吊销营业执照或者由民政部门撤销民办非企业单位登记；用人单位是国家机关、事业单位的，由有关单位依法对直接负责的主管人员和其他直接责任人员给予降级或者撤职的行政处分或者纪律处分；用人单位还应当一次性地对伤残的童工、死亡童工的直系亲属给予赔偿，赔偿金额按照国家工伤保险的有关规定计算。

第十一条　拐骗童工，强迫童工劳动，使用童工从事高空、井下、放射性、高毒、易燃易爆以及国家规定的第四级体力劳动强度的劳动，使用不满14周岁的童工，或者造成童工死亡或者严重伤残的，依照刑法关于拐卖儿童罪、强迫劳动罪或者其他罪的规定，依法追究刑事责任。

2. 录用通知书发出后用人单位反悔，是否需要承担责任？

某航空公司在网站上发布招聘广告，吸引了一批应聘者。黄女士通过了初试、复试和体检，被确认录用，航空公司向其发出了录用通知书，告知报到时间、劳动报酬、工作地点等内容。黄女士根据航空公司的要求办理了相关手续，辞去了现有工作，等待签订劳动合同，没想到等来的却是被航空公司告知放弃对其聘用的结果，航空公司竟还要求其在已拟好的“我自愿放弃航空公司的聘用和向其索赔的权利”的放弃书上签字，同时提供 1 万元人民币作为补偿。因该放弃书显失公平，黄女士拒绝签字并向人民法院提起诉讼，要求航空公司继续聘用自己并赔偿经济损失。航空公司以录用通知书没有约束力、双方未形成劳动关系为由拒绝聘用和赔偿。法院鉴于除法定情形外不应强制招聘单位与应聘者建立劳动关系，故没有支持继续聘用的请求；但法院认为航空公司在招聘过程中自身的行为导致应聘者对其形成合理信赖，应聘者基于合理信赖从而做出相应的行为导致损失的，招聘单位应对该损失承担赔偿责任。综合考虑航空公司的过错、黄女士原单位的工资水平、停止工作的时间、因停止工作而未再进行相应劳动以及其在该阶段可能获得的其他收益等因素，判决航空公司赔偿黄女士人民币 2 万元。

用人单位发出录用通知书后基于单方原因撤销其效力，致使劳动者权利受损的现象在劳动力市场中并不少见。不少用人单位认为录用通知书不具有法律约束力，因此可以任意收回而不会产生法律责任。录用通知书真的不具有法律约束力吗？真的没有任何法律责任吗？《劳动法》《劳动合同法》没有涉及劳动合同缔结过程中此类问题如何处理，因为《劳动法》《劳动合同法》以劳动关系为主要调整对象，而此时劳动合同还没有成立，求职者未实际提供劳动，用人单位未实际用工，劳动关系并没有建立，双方之间的关系没有进入《劳动法》《劳动合同法》保护范围。在录用通知书生效到签订劳动合同期间，合同虽未成立，但双方已经建立了信赖关系，如果用人单位违反所作出的允诺，破坏了信赖关系致使劳动合同无法签订的，应承担缔约过失责任。劳动合同的订立需要双方在平等协商的基础上达成协议，具有私法属性，可以适用民法的原则处理。因此，航空公司应当承担缔约过失责任，对黄女士进行赔偿，赔偿范围是以黄女士因信赖可与航空公司签订劳动合同而损失的费用为限。

【法规依据】

《民法典》

第七条　民事主体从事民事活动，应当遵循诚信原则，秉持诚实，恪守承诺。

第一百三十二条 民事主体不得滥用民事权利损害国家利益、社会公共利益或者他人合法权益。

第五百条 当事人在订立合同过程中有下列情形之一,造成对方损失的,应当承担赔偿责任:

(一)假借订立合同,恶意进行磋商;

(二)故意隐瞒与订立合同有关的重要事实或者提供虚假情况;

(三)有其他违背诚信原则的行为。

3. 建筑施工企业项目部可否与劳动者签订劳动合同?

建筑施工企业(用人单位)项目部是工程施工单位为完成某一具体项目的施工而特定成立,随工程的启动而成立,随工程的竣工而完成使命被解散或撤销,最基本的特点是临时成立,不具备独立的法人资格,是用人单位的分支机构或职能部门。《劳动合同法实施条例》第 4 条规定:“劳动合同法规定的用人单位设立的分支机构,依法取得营业执照或者登记证书的,可以作为用人单位与劳动者订立劳动合同;未依法取得营业执照或者登记证书的,受用人单位委托可以与劳动者订立劳动合同。”所以,在实践中,建筑施工企业项目部是否能与劳动者签订劳动合同,最根本是要看其是不是领取营业执照的分支机构或者是否已取得建筑施工企业的委托授权。

【法规依据】

《劳动合同法实施条例》

第四条 劳动合同法规定的用人单位设立的分支机构,依法取得营业执照或者登记证书的,可以作为用人单位与劳动者订立劳动合同;未依法取得营业执照或者登记证书的,受用人单位委托可以与劳动者订立劳动合同。

《民法典》

第一百六十一条 民事主体可以通过代理人实施民事法律行为。

依照法律规定、当事人约定或者民事法律行为的性质,应当由本人亲自实施的民事法律行为,不得代理。

第一百六十二条 代理人在代理权限内,以被代理人名义实施的民事法律行为,对被代理人发生效力。

4. 连锁加盟店的劳动者,应该与谁签订劳动合同?

劳动者在连锁店工作,多次向公司总部提出签订劳动合同的要求,均遭到拒绝。公司总部回答,该连锁店属于加盟性质,其只能与连锁店有劳动关系。但是,该连锁店不仅不与该劳动者签订劳动合同,连社会保险费也拒绝缴纳。那么,在连锁加盟店工作的劳动者应该与谁签订劳动合同呢?

连锁经营是一种商业组织形式和经营制度,是指经营同类商品或者提供同类服务的若干个企业,以一定的形式组成一个联合体。连锁经营包括三种形式:直销连锁、特许连锁和自由连锁。其中,直销连锁,是指总公司直接经营的连锁店,即由公司本部直接经营投资管理各个零售点的经营形态,此种连锁形态并无加盟店的存在。特许连锁,是指由拥有技术和管理经验的总部,向连锁加盟店指导、传授各项经营技术经验,并收取一定比例的特许经营费。自由连锁,是指自愿加入连锁体系的商店,此类商店原已存在,并非由连锁总公司辅导创立,所以有别于加盟店。

就劳动关系而言,直销连锁店直属公司总部,没有独立的法人资格,其劳动者直接与公司总部建立劳动关系。而连锁加盟店并不直接属于公司总部,为独立的企业法人的分支机构,连锁加盟店的劳动者应与加盟店建立劳动关系。据此,在连锁加盟店工作的劳动者,应该与其所在的连锁加盟店签订劳动合同。故连锁加盟店应当依据《劳动合同法》的规定与其所招用的劳动者及时签订劳动合同。

【法规依据】

《劳动合同法》

第十条　建立劳动关系,应当订立书面劳动合同。

已建立劳动关系,未同时订立书面劳动合同的,应当自用工之日起一个月内订立书面劳动合同。

用人单位与劳动者在用工前订立劳动合同的,劳动关系自用工之日起建立。

《劳动合同法实施条例》

第四条　劳动合同法规定的用人单位设立的分支机构,依法取得营业执照或者登记证书的,可以作为用人单位与劳动者订立劳动合同;未依法取得营业执照或者登记证书的,受用人单位委托可以与劳动者订立劳动合同。

5. 用人单位录用通知书的法律效力如何?

录用通知书是用人单位向拟录用的应聘者发出的通知,意在告知劳动者已被录用的情况，通常包括用人单位的录用意向，劳动者报到的时间、地点，报到的手续，报到注意事项等内容。

用人单位发出录用通知书是劳动关系缔结过程中的一个环节。《劳动法》和《劳动合同法》对劳动合同订立过程中的问题均没有作出规定，而录用通知书发出到双方签订劳动合同之间存在时间差，如何保障这一期间劳动合同当事人的合法权益尤为引人关注，其中如何看待录用通知书的法律效力成为焦点。

合同的成立是当事人双方合意的结果，也是要约和承诺的过程。根据《民法典》的规定，要约是一方当事人以缔结合同为目的，向对方当事人所作的意思表示。要约作为一种订约的意思表示，对要约人和受要约人产生拘束力，尤其是要约人在要约的有效期内，必须受要约内容的拘束。构成要约应当满足以下要件：(1)要约人向希望与其订立合同的特定的受要约人发出；(2)要约必须具有订立合同的意图；(3)要约应包含合同主要条款，内容确定；(4)要约必须送达受要约人。要约可以撤回，要约人在要约发出以后未到达受要约人之前，有权通知对方取消要约，阻止要约生效。要约也可以撤销，要约人在要约到达受要约人并生效以后取消要约，使要约失效。

可见，录用通知书具有法律约束力，用人单位发出录用通知书应当谨慎。否则，会造成破坏了信赖关系，致使劳动合同无法签订，并应当承担缔约过失责任。

【法规依据】

《民法典》

第四百七十一条　当事人订立合同，可以采取要约、承诺方式或者其他方式。

第四百七十二条　要约是希望与他人订立合同的意思表示，该意思表示应当符合下列条件：

(一)内容具体确定；

(二)表明经受要约人承诺，要约人即受该意思表示约束。

第四百七十四条　要约生效的时间适用本法第一百三十七条的规定。

第四百七十五条　要约可以撤回。要约的撤回适用本法第一百四十一条的规定。

第四百七十六条　要约可以撤销，但是有下列情形之一的除外：

(一)要约人以确定承诺期限或者其他形式明示要约不可撤销；

(二)受要约人有理由认为要约是不可撤销的，并已经为履行合同做了合理准备工作。

第五百条　当事人在订立合同过程中有下列情形之一，造成对方损失的，应当承担赔偿责任：

（一）假借订立合同，恶意进行磋商；

（二）故意隐瞒与订立合同有关的重要事实或者提供虚假情况；

（三）有其他违背诚信原则的行为。

6. 劳动者欺诈求职，用人单位可否索赔？

招聘是用人单位人力资源管理的第一环节，管理人员将精力集中在人才能力的甄选，却很少注意招聘工作中的法律风险。某用人单位招用了一名具有研究生学历的项目经理，结果工作一段时间后发现该项目经理的工作能力和表现与其专业背景不相匹配。后经用人单位核查发现其研究生毕业证、硕士学位证均系伪造证件，其本人仅有大学本科学历。另外，按照该用人单位薪酬制度的规定研究生学历的工资待遇比大学本科学历的工资待遇高得多。该职工因毕业证、学位证系伪造的事件发生后主动辞职。那么用人单位可否因劳动者欺诈求职的行为，向其索赔因此而多支付的劳动报酬？

根据《劳动合同法》第26条的规定，以欺诈、胁迫的手段或者乘人之危，使对方在违背真实意思的情况下订立或者变更劳动合同的，合同无效或者部分无效。对劳动合同的无效或者部分无效有争议的，由劳动争议仲裁机构或者人民法院确认。第28条规定，劳动合同被确认无效，劳动者已付出劳动的，用人单位应当向劳动者支付劳动报酬。劳动报酬的数额，参照本单位相同或者相近岗位劳动者的劳动报酬确定。第86条规定，劳动合同依照本法第26条规定被确认无效，给对方造成损害的，有过错的一方应当承担赔偿责任。根据该名职工提供虚假证件、以欺诈方式与用人单位建立劳动关系的行为，可以归类于上述法定无效劳动合同情形，用人单位可以向劳动争议调解仲裁委员会提起申请，要求认定其与该职工签订的劳动合同无效。同时，可以根据该职工的真实工作情况所对应的劳动报酬等级计算其应得劳动报酬，并要求其退还因欺诈行为所获取的超额工资差额以及赔偿由此造成的其他损失。

【法规依据】

《劳动合同法》

第二十六条　下列劳动合同无效或者部分无效：

（一）以欺诈、胁迫的手段或者乘人之危，使对方在违背真实意思的情况下订立或者变更劳动合同的；

（二）用人单位免除自己的法定责任、排除劳动者权利的；

（三）违反法律、行政法规强制性规定的。

对劳动合同的无效或者部分无效有争议的，由劳动争议仲裁机构或者人民法院确认。

第二十八条　劳动合同被确认无效，劳动者已付出劳动的，用人单位应当向劳动者支付劳动报酬。劳动报酬的数额，参照本单位相同或者相近岗位劳动者的劳动报酬确定。

第八十六条　劳动合同依照本法第二十六条规定被确认无效，给对方造成损害的，有过错的一方应当承担赔偿责任。

7. 聘用在校大学生，如何防范用工风险？

用人单位雇用实习大学生，双方属于什么法律关系？工作过程中出现意外，用人单位应当承担什么责任？如何避免出现意外伤害等用工风险？

其一，在校生实习与用人单位建立的是雇佣关系而非劳动关系。原劳动部《关于贯彻执行〈中华人民共和国劳动法〉若干问题的意见》第 12 条规定："在校生利用业余时间勤工助学，不视为就业，未建立劳动关系，可以不签订劳动合同。"在校生（关于在校生的范围，该意见中没有明确。普遍认为只要有学籍的学生，并且年满 16 周岁以上具有完全民事行为能力，就属于在校生）基于学生的身份，利用业余时间实习，与用人单位建立的不是劳动关系，因此，不受劳动法律法规调整。但是，在校生从事用人单位授权事宜内的活动，为用人单位提供劳动，应当属于雇佣关系。在校生实习期间，用人单位无法与其签订劳动合同，一般应当与其签署实习协议，通过实习协议约定实习期间双方的权利义务。

其二，在校生实习期间出现意外应当区分情形确定责任主体。在校生实习期间发生意外，有两种情况：一种情况是在实习过程（或者雇佣活动）中发生意外；另一种情况是在实习往返的路途中发生意外。对于第一种情形，根据《民法典》有关过错规定确定赔偿责任。雇佣关系以外的第三人造成雇员人身损害的，赔偿权利人可以请求第三人承担赔偿责任，也可以请求雇主承担赔偿责任。雇主承担赔偿责任后，可以向第三人追偿。用人单位承担责任有前提限制，即一定是在实习过程中或者雇佣活动中，并且从事雇主授权或者指示范围内生产经营活动或者其他劳务活动中发生意外。对于第二种情形，在校生在实习往返的路途中出现意外，应当由在校生根据交通事故的责任认定，要求肇事方承担赔偿责任。但是若用人单位安排在校生外出办事发生意外，仍然属于雇主授权的范围，用人单位应当承担赔偿责任。

其三，用人单位接受安排在校生实习时，可以给实习的在校生购买商业保险，以防意外事故发生，从而减轻用人单位的赔偿责任。

综上，在实习期间，在校生与用人单位建立的是民事雇佣关系，而不是劳动关系，在雇佣活动中发生意外，由雇主承担责任。无论是通过劳务派遣机构还是人才介绍机构，均无法免除用人单位的雇主责任。

【法规依据】

原劳动部《关于贯彻执行〈中华人民共和国劳动法〉若干问题的意见》

第十二条　在校生利用业余时间勤工助学，不视为就业，未建立劳动关系，可以不签订劳动合同。

《民法典》

第一千一百九十一条　用人单位的工作人员因执行工作任务造成他人损害的，由用人单位承担侵权责任。用人单位承担侵权责任后，可以向有故意或者重大过失的工作人员追偿。

劳务派遣期间，被派遣的工作人员因执行工作任务造成他人损害的，由接受劳务派遣的用工单位承担侵权责任；劳务派遣单位有过错的，承担相应的责任。

第一千一百九十二条　个人之间形成劳务关系，提供劳务一方因劳务造成他人损害的，由接受劳务一方承担侵权责任。接受劳务一方承担侵权责任后，可以向有故意或者重大过失的提供劳务一方追偿。提供劳务一方因劳务受到损害的，根据双方各自的过错承担相应的责任。

提供劳务期间，因第三人的行为造成提供劳务一方损害的，提供劳务一方有权请求第三人承担侵权责任，也有权请求接受劳务一方给予补偿。接受劳务一方补偿后，可以向第三人追偿。

8. 公司筹建不成功，发起人与被招用的劳动者是否存在劳动关系？

某公司在筹建过程中，发起人招用了部分人员从事筹建工作，并与其签订劳动合同和约定劳动报酬。但工作一段时间后，由于各种原因无法再筹建公司；于是，被招用的劳动者要求发起人支付经济补偿金，缴纳社会保险费。那么，劳动者的要求合法吗？

根据现行的劳动法律法规规定，只有依法成立的用人单位（包括企业、个体经济组织、民办非企业单位等组织）与符合法定条件的劳动者才能够建立劳动关系。建立劳动关系的劳动者在用人单位工作期间应当受到相应的劳动保护，用人单位应当支付劳动者不低于最低工资标准规定的劳动报酬，依法为劳动者缴纳社会保险费用。劳动者离职时如果符合法定条件，用人单位应当依法支付经济补偿金。

筹建中的公司虽然有用工事实，但由于客观原因，该公司最终没有筹备成功，也就是说，该筹建的公司还不具备用人单位的主体资格，因此无法与劳动者建立劳动关系。不过，公司在筹建过程中招用的劳动者，依法签订了书面劳动合同，明确了双方的权利义务。劳动者如果被拖欠劳动报酬可以依照双方的约定要求公司的发起人支付，但这种在公司筹建期间发生的用工争议不会按劳动关系争议来处理，而只能按劳务关系性质纠纷处理。

【法规依据】

《劳动合同法》

第二条　中华人民共和国境内的企业、个体经济组织、民办非企业单位等组织（以下称用人单位）与劳动者建立劳动关系，订立、履行、变更、解除或者终止劳动合同，适用本法。

第七条　用人单位自用工之日起即与劳动者建立劳动关系。用人单位应当建立职工名册备查。

第十条　建立劳动关系，应当订立书面劳动合同。

已建立劳动关系，未同时订立书面劳动合同的，应当自用工之日起一个月内订立书面劳动合同。

用人单位与劳动者在用工前订立劳动合同的，劳动关系自用工之日起建立。

《民法典》

第七十五条　设立人为设立法人从事的民事活动，其法律后果由法人承受；法人未成立的，其法律后果由设立人承受，设立人为二人以上的，享有连带债权，承担连带债务。

设立人为设立法人以自己的名义从事民事活动产生的民事责任，第三人有权选择请求法人或者设立人承担。

9. 公益性岗位劳动者是否无权要求签订无固定期限劳动合同或者支付经济补偿金？

某下岗职工，由于家庭生活困难，街道办事处给其介绍了一份本地事业单位的保安工作，并被告知这是一个公益性就业岗位，由这家事业单位给他支付工资、缴纳社会保险。转眼，该下岗职工在这家用人单位工作了十多年。那么，该职工能否要求该单位与其签订无固定期限劳动合同？或者劳动合同期满终止能否要求支付经济补偿金？

根据《劳动合同法》的规定，在本单位连续工作满 10 年的劳动者，当劳动者提出或者同意续订、订立劳动合同的，除劳动者提出订立固定期限劳动合同外，用人单位应当订立无固定期限劳动合同。也就是说，劳动者在具备法定条件的时候，有权依法提出签订无固定期限劳动合同的要求。但是，根据《劳动合同法实施条例》的规定，在公益性岗位就业人员的劳动合同不适用《劳动合同法》有关无固定期限劳动合同的规定以及支付经济补偿金的规定。因此，该职工不能要求签订无固定期限劳动合同或者支付经济补偿金。

【法规依据】

《劳动合同法》

第十四条第二款第一项　用人单位与劳动者协商一致，可以订立无固定期限劳动合同。有下列情形之一，劳动者提出或者同意续订、订立劳动合同的，除劳动者提出订立固定期限劳动合同外，应当订立无固定期限劳动合同：

（一）劳动者在该用人单位连续工作满十年的；

《劳动合同法实施条例》

第十二条　地方各级人民政府及县级以上地方人民政府有关部门为安置就业困难人员提供的给予岗位补贴和社会保险补贴的公益性岗位，其劳动合同不适用劳动合同法有关无固定期限劳动合同的规定以及支付经济补偿的规定。

第二节 劳动合同变更和履行

10. 借调期间劳动者违纪，应由谁来处理？

借调又称借用，是指被借调的劳动者由原用人单位暂时“借”到其他机构或单位（借调单位）任职，以执行指定的工作。

在借调中，被借调劳动者的劳动关系并未发生转移，只是在工作内容上发生了变化，即由向原用人单位提供劳动义务变更为向借调单位提供劳动义务，但这种提供劳动义务对象的变化是原用人单位安排或同意的结果。换言之，被借调劳动者向借调单位提供劳动义务，应视为向原用人单位提供劳动义务。因此，借调期间因用工问题发生争议的，原用人单位仍然是劳动争议的用人单位一方的主体。

被借调劳动者在借调期间出现违纪行为时，如借调单位不愿意继续使用的，应当根据借调协议的约定将其退还给原用人单位，并附上被借调劳动者的违纪事实、证据。原用人单位根据被借调劳动者的违纪事实、证据以及本单位的规章制度，对被借调劳动者作出相应的处理。特别应当注意的是，被借调劳动者在借调期间违纪时，根据借调单位的规章制度规定可以解除劳动合同，但原用人单位没有相应规定的，即使劳动者被借调单位退还，原用人单位也不得解除其劳动合同。当然，如果在三方借调协议中已经明确约定“被借调的人员在借调期间应遵守借调单位规章制度”，且借调单位的规章制度已经向被借调人员公示的，也可以作为原用人单位处理被借调劳动者的制度依据。

【法规依据】

《劳动合同法》

第三十九条第二项 劳动者有下列情形之一的，用人单位可以解除劳动合同：（二）严重违反用人单位的规章制度的；

《工伤保险条例》

第四十三条第三款 职工被借调期间受到工伤事故伤害的，由原用人单位承担工伤保险责任,但原用人单位与借调单位可以约定补偿办法。

原劳动部《关于贯彻执行〈中华人民共和国劳动法〉若干问题的意见》

7. 用人单位应与其长期被外单位借用的人员、带薪上学人员、以及其他非在岗但仍保持劳动关系的人员签订劳动合同,但在外借和上学期间,劳动合同中的某些相关条款经双方协商可以变更。

74. 企业富余职工、请长假人员、请长病假人员、外借人员和带薪上学人员,其社会保险费用仍按规定由原单位和个人继续缴纳,缴纳保险费期间计算为缴费年限。

11. "兼职"到底是劳动关系还是劳务关系?

现实生活中,劳动者在与一家用人单位建立劳动关系的同时,利用业余时间、下岗或停薪留职期间,又到其他单位兼职的现象并不鲜见。兼职有广义和狭义之分。广义的兼职是指与某一用人单位建立劳动关系的劳动者,在劳动关系未解除或终止的情况下到其他用人单位工作;狭义的兼职则是指劳动者在不脱离本职工作的情况下,利用业余时间从事第二职业。

对于广义的兼职,如果劳动者是全职为新的用人单位提供劳动义务,并且同时具备以下三个条件,则应视为建立劳动关系:(1)用人单位和劳动者符合法律、法规规定的主体资格;(2)用人单位依法制定的各项劳动规章制度适用于劳动者,劳动者受用人单位的劳动管理,从事用人单位安排的有报酬的劳动;(3)劳动者提供的劳动是用人单位业务的组成部分。最高人民法院《关于审理劳动争议案件适用法律问题的解释(一)》第32条第2款规定:"企业停薪留职人员、未达到法定退休年龄的内退人员、下岗待岗人员以及企业经营性停产放长假人员,因与新的用人单位发生用工争议而提起诉讼的,人民法院应当按劳动关系处理。"根据上述规定,企业停薪留职人员、内退人员、下岗待岗人员以及放长假人员,到新用人单位工作的,只要具备了劳动关系的三个基本特征,就可以认定为劳动关系。但是对于狭义的兼职,即劳动者是在从事本职工作的同时,利用业余时间为其他单位工作的,即使具备劳动关系三个基本特征,仍然不应认定为通常情况下的劳动关系。对于这类兼职,如符合《劳动合同法》第68条关于"以小时计酬为主,劳动者在同一用人单位一般平均每日工作时间不超过四小时,每周工作时间累计不超过二十四小时的用工形式"的规定,应认定为非全日制用工;如果不具备非全日制用工特征,则应当认定为劳务关系。

【法规依据】

《劳动合同法》

第三十九条第四项　劳动者有下列情形之一的，用人单位可以解除劳动合同：

（四）劳动者同时与其他用人单位建立劳动关系，对完成本单位的工作任务造成严重影响，或者经用人单位提出，拒不改正的；

第六十八条　非全日制用工，是指以小时计酬为主，劳动者在同一用人单位一般平均每日工作时间不超过四小时，每周工作时间累计不超过二十四小时的用工形式。

最高人民法院《关于审理劳动争议案件适用法律问题的解释（一）》

第三十二条第二款　企业停薪留职人员、未达到法定退休年龄的内退人员、下岗待岗人员以及企业经营性停产放长假人员，因与新的用人单位发生用工争议而提起诉讼的，人民法院应当按劳动关系处理。

12. 劳动者被行政拘留算不算旷工？

劳动者被行政拘留，用人单位可否认定其存在旷工违纪行为？劳动者与用人单位签订劳动合同后，双方都应当受劳动合同的条款约束。如果劳动者在既没有向用人单位说明事由请假，也没有任何正当理由或者其他不可抗力因素的情况下，出于主观动机不到岗，那么就属于"无故旷工"。但因故（如因私事斗殴）被行政拘留，这种情况下，劳动者被有权机关限制人身自由的，并非"无故旷工"。换言之，劳动者没有到岗上班，并非出于自己的个人意愿。

因此，从劳动者的主观态度与劳动者客观缺勤行为的关联性上看，劳动者被行政拘留的时间不属于旷工，应当依法按照"劳动合同中止"处理。

【法规依据】

原劳动部《关于贯彻执行〈中华人民共和国劳动法〉若干问题的意见》

28. 劳动者涉嫌违法犯罪被有关机关收容审查、拘留或逮捕的，用人单位在劳动者被限制人身自由期间，可与其暂时停止劳动合同的履行。

暂时停止履行劳动合同期间，用人单位不承担劳动合同规定的相应义务。劳动者经证明被错误限制人身自由的，暂时停止履行劳动合同期间劳动者的损失，可由其依据《国家赔偿法》要求有关部门赔偿。

13. 经营不景气,用人单位能否单方要求劳动者待岗?

待岗的做法源于 20 世纪 90 年代的国有企业改革。这种设置,一方面使企业不因富余人员而承受过重的经济负担;另一方面使富余人员不因失去工作岗位而完全陷入经济困难,确保职工的利益。但是,由于待岗期间用人单位都会降低劳动者的工资标准,劳动者不接受待岗安排的情况时有发生。在实践中,用人单位遇到生产不景气、停工、停产等原因导致的待岗安排,究竟属于用人单位的自主管理范畴,还是属于应与劳动者协商一致的内容?

《关于实行劳动合同制度若干问题的通知》第 8 条规定:“用人单位与本单位富余人员签订劳动合同,对待岗或放长假的应当变更劳动合同相关内容,并就有关内容协商签订专项协议。”《关于贯彻执行〈中华人民共和国劳动法〉若干问题的意见》第 6 条规定:“用人单位应与其富余人员、放长假的职工,签订劳动合同,但其劳动合同与在岗职工的劳动合同在内容上可以有所区别。用人单位与劳动者经协商一致可以在劳动合同中就不在岗期间的有关事项作出规定。”《劳动合同法》第 35 条第 1 款明确规定:“用人单位与劳动者协商一致,可以变更劳动合同约定的内容。变更劳动合同,应当采用书面形式。”根据上述规定,在生产经营不景气情况下,用人单位安排劳动者待岗属于劳动合同变更情形,即将劳动者从有岗位变更为无岗位,从正常出勤变更为不出勤,从领取在岗工资变更为领取待岗工资。因此,用人单位安排劳动者待岗,应当征得劳动者的同意。

那么,如果劳动者不接受待岗安排,用人单位该如何处理?根据《劳动合同法》第 40 条第 3 项的规定,劳动合同订立时所依据的客观情况发生重大变化,致使劳动合同无法履行,经用人单位与劳动者协商,未能就变更劳动合同内容达成协议的,用人单位提前 30 日以书面形式通知劳动者本人或者额外支付劳动者 1 个月工资后,可以解除劳动合同。根据该规定,用人单位遇到生产经营不景气、停工、停产或者工作岗位减少的情况,可以与劳动者协商变更劳动合同,如待岗,如果劳动者不同意,用人单位可以与其解除劳动合同,但是应当依法支付经济补偿金。

【法规依据】

《劳动合同法》

第三十五条　用人单位与劳动者协商一致,可以变更劳动合同约定的内容。变更劳动合同,应当采用书面形式。

第四十条第三项　有下列情形之一的，用人单位提前三十日以书面形式通知劳动者本人或者额外支付劳动者一个月工资后，可以解除劳动合同：

（三）劳动合同订立时所依据的客观情况发生重大变化，致使劳动合同无法履行，经用人单位与劳动者协商，未能就变更劳动合同内容达成协议的。

原劳动部《关于贯彻执行〈中华人民共和国劳动法〉若干问题的意见》

6. 用人单位应与其富余人员、放长假的职工，签订劳动合同，但其劳动合同与在岗职工的劳动合同在内容上可以有所区别。用人单位与劳动者经协商一致可以在劳动合同中就不在岗期间的有关事项作出规定。

原劳动部《关于实行劳动合同制度若干问题的通知》

8. 用人单位与本单位富余人员签订劳动合同，对待岗或放长假的应当变更劳动合同相关内容，并就有关内容协商签订专项协议。

14. 用人单位增加劳动合同期限是否属于提高劳动条件？

用人单位在续签劳动合同时，增加劳动合同期限而劳动者要求缩短劳动合同期限。因此，双方未能就劳动合同期限达成一致意见而导致不再续签劳动合同。那么，用人单位在续签劳动合同时增加劳动合同期限是否属于提高劳动条件呢？劳动者能否主张经济补偿金呢？

《劳动合同法》第 17 条中规定："劳动合同应当具备以下条款：（一）用人单位的名称、住所和法定代表人或者主要负责人；（二）劳动者的姓名、住址和居民身份证或者其他有效身份证件号码；（三）劳动合同期限；（四）工作内容和工作地点；（五）工作时间和休息休假；（六）劳动报酬；（七）社会保险；（八）劳动保护、劳动条件和职业危害防护；（九）法律、法规规定应当纳入劳动合同的其他事项。"劳动合同期限与工作内容、工作时间、劳动报酬、劳动保护等一样，属于用人单位与劳动者就建立劳动关系而达成的劳动条件事项之一。因此，增加劳动合同期限可以被认定为提高劳动条件。

浙江省高级人民法院民一庭、浙江省劳动人事争议仲裁院《关于审理劳动争议案件若干问题的解答（四）》也有类似规定。其中第 9 条规定，《劳动合同法》第 46 条第 5 项所规定的维持或者提高劳动合同约定条件，该条件是否包括期限、岗位、地点等；若合同约定的工资低于实际工资，但与前一份合同约定的工资相同，是否属于降低了约定条件？

答：《劳动合同法》第 46 条第 5 项所规定的维持或者提高劳动合同约定条

件，该条件应作广义解释，即包括期限、岗位、地点等。若合同约定的工资低于实际工资，但与前一份合同约定的工资相同，视为维持原劳动合同约定的条件。

劳动者在用人单位提高劳动合同约定条件的情况下，不同意续签劳动合同，劳动合同到期自然终止，用人单位可以不支付终止劳动合同的经济补偿金。但实践中对用人单位增加劳动合同期限是否属于提高劳动条件是有争议的；如果以此情况续签劳动合同的，那么用人单位采用维持劳动合同约定条件续订劳动合同比较妥当。

【法规依据】

《劳动合同法》

第十七条　劳动合同应当具备以下条款：

（一）用人单位的名称、住所和法定代表人或者主要负责人；

（二）劳动者的姓名、住址和居民身份证或者其他有效身份证件号码；

（三）劳动合同期限；

（四）工作内容和工作地点；

（五）工作时间和休息休假；

（六）劳动报酬；

（七）社会保险；

（八）劳动保护、劳动条件和职业危害防护；

（九）法律、法规规定应当纳入劳动合同的其他事项。

第四十六条第五项　有下列情形之一的，用人单位应当向劳动者支付经济补偿：

（五）除用人单位维持或者提高劳动合同约定条件续订劳动合同，劳动者不同意续订的情形外，依照本法第四十四条第一项规定终止固定期限劳动合同的；

浙江省高级人民法院民一庭、浙江省劳动人事争议仲裁院《关于审理劳动争议案件若干问题的解答（四）》

九、《劳动合同法》第四十六条第（五）项所规定的维持或者提高劳动合同约定条件，该条件是否包括期限、岗位、地点等；若合同约定的工资低于实际工资，但与前一份合同约定的工资相同，是否属于降低了约定条件？

答：《劳动合同法》第四十六条第（五）项所规定的维持或者提高劳动合同约定条件，该条件应做广义解释，即包括期限、岗位、地点等。若合同约定的工资低于实际工资，但与前一份合同约定的工资相同，视为维持原劳动合同约定的条件。

15. 用人单位可否单方变更劳动合同？

实践中劳动合同的变更主要集中在两个方面：一是工作岗位的变更；二是劳动报酬的变更，大部分情况下这两类的变更同时出现，而岗位变更的情况更为普遍且具有代表性，以下简述劳动合同的变更一般指的是工作岗位的变更。尽管《劳动合同法》再次重申了《劳动法》“协商一致”的变更原则，但并不是用人单位绝对不可以单方变更劳动合同，根据劳动法律法规的规定，符合以下情形之一的，用人单位有权单方变更劳动合同。

1. 劳动者因病或者非因公负伤医疗期满，不能从事原工作的。

根据《劳动合同法》第40条第1项的规定，劳动者患病或者非因工负伤，在规定的医疗期满后不能从事原工作，也不能从事由用人单位另行安排的工作的，用人单位可以解除劳动合同。因此，如果劳动者患病或者非因工负伤，在规定的医疗期满后不能从事原工作，也不能从事由用人单位另行安排的工作的，即用人单位可以调整劳动者的工作岗位，而无须征得劳动者的同意。

用人单位进行上述调整应当把握两个方面原则。首先，并非劳动者一生病，用人单位就可以调整劳动者岗位，而是必须在劳动者医疗期满后，劳动者不能从事原来的工作，用人单位才能调整其岗位。企业职工因患病或者非因工负伤，需要停止工作医疗时，根据职工本人实际参加工作年限和在本单位工作年限给予3个月至24个月医疗期。其次，调整的岗位应当具有合理性，是比原岗位要求更低、更轻松的岗位，而不是更繁重、工作要求更高的岗位。

2. 劳动者被证明不能胜任工作的。

根据《劳动合同法》第40条第2项的规定，劳动者不能胜任工作，经过培训或者调整工作岗位，仍不能胜任工作的，用人单位可以解除劳动合同。此规定意味着，在劳动者不能胜任工作的前提下，用人单位有两种选择：一是选择对劳动者进行培训，培训后在原岗位继续考核；二是选择对劳动者进行调整岗位，并在调整后的岗位进行考核，这就是法律赋予用人单位的法定权限。

用人单位需要注意，劳动者不能胜任工作必须是客观上劳动者的工作能力不能达到工作岗位的要求，用人单位必须提供一系列的证据来证明这个事实，包括：首先，要证明劳动者的工作要求或者岗位职责是什么，而且该要求或者职责必须让劳动者在入职时知晓；其次，用人单位必须证明劳动者的考核标准是什么，什么情况下将视为不符合工作要求或者岗位职责；最后，必须证明劳动者的哪些行为或者考核结果不符合岗位要求。只有具备上述三方面充分举证的情况下，用人单位方可对劳动者的岗位进行调整，否则该调岗行为会被确认为无效行为。

3. 劳动者因工丧失大部分劳动能力的。

根据《工伤保险条例》第 36 条的规定，职工因工致残被鉴定为五级、六级伤残的，除享受一次性伤残补助金外，并保留与用人单位的劳动关系，由用人单位安排适当工作。难以安排工作的，由用人单位按月发给伤残津贴。职工因工导致五级、六级伤残的属于大部分丧失劳动能力；在此情况下，行政法规规定用人单位可以调整劳动者的岗位，安排适当且能够胜任的工作。

上述三方面的劳动合同变更情形来自法律、行政法规的规定，但也不排除可能还有地方性法规、规章的规定。

【法规依据】

《劳动合同法》

第三十五条　用人单位与劳动者协商一致，可以变更劳动合同约定的内容。变更劳动合同，应当采用书面形式。变更后的劳动合同文本由用人单位和劳动者各执一份。

第四十条第一、二项　有下列情形之一的，用人单位提前三十日以书面形式通知劳动者本人或者额外支付劳动者一个月工资后，可以解除劳动合同：

（一）劳动者患病或者非因工负伤，在规定的医疗期满后不能从事原工作，也不能从事由用人单位另行安排的工作的；

（二）劳动者不能胜任工作，经过培训或者调整工作岗位，仍不能胜任工作的；

《工伤保险条例》

第三十六条　职工因工致残被鉴定为五级、六级伤残的，享受以下待遇：

（一）从工伤保险基金按伤残等级支付一次性伤残补助金，标准为：五级伤残为 18 个月的本人工资，六级伤残为 16 个月的本人工资；

（二）保留与用人单位的劳动关系，由用人单位安排适当工作。难以安排工作的，由用人单位按月发给伤残津贴，标准为：五级伤残为本人工资的 70%，六级伤残为本人工资的 60%，并由用人单位按照规定为其缴纳应缴纳的各项社会保险费。伤残津贴实际金额低于当地最低工资标准的,由用人单位补足差额。

经工伤职工本人提出,该职工可以与用人单位解除或者终止劳动关系,由工伤保险基金支付一次性工伤医疗补助金,由用人单位支付一次性伤残就业补助金。一次性工伤医疗补助金和一次性伤残就业补助金的具体标准由省、自治区、直辖市人民政府规定。

《企业职工患病或非因公负伤医疗期的规定》

第二条 医疗期是指企业职工因患病或非因工负伤停止工作治病休息不得解除劳动合同的时限。

第三条 企业职工因患病或非因工负伤,需要停止工作医疗时,根据本人实际参加工作年限和在本单位工作年限,给予三个月到二十四个月的医疗期:

(一)实际工作年限十年以下的,在本单位工作年限五年以下的为三个月;五年以上的为六个月。

(二)实际工作年限十年以上的,在本单位工作年限五年以下的为六个月;五年以上十年以下的为九个月;十年以上十五年以下的为十二个月;十五年以上二十年以下的为十八个月;二十年以上的为二十四个月。

第四条 医疗期三个月的按六个月内累计病休时间计算;六个月的按十二个月内累计病休时间计算;九个月的按十五个月内累计病休时间计算;十二个月的按十八个月内累计病休时间计算;十八个月的按二十四个月内累计病休时间计算;二十四个月的按三十个月内累计病休时间计算。

16. 在关联企业间转移劳动关系,劳动者的工龄是否连续计算?

根据《劳动合同法》第14条的规定,劳动者在同一用人单位连续工作满十年的,除劳动者提出订立固定期限劳动合同外,用人单位应当与其订立无固定期限劳动合同。

上述规定的前提是"在同一用人单位内"的年限达到了法律规定。但是,在实践中基于种种原因,劳动者经常在不同用人单位之间变换劳动关系。为此,《劳动合同法实施条例》第10条规定:"劳动者非因本人原因从原用人单位被安排到新用人单位工作的,劳动者在原用人单位的工作年限合并计算为新用人单位的工作年限。原用人单位已经向劳动者支付经济补偿的,新用人单位在依法解除、终止劳动合同计算支付经济补偿的工作年限时,不再计算劳动者在原用人单位的工作年限。"这里的"劳动者非因本人原因从原用人单位被安排到新用人单位工作的”，根据最高人民法院《关于审理劳动争议案件适用法律问题的解释(一)》第 46 条的规定，包括以下情形：劳动者仍在原工作场所、工作岗位工作，劳动合同主体由原用人单位变更为新用人单位；用人单位以组织委派或任命形式对劳动者进行工作调动；因用人单位合并、分立等原因导致劳动者工作调动；用人单位及其关联企业与劳动者轮流订立劳动合同；其他合理情形。

据此，非因劳动者辞职等原因，导致劳动关系在关联企业之间转移的本单位工龄应当连续计算。这也就是说，劳动者非因本人原因在关联企业间连续工作满 10 年的，劳动者有权提出订立无固定期限劳动合同。

【法规依据】

《劳动合同法》

第十四条第二款第一项　用人单位与劳动者协商一致，可以订立无固定期限劳动合同。有下列情形之一，劳动者提出或者同意续订、订立劳动合同的，除劳动者提出订立固定期限劳动合同外，应当订立无固定期限劳动合同：

(一)劳动者在该用人单位连续工作满十年的；

《劳动合同法实施条例》

第十条　劳动者非因本人原因从原用人单位被安排到新用人单位工作的，劳动者在原用人单位的工作年限合并计算为新用人单位的工作年限。原用人单位已经向劳动者支付经济补偿的，新用人单位在依法解除、终止劳动合同计算支付经济补偿的工作年限时，不再计算劳动者在原用人单位的工作年限。

最高人民法院《关于审理劳动争议案件适用法律问题的解释(一)》

第四十六条第二款　用人单位符合下列情形之一的，应当认定属于“劳动者非因本人原因从原用人单位被安排到新用人单位工作”：

(一)劳动者仍在原工作场所、工作岗位工作，劳动合同主体由原用人单位变更为新用人单位；

(二)用人单位以组织委派或任命形式对劳动者进行工作调动；

(三)因用人单位合并、分立等原因导致劳动者工作调动；

(四)用人单位及其关联企业与劳动者轮流订立劳动合同；

(五)其他合理情形。

17. 用人单位可否单方调整工作岗位?

一方面，出于保护劳动者的需要，劳动法律规定用人单位不得随意调整劳动者的工作岗位；另一方面，法律亦不能干涉作为市场经济主体的用人单位的自主经营权。那么对于工作岗位的调整，实践中应当如何把握？

根据上海市高级人民法院民一庭的意见，若用人单位已与劳动者在劳动合同中约定，用人单位有权根据生产经营需要随时调整劳动者工作内容或岗位，若双方还为此发生争议的，应由用人单位举证证明其调职具有充分的合理性。

由此看来，实践中法院并未完全否定用人单位的调岗权，但用人单位应当证明其调岗的合理性，若用人单位滥用调岗权（如将办公室员工调整到保洁、安保等岗位），则同样会被认定为非法。

根据《劳动合同法》的规定，劳动合同必须具备工作内容的条款。工作内容是指用人单位安排劳动者从事什么工作，是劳动者在劳动合同中确定的应当履行的劳动义务的主要内容。包括劳动者从事劳动的岗位、工作性质、工作范围以及劳动生产任务所要达到的效果、质量指标等。用人单位一旦在劳动合同中就工作内容与劳动者达成了一致，即产生法律约束力，因此，用人单位单方面变更工作岗位属于违约行为。

但在合同期内有两种情况用人单位可以变更劳动者的工作岗位。根据原劳动部办公厅《关于职工因岗位变更与企业发生劳动争议等有关问题的复函》的规定，符合以下情况，用人单位可以变更劳动者工作岗位：一是在协商一致的前提下。如劳动合同签订时所依据的客观情况发生重大变化，企业生产经营状况发生严重困难，不得不调整劳动者工作岗位，经双方当事人协商一致；若不能达成协议，则可按法定程序解除劳动合同。二是在经过企业培训后，劳动者不能胜任工作，则企业有权作出调整工作岗位的决定，行使自主权。

【法规依据】

《劳动合同法》

第三十五条第一款　用人单位与劳动者协商一致，可以变更劳动合同约定的内容。变更劳动合同，应当采用书面形式。

第四十条　有下列情形之一的，用人单位提前三十日以书面形式通知劳动者本人或者额外支付劳动者一个月工资后，可以解除劳动合同：

（一）劳动者患病或者非因工负伤，在规定的医疗期满后不能从事原工作，也不能从事由用人单位另行安排的工作的；

（二）劳动者不能胜任工作，经过培训或者调整工作岗位，仍不能胜任工作的；

（三）劳动合同订立时所依据的客观情况发生重大变化，致使劳动合同无法履行，经用人单位与劳动者协商，未能就变更劳动合同内容达成协议的。

第三节 培训和服务期

18. 服务期内，劳动者因严重违纪被解雇是否还需支付违约金？

法律为了规范用人单位和劳动者的行为，促使企业继续进行人力资源培训和开发，允许提供专项培训的用人单位与劳动者约定服务期。如果劳动者在服务期内主动离职就可能构成违约，就要支付违约金给企业。实践中有部分劳动者认为，一旦用人单位与自己约定了服务期，那么在服务期内用人单位就不会解除与自己的劳动合同。因为劳动者认为，一旦这么做，用人单位既不能实现劳动者服务期满的目的，又无法要求劳动者支付违约金。但这样的想法是错误的。

由于劳动者离职原因是其本人存在严重违纪的过失，虽然不是劳动者本人主动离职，但是劳动者的违纪行为同样构成对于服务期协议的实质违约，因此，劳动者仍然需要向用人单位支付违约金。

【法规依据】

《劳动合同法实施条例》

第二十六条　用人单位与劳动者约定了服务期，劳动者依照劳动合同法第三十八条的规定解除劳动合同的，不属于违反服务期的约定，用人单位不得要求劳动者支付违约金。

有下列情形之一，用人单位与劳动者解除约定服务期的劳动合同的，劳动者应当按照劳动合同的约定向用人单位支付违约金：

（一）劳动者严重违反用人单位的规章制度的；

（二）劳动者严重失职，营私舞弊，给用人单位造成重大损害的；

（三）劳动者同时与其他用人单位建立劳动关系，对完成本单位的工作任务造成严重影响，或者经用人单位提出，拒不改正的；

（四）劳动者以欺诈、胁迫的手段或者乘人之危，使用人单位在违背真实意思的情况下订立或者变更劳动合同的；

（五）劳动者被依法追究刑事责任的。

19. 事业单位索赔培训费是否有限制？

事业单位工作人员辞职时，聘用单位能否索要培训费补偿？事业单位为了平摊事业单位的培训成本，使工作人员在事业单位发挥应有的作用，法律允许单位与工作人员对于因单位出资培训后离职时的培训费用补偿进行约定。如果双方有约定，按照约定执行；但该约定要公平公正，要求工作人员支付的培训费补偿不得超过培训的实际支出（应具体分摊到个人），并按工作人员培训结束后每服务一年递减20%执行。如果双方没有约定，则视为事业单位放弃向工作人员索赔培训费用的补偿。

【法规依据】

国务院办公厅转发《人事部关于在事业单位试行人员聘用制度意见》的通知

六、规范解聘辞聘制度

……受聘人员经聘用单位出资培训后解除聘用合同，对培训费用的补偿在聘用合同中有约定的，按照合同的约定补偿。受聘人员解除聘用合同后违反规定使用或者允许他人使用原所在聘用单位的知识产权、技术秘密的，依法承担法律责任。涉密岗位受聘人员的解聘或者工作调动，应当遵守国家有关涉密人员管理的规定。

……

原人事部《关于印发〈事业单位试行人员聘用制度有关问题的解释〉的通知》

第十七条　在聘用合同中对培训费用没有约定的，受聘人员提出解除聘用合同后，单位不得收取培训费用；有约定的，按约定收取培训费，但不得超过培训的实际支出，并按培训结束后每服务一年递减20%执行。

20. 劳动合同期限与服务期冲突，以哪个为准？

用人单位与劳动者在劳动合同履行过程中，常常会因专业技术的培训而约定服务期，并约定如违反服务期应当支付违约金。那如果劳动合同期限与服务期冲突,即劳动合同期限短于服务期,以哪个为准? 违约金又应如何支付?

《劳动合同法实施条例》第 17 条规定:“劳动合同期满,但是用人单位与劳动者依照劳动合同法第二十二条的规定约定的服务期尚未到期的,劳动合同应当续延至服务期满;双方另有约定的,从其约定。”据该条款规定可知,劳动合同期限短于服务期的,劳动合同期限续延至服务期满。因此,如果劳动合同期限到了而服务期没有到,劳动者提出终止劳动合同是不被允许的,除用人单位同意外。

违约金是为了避免劳动者在享受了特殊待遇后任意离职而给用人单位造成损失的赔偿。如果劳动者在服务期内擅自离职就应支付违约金。支付违约金的标准不能超过原来约定的违约金金额,有支付约定的按约定支付;没有支付约定的,一般按服务年限每年递减 20% 的标准。

另外,用人单位与劳动者约定了服务期,劳动者依照《劳动合同法》第 38 条的规定解除劳动合同的,不属于违反服务期的约定,用人单位不得要求劳动者支付违约金。

如果劳动者存在《劳动合同法》第 39 条规定的情形之一的,用人单位与劳动者解除约定服务期的劳动合同的,劳动者应当按照劳动合同的约定向用人单位支付违约金。

【法规依据】

《劳动合同法》

第二十二条第一、二款　用人单位为劳动者提供专项培训费用,对其进行专业技术培训的,可以与该劳动者订立协议,约定服务期。

劳动者违反服务期约定的,应当按照约定向用人单位支付违约金。违约金的数额不得超过用人单位提供的培训费用。用人单位要求劳动者支付的违约金不得超过服务期尚未履行部分所应分摊的培训费用。

《劳动合同法实施条例》

第十六条　劳动合同法第二十二条第二款规定的培训费用,包括用人单位为了对劳动者进行专业技术培训而支付的有凭证的培训费用、培训期间的差旅费用以及因培训产生的用于该劳动者的其他直接费用。

第十七条　劳动合同期满,但是用人单位与劳动者依照劳动合同法第二十二条的规定约定的服务期尚未到期的,劳动合同应当续延至服务期满;双方另有约定的，从其约定。

第二十六条　用人单位与劳动者约定了服务期，劳动者依照劳动合同法第三十八条的规定解除劳动合同的，不属于违反服务期的约定，用人单位不得要求劳动者支付违约金。

有下列情形之一，用人单位与劳动者解除约定服务期的劳动合同的，劳动者应当按照劳动合同的约定向用人单位支付违约金：

（一）劳动者严重违反用人单位的规章制度的；

（二）劳动者严重失职，营私舞弊，给用人单位造成重大损害的；

（三）劳动者同时与其他用人单位建立劳动关系，对完成本单位的工作任务造成严重影响，或者经用人单位提出，拒不改正的；

（四）劳动者以欺诈、胁迫的手段或者乘人之危，使用人单位在违背真实意思的情况下订立或者变更劳动合同的；

（五）劳动者被依法追究刑事责任的。

21. 用人单位单方提前终止服务期限的行为是否有效？

首先要了解“劳动合同期限”与“服务期限”是两个不同的法律概念。劳动合同期限是一种约定双方权利义务内容的期限，而服务期限是一种约定单向权利义务内容的期限。具体来说，劳动合同是用人单位和劳动者确立劳动关系，明确双方劳动权利义务的书面协议。其中的劳动合同期限既是应由双方约定的合同必备条款之一，也是合同本身被双方忠实履行的期限，具有双向互动性。服务期限作为自行约定的劳动合同的非必备条款，目的在于限定劳动者应当为用人单位付出劳动、履行劳动义务的期限。服务期限具有单向性，即在此期限内用人单位有权要求劳动者为其工作，而劳动者非因取得用人单位同意或法定情形出现，不得予以拒绝。因此，根据《劳动合同法》第22条的规定，必须处理好两个关系：第一，约定与法定的关系；第二，调动用人单位提供培训的积极性与保护劳动者合法权益的关系。那么，用人单位单方提前终止服务期限的行为是否有效？

如上海市高级人民法院《关于印发〈关于适用《中华人民共和国劳动合同法》若干问题的意见〉的通知》第6条规定：服务期是用人单位给付一定培训费用为代价，要求接受代价的劳动者为用人单位相应提供服务的约定。用人单位依约支付相应对价后，即已完全履行自己的合同义务，是否要求劳动者履行提供服务则成为用人单位的权利。基于民事权利都可以放弃的原则,在劳动合同期满后,用人单位放弃对剩余服务期要求的,应当准许。此时,劳动合同可以终止,但用人单位不得向劳动者追索服务期的赔偿责任;用人单位继续提供工作岗位并要求劳动者履行服务期约定的,双方当事人应当继续履行。继续履行合同期间,用人单位不提供工作岗位的,视为其放弃对剩余服务期的要求,劳动合同终止。(北京市高级人民法院司法实践中也作此理解)

有人认为劳动合同期限被法定强制顺延至服务期满,以及视为双方对于劳动合同期限进行自愿变更;不得单方终止服务期。实际上,该观点均未抓住服务期的实质。服务期是为了保护用人单位的利益,避免劳动者在享受专业培训后擅自离职给用人单位造成损失,本质上属于用人单位的权利、劳动者的义务。

因此,应该说上海市高级人民法院和北京市高级人民法院的理解是《劳动合同法实施条例》第 17 条规定作限制性解释,此解释符合《劳动合同法》规定服务期协议的立法目的。

【法规依据】

《劳动合同法》

第二十二条　用人单位为劳动者提供专项培训费用,对其进行专业技术培训的,可以与该劳动者订立协议,约定服务期。

劳动者违反服务期约定的,应当按照约定向用人单位支付违约金。违约金的数额不得超过用人单位提供的培训费用。用人单位要求劳动者支付的违约金不得超过服务期尚未履行部分所应分摊的培训费用。

用人单位与劳动者约定服务期的,不影响按照正常的工资调整机制提高劳动者在服务期期间的劳动报酬。

《劳动合同法实施条例》

第十七条　劳动合同期满,但是用人单位与劳动者依照劳动合同法第二十二条的规定约定的服务期尚未到期的,劳动合同应当续延至服务期满;双方另有约定的,从其约定。

第四节 商业秘密及竞业限制

22. 签订保密协议，应当履行的相应义务包括哪些？

2000年，某证券公司与李经理签订无固定期限的劳动合同及保密协议。2009年年终，李经理提出解除劳动合同，之后到另一家证券公司任职。该证券公司认为李经理违反了保密协议约定的竞业限制义务，属于违约行为，应当支付违约金，故起诉至法院，要求李经理支付违反竞业限制的违约金共计30万元。

人民法院经审理认为，被告李经理从原告处辞职后到另一家证券公司就职，违反了与原告签订的保密协议中的竞业限制约定，应当承担违约责任，据此判决李经理支付某证券公司竞业限制违约金12万余元。

《劳动法》规定，劳动合同当事人可以在劳动合同中约定保守用人单位商业秘密的有关事项，劳动者违反劳动合同中约定的保密义务或者竞业限制，给用人单位造成损失的，应当承担赔偿责任。而《劳动合同法》也规定，用人单位与劳动者可以在劳动合同中约定保守用人单位的商业秘密和与知识产权相关的保密事项。劳动者违反竞业限制约定的，应当按照约定向用人单位支付违约金。劳动者违反本法规定解除劳动合同，或者违反劳动合同中约定的保密义务或者竞业限制，给用人单位造成损失的，应当承担赔偿责任。

【法规依据】

《劳动法》

第二十二条　劳动合同当事人可以在劳动合同中约定保守用人单位商业秘密的有关事项。

《劳动合同法》

第二十三条　用人单位与劳动者可以在劳动合同中约定保守用人单位的商业秘密和与知识产权相关的保密事项。

对负有保密义务的劳动者，用人单位可以在劳动合同或者保密协议中与劳动者约定竞业限制条款,并约定在解除或者终止劳动合同后,在竞业限制期限内按月给予劳动者经济补偿。劳动者违反竞业限制约定的,应当按照约定向用人单位支付违约金。

第九十条　劳动者违反本法规定解除劳动合同,或者违反劳动合同中约定的保密义务或者竞业限制,给用人单位造成损失的,应当承担赔偿责任。

23. 违反保密协议需承担哪些责任?

李某和蒋某系某数字技术公司的工程师,掌握着某数字技术公司的某一项技术秘密,李某和蒋某与某数字技术公司在签订的劳动合同中约定了保守商业秘密的相关内容。2010 年 12 月劳动合同期限届满,李某和蒋某终止了劳动合同,并到异地一家机械公司担任工程师。2013 年 5 月,李某和蒋某利用在某数字公司工作期间掌握的某一项技术资料研发出模型机并投放市场。某数字公司针对李某蒋某的侵权行为,向人民法院提出诉讼请求。法院以李某和蒋某违反商业秘密为由判决李某和蒋某有期徒刑 1 年和 10 个月,并分别处罚金人民币 2 万元和 1 万元。

用人单位要在商业秘密没有被泄露的情况下,采用各种手段强化保护自己的利益。签订好保守秘密协议,明确商业秘密的范围、类型并划分等级。用人单位只有做到签订好保密协议,才能防患于未然。

【法规依据】

《劳动合同法》

第二十三条　用人单位与劳动者可以在劳动合同中约定保守用人单位的商业秘密和与知识产权相关的保密事项。

对负有保密义务的劳动者,用人单位可以在劳动合同或者保密协议中与劳动者约定竞业限制条款,并约定在解除或者终止劳动合同后,在竞业限制期限内按月给予劳动者经济补偿。劳动者违反竞业限制约定的,应当按照约定向用人单位支付违约金。

《反不正当竞争法》

第九条　经营者不得实施下列侵犯商业秘密的行为:

(一)以盗窃、贿赂、欺诈、胁迫、电子侵入或者其他不正当手段获取权利人的商业秘密;

(二)披露、使用或者允许他人使用以前项手段获取的权利人的商业秘密;

（三）违反保密义务或者违反权利人有关保守商业秘密的要求，披露、使用或者允许他人使用其所掌握的商业秘密；

（四）教唆、引诱、帮助他人违反保密义务或者违反权利人有关保守商业秘密的要求，获取、披露、使用或者允许他人使用权利人的商业秘密。

经营者以外的其他自然人、法人和非法人组织实施前款所列违法行为的，视为侵犯商业秘密。

第三人明知或者应知商业秘密权利人的员工、前员工或者其他单位、个人实施本条第一款所列违法行为，仍获取、披露、使用或者允许他人使用该商业秘密的，视为侵犯商业秘密。

本法所称的商业秘密，是指不为公众所知悉、具有商业价值并经权利人采取相应保密措施的技术信息、经营信息等商业信息。

第二十七条　经营者违反本法规定，应当承担民事责任、行政责任和刑事责任，其财产不足以支付的，优先用于承担民事责任。

24. 用人单位与劳动者签订竞业限制协议后，在履行过程中可否解除竞业限制协议？

某用人单位与该单位负责销售的总经理签订了两年的竞业限制协议。后来因双方的劳动合同期限届满而终止，该用人单位按照双方所签订的竞业限制协议履行了半年，并按月支付经济补偿。因市场原因该用人单位进行了转产，该单位认为不需要继续进行竞业限制，便单方提出解除竞业限制协议并停发经济补偿。因此，发生纠纷。该总经理向人民法院起诉，请求继续支付经济补偿，没有得到支持。但判决另外支付三个月的经济补偿。

用人单位与劳动者签订竞业限制协议应当全面履行，并按月向劳动者支付经济补偿。用人单位如遇客观发生变化或者出现不需继续履行竞业限制的情形，可以单方提出解除竞业限制协议，但需要支付三个月经济补偿。

【法规依据】

《劳动合同法》

第二十三条　用人单位与劳动者可以在劳动合同中约定保守用人单位的商业秘密和与知识产权相关的保密事项。

对负有保密义务的劳动者，用人单位可以在劳动合同或者保密协议中与劳动者约定竞业限制条款，并约定在解除或者终止劳动合同后，在竞业限制期限内按月给予劳动者经济补偿。劳动者违反竞业限制约定的，应当按照约定向用人单位支付违约金。

最高人民法院《关于审理劳动争议案件适用法律问题的解释(一)》

第三十九条　在竞业限制期限内，用人单位请求解除竞业限制协议的，人民法院应予支持。

在解除竞业限制协议时，劳动者请求用人单位额外支付劳动者三个月的竞业限制经济补偿的，人民法院应予支持。

25. 劳动者与用人单位签订竞业限制协议后，在履行过程中可否解除竞业限制协议？

商某是位机械工程师，与某机械公司签订劳动合同 5 年并在劳动合同中约定了竞业限制二年；同时，还约定了经济补偿的标准及违约金。劳动合同到期前，用人单位征求商某是否愿意续签劳动合同，其续签劳动合同的条件与原劳动合同一样，商某表示不再续签劳动合同而终止。劳动合同终止后，因商某拿不到经济补偿产生情绪，而后到另一家机械公司上班。某机械公司认为商某违反劳动合同的约定，构成违反竞业限制的侵权行为，向人民法院提起诉讼，要求商某继续履行竞业限制义务并支付违约金。最终人民法院全部支持某机械公司的诉讼请求。

商某在某机械公司保留劳动合同条件不变的情况下与其协商续签劳动合同，商某自己不愿续签劳动合同而终止，某机械公司不支付经济补偿并不违反劳动法律规定。商某在此情况到有竞争同业公司上班，违反了双方竞业限制约定，构成违反竞业限制的侵权行为，判决商某继续履行竞业限制义务并支付违约金是符合劳动合同法的规定。

【法规依据】

《劳动合同法》

第二十三条　用人单位与劳动者可以在劳动合同中约定保守用人单位的商业秘密和与知识产权相关的保密事项。

对负有保密义务的劳动者，用人单位可以在劳动合同或者保密协议中与劳动者约定竞业限制条款，并约定在解除或者终止劳动合同后，在竞业限制期限内按月给予劳动者经济补偿。劳动者违反竞业限制约定的，应当按照约定向用人单位支付违约金。

第二十四条　竞业限制的人员限于用人单位的高级管理人员、高级技术人员和其他负有保密义务的人员。竞业限制的范围、地域、期限由用人单位与劳动者约定，竞业限制的约定不得违反法律、法规的规定。

在解除或者终止劳动合同后，前款规定的人员到与本单位生产或者经营同类产品、从事同类业务的有竞争关系的其他用人单位，或者自己开业生产或者经营同类产品、从事同类业务的竞业限制期限，不得超过二年。

最高人民法院《关于审理劳动争议案件适用法律问题的解释（一）》

第四十条　劳动者违反竞业限制约定，向用人单位支付违约金后，用人单位要求劳动者按照约定继续履行竞业限制义务的，人民法院应予支持。

26. 不守“竞业限制”约定，该如何赔偿？

2010年4月，老邓入职B公司担任高级客户经理，每月工资1万元。同日，双方签署雇员保密协议。同年10月，老邓离职，双方签订了一年期限的竞业限制协议，B公司支付老邓竞业限制补偿金6万元；双方还约定如老邓违反协议，则应支付公司违约金50万元。后B公司发现老邓在竞业限制协议未履行完毕时，已经到另一家与B公司有竞争关系的公司工作，遂起诉要求老邓返还竞业限制补偿金、支付违约金并继续履行竞业限制义务。

庭审中，B公司提交了老邓已经有了新工作以及其“新东家”的营业执照、年审结果等，证实了两家公司存在竞争关系。

法院经审理认为，老邓与B公司签的竞业限制协议合法有效，同时确认两家公司存在竞争关系。法院认定老邓构成了对竞业限制协议的违反，应当支付B公司违约金，同时他还丧失了获取补偿金的合理理由，应当返还B公司竞业限制补偿金。法院最终判决老邓返还B公司支付的竞业限制补偿金6万元并支付违约金50万元，且仍需在竞业限制期间履行竞业限制义务。

竞业限制制度设置的初衷和最终目的是保护用人单位的商业秘密，如果劳动者与用人单位签订了合法有效的竞业限制协议且劳动者自离职后按月领取了竞业限制补偿金，则劳动者即应遵守竞业限制义务。如果劳动者没有遵守上述约定，从事了竞争性活动，原用人单位可以要求劳动者承担返还已经领取的竞业限制补偿金、支付竞业限制违约金并在竞业限制期限内继续履行竞业限制义务的法律责任。

【法规依据】

《劳动合同法》

第二十三条　用人单位与劳动者可以在劳动合同中约定保守用人单位的商业秘密和与知识产权相关的保密事项。

对负有保密义务的劳动者,用人单位可以在劳动合同或者保密协议中与劳动者约定竞业限制条款,并约定在解除或者终止劳动合同后,在竞业限制期限内按月给予劳动者经济补偿。劳动者违反竞业限制约定的,应当按照约定向用人单位支付违约金。

第二十四条　竞业限制的人员限于用人单位的高级管理人员、高级技术人员和其他负有保密义务的人员。竞业限制的范围、地域、期限由用人单位与劳动者约定,竞业限制的约定不得违反法律、法规的规定。

在解除或者终止劳动合同后,前款规定的人员到与本单位生产或者经营同类产品、从事同类业务的有竞争关系的其他用人单位,或者自己开业生产或者经营同类产品、从事同类业务的竞业限制期限,不得超过二年。

最高人民法院《关于审理劳动争议案件适用法律问题的解释(一)》

第四十条　劳动者违反竞业限制约定,向用人单位支付违约金后,用人单位要求劳动者按照约定继续履行竞业限制义务的,人民法院应予支持。

浙江省高级人民法院民事审判第一庭、浙江省劳动人事争议仲裁院《关于审理劳动争议案件若干问题的解答(三)》

三、用人单位依据竞业限制协议向劳动者支付了经济补偿,而劳动者违反了竞业限制约定,用人单位除要求劳动者承担违约金外,还要求其返还已收取的经济补偿,能否支持?

答:劳动者违反竞业限制约定,用人单位要求劳动者返还违反竞业限制约定期间用人单位向其支付的经济补偿的,应予支持。对劳动者履行竞业限制约定期间用人单位向其支付的经济补偿,用人单位要求返还的,不予支持。

用人单位向劳动者一次性支付经济补偿的,应当将经济补偿数额进行折算,对劳动者违反竞业限制约定期间相对应的经济补偿予以返还。

第五节　劳动合同解除和终止

27. 录用条件未约定，在试用期内能否以不符合录用条件解除劳动合同？

某公司开发一款产品，为尽快打开市场，欲招聘销售经理一名。

公司发出招聘广告，规定了拟聘的销售经理所应符合的条件。招聘广告发出后不久应某前来应聘面试。应某基本符合招聘条件，其本人称其在行业内人脉多、能在短期内打开销售渠道，并承诺半年可以保证600万元销售额。应某的表现赢得公司领导好评，于是确定聘其为销售经理，劳动合同期限为3年，试用期为6个月，底薪为1.5万元，试用期满后底薪2万元，并且有销售提成，但公司与应某未约定录用条件。孰知6个月试用期将至时，应某的销售额仅达到250万元。应某的销售结果与公司领导的期望相差甚远，一气之下以不符合录用条件为由解除劳动合同。应某到劳动争议仲裁委员会提起劳动仲裁，要求公司支付经济补偿与代通知金。在仲裁庭审中，由于公司无法提交录用条件证据予以证明，应某的请求得到支持。

劳动者在试用期内不符合录用条件，需要用人单位来证明。用人单位利用设置不符合录用条件这一方式来避免招聘过程的过错，一定要确定具体岗位的录用条件，并在招用员工时让其确认自己符合这些具体录用条件或者让其确认知道其工作岗位的具体要求和职责。用人单位如果没有约定录用条件，那就不能用不符合条件的理由解除试用期内的劳动合同。否则，属于违法解除劳动合同。

【法规依据】

《劳动合同法》

第三十九条　劳动者有下列情形之一的，用人单位可以解除劳动合同：

（一）在试用期间被证明不符合录用条件的；

（二）严重违反用人单位的规章制度的；

(三)严重失职,营私舞弊,给用人单位造成重大损害的;

(四)劳动者同时与其他用人单位建立劳动关系,对完成本单位的工作任务造成严重影响,或者经用人单位提出,拒不改正的;

(五)因本法第二十六条第一款第一项规定的情形致使劳动合同无效的;

(六)被依法追究刑事责任的。

第四十条　有下列情形之一的,用人单位提前三十日以书面形式通知劳动者本人或者额外支付劳动者一个月工资后,可以解除劳动合同:

(一)劳动者患病或者非因工负伤,在规定的医疗期满后不能从事原工作,也不能从事由用人单位另行安排的工作的;

(二)劳动者不能胜任工作,经过培训或者调整工作岗位,仍不能胜任工作的;

(三)劳动合同订立时所依据的客观情况发生重大变化,致使劳动合同无法履行,经用人单位与劳动者协商,未能就变更劳动合同内容达成协议的。

28. 用人单位没有建立工会组织,解除劳动合同是否合法?

根据《劳动合同法》第 43 条的规定:“用人单位单方解除劳动合同,应当事先将理由通知工会。用人单位违反法律、行政法规规定或者劳动合同约定的,工会有权要求用人单位纠正。用人单位应当研究工会的意见,并将处理结果书面通知工会。”显然,当劳动者有《劳动合同法》第 39 条和第 40 条规定的情形时,用人单位要解除劳动合同必须通知本单位的工会组织。否则,将承担解除劳动合同不合法的法律风险。

如果用人单位已经成立了工会组织而未履行通知工会的法定程序,那用人单位应当承担不利后果。但如果用人单位没有建立工会组织,怎么办呢?首先,《工会法》第 2 条规定:“工会是中国共产党领导的职工自愿结合的工人阶级群众组织。”根据该法条可以看出,工会组织应该是由劳动者申请建立,而不是用人单位的责任。其次,最高人民法院《关于审理劳动争议案件适用法律问题的解释(一)》第 47 条规定:“建立了工会组织的用人单位解除劳动合同符合劳动合同法第三十九条、第四十条规定,但未按照劳动合同法第四十三条规定事先通知工会,劳动者以用人单位违法解除劳动合同为由请求用人单位支付赔偿金的,人民法院应予支持,但起诉前用人单位已经补正有关程序的除外。”从上述法律规定来看,只是针对“已建立工会组织的用人单位”和“建立了工会组织的用人单位"如没有履行民主程序，属于违反法定程序的违法解除劳动合同行为。但如果用人单位没有建立工会组织，就不应该属于以上法律规定的条款调整范围。因此，不能因为用人单位没有建立工会组织，而认为解除劳动合同是不合法的。

【法规依据】

《劳动合同法》

第四十三条　用人单位单方解除劳动合同，应当事先将理由通知工会。用人单位违反法律、行政法规规定或者劳动合同约定的，工会有权要求用人单位纠正。用人单位应当研究工会的意见，并将处理结果书面通知工会。

最高人民法院《关于审理劳动争议案件适用法律问题的解释(一)》

第四十七条　建立了工会组织的用人单位解除劳动合同符合劳动合同法第三十九条、第四十条规定，但未按照劳动合同法第四十三条规定事先通知工会，劳动者以用人单位违法解除劳动合同为由请求用人单位支付赔偿金的，人民法院应予支持，但起诉前用人单位已经补正有关程序的除外。

《工会法》

第二条　工会是中国共产党领导的职工自愿结合的工人阶级群众组织，是中国共产党联系职工群众的桥梁和纽带。

29. 医疗期满解除劳动合同，劳动能力鉴定是不是必经程序?

《劳动法》和《劳动合同法》都明确规定：劳动者患病或者非因工负伤，在规定的医疗期满后不能从事原工作，也不能从事由用人单位另行安排的工作的，用人单位可以解除劳动合同。根据上述规定，用人单位解除医疗期满员工的劳动合同，没有涉及劳动能力的鉴定问题。

但是，原劳动部《违反和解除劳动合同的经济补偿办法》(人社部发〔2017〕87 号，已废止)第 6 条规定，劳动者患病或者非因工负伤，经劳动鉴定委员会确认不能从事原工作、也不能从事用人单位另行安排的工作而解除劳动合同的，用人单位应按其在本单位的工作年限，每满 1 年发给相当于 1 个月工资的经济补偿金，同时还应发给不低于 6 个月工资的医疗补助费。患重病和绝症的还应增加医疗补助费，患重病的增加部分不低于医疗补助费的 50%，患绝症的增加部分不低于医疗补助费的 100%。原劳动部《关于贯彻执行〈中华人民共和国劳动法〉若干问题的意见》的通知第 35 条规定：请长病假的职工在医疗期满后，能从事原工作的，可以继续履行劳动合同；医疗期满后仍不能从事原工作也不能从事由单位另行安排的工作的，由劳动鉴定委员会参照工伤与职业病致残程度鉴定标准进行劳动能力鉴定。被鉴定为 1 至 4 级的，应当退出劳动岗位，解除劳动关系，办理因病或非因工负伤退休退职手续，享受相应的退休退职待遇；被鉴定为 5 至 10 级的，用人单位可以解除劳动合同，并按规定支付经济补偿金和医疗补助费。

这是否就意味着，解除患病或非因工负伤职工的劳动合同，劳动能力鉴定是必需的程序呢？

要弄清这个问题，关键要看医疗期满后，劳动者是否仍需治疗休息。如仍需治疗休息，无法上岗和试岗，并且有医院诊断证明的，应当视为“不能从事原工作，也不能从事单位另行安排的工作”的情形，可以解除劳动合同。但是否需要进行劳动能力鉴定则以当地地方性法规为准。如果医疗期满后，劳动者要求上岗，与用人单位就是否能从事原工作岗位和单位另行安排工作而产生争议的，应当通过劳动能力鉴定委员会确定“是否能从事原工作”。另外，劳动者申请办理病退或者要求支付医疗补助金的，也需要做劳动能力等级鉴定。

【法规依据】

原劳动部《关于贯彻执行〈中华人民共和国劳动法〉若干问题的意见》

第三十五条　请长病假的职工在医疗期满后，能从事原工作的，可以继续履行劳动合同；医疗期满后仍不能从事原工作也不能从事由单位另行安排的工作的，由劳动鉴定委员会参照工伤与职业病致残程度鉴定标准进行劳动能力鉴定。被鉴定为一至四级的，应当退出劳动岗位，解除劳动关系，办理因病或非因工负伤退休退职手续，享受相应的退休退职待遇；被鉴定为五至十级的，用人单位可以解除劳动合同，并按规定支付经济补偿金和医疗补助费。

30. 用人单位实行末位淘汰制是否有效力？

末位淘汰制作为人力资源管理中的一种“铁腕”措施，首先需要探讨其合法性问题。在《劳动合同法》实施之前，劳动关系领域遵守的大法是《劳动法》。该法第 23 条规定“劳动合同期满或者当事人约定的劳动合同终止条件出现，劳动合同即行终止。”据此，在适用《劳动法》的条件下，如果用人单位将劳动者考核处于末位界定为终止条件出现，并因此“淘汰”职工是合法的。

但是《劳动合同法》实施后，用人单位再实行末位淘汰制，会被认定是违法行为。《劳动合同法实施条例》第 13 条规定，用人单位与劳动者不得在《劳动合同法》第 44 条规定的劳动合同终止情形之外约定其他的劳动合同终止条件。由此可知，“末位淘汰制”显然不在上述情形之内。也有用人单位认为，“末位淘汰”可以按解除劳动合同操作，即“劳动者不能胜任工作，经过培训或者调整岗位，仍不能胜任工作的；用人单位提前三十日以书面形式通知劳动者本人或者额外支付劳动者一个月工资后，可以解除劳动合同”。在这里，用人单位混淆了两个概念，即“末位”与“不能胜任”。末位仅仅是一种因为用人单位实行考核排名才会出现的情况，而不能胜任则是因为劳动者的技能不够导致的，二者是不一致的。因此，用人单位不能以“不能胜任工作为由解除劳动合同”的合法行为来为以“末位淘汰为由解除劳动合同”的违法行为作掩盖，那样会给用人单位带来不必要的风险。即使处于末位的职工已经构成不胜任工作情形，根据法律规定，用人单位也要履行培训或调岗程序，否则，淘汰劳动者同样是违法的。

【法规依据】

《劳动合同法》

第四十四条　有下列情形之一的，劳动合同终止：

（一）劳动合同期满的；

（二）劳动者开始依法享受基本养老保险待遇的；

（三）劳动者死亡，或者被人民法院宣告死亡或者宣告失踪的；

（四）用人单位被依法宣告破产的；

（五）用人单位被吊销营业执照、责令关闭、撤销或者用人单位决定提前解散的；

（六）法律、行政法规规定的其他情形。

《劳动合同法实施条例》

第十三条　用人单位与劳动者不得在劳动合同法第四十四条规定的劳动合同终止情形之外约定其他的劳动合同终止条件。

31. 协商解除劳动合同后发现怀孕，能否要求撤销？

用人单位根据生产经营的需要对相关项目予以撤销，该单位人力资源部与某女职工进行了协商。该女职工虽然希望转岗，不同意解除劳动合同，但实在找不到适合的岗位。最后，双方在经济补偿金问题上达成一致后，签署了协商解除劳动合同书。离开公司后,该女职工却意外得知自己怀孕已有一个月。于是,该女职工提出要求以自己不知道怀孕而同意解除劳动合同系重大误解,并根据《劳动合同法》关于女职工怀孕期间不得解除劳动合同为由,要求撤销协商解除劳动合同书,恢复双方的劳动关系。那么,该女职工的行为能否构成重大误解?能否恢复劳动关系?

《劳动合同法》第 42 条规定,女职工在孕期、产期、哺乳期的,用人单位不得根据《劳动合同法》第 40 条、第 41 条的规定解除劳动合同。也就是说,女职工在"三期"内的,用人单位不得依据劳动者不能胜任工作、医疗期届满、客观情况发生重大变化或者经济性裁员为由单方面解除劳动合同。但对协商解除劳动合同的,法律并不禁止。当然,问题的关键在于,该女职工与单位协商解除劳动合同,是否构成重大误解。在《劳动法》《劳动合同法》以及相关的配套法规中是没有关于"重大误解"的规定的。目前只能根据《民法典》中关于重大误解进行解释。最高人民法院《关于适用〈中华人民共和国民法典〉总则编若干问题的解释》第 19 条规定:"行为人对行为的性质、对方当事人或者标的物的品种、质量、规格、价格、数量等产生错误认识,按照通常理解如果不发生该错误认识行为人就不会作出相应意思表示的,人民法院可以认定为民法典第一百四十七条规定的重大误解。"

而该女职工在签署协商解除劳动合同书时,应当知道协商解除劳动合同后的法律后果,经过协商,其有解除劳动合同的本意,至于劳动合同解除后发现怀孕系对自己客观情况判断有误,毕竟公司是无法预知其怀孕的。因此,该女职工关于重大误解的主张不能成立。

【法规依据】

《劳动合同法》

第三十六条　用人单位与劳动者协商一致,可以解除劳动合同。

最高人民法院《关于适用〈中华人民共和国民法典〉总则编若干问题的解释》

第十九条第一款　行为人对行为的性质、对方当事人或者标的物的品种、质量、规格、价格、数量等产生错误认识,按照通常理解如果不发生该错误认识行为人就不会作出相应意思表示的,人民法院可以认定为民法典第一百四十七条规定的重大误解。

32. 劳动者口头向用人单位提出辞职是否有效?

《劳动合同法》对劳动者单方提出解除劳动合同形式分为两种:其一,是预告辞职，即劳动者提前30日以书面形式通知用人单位，可以解除劳动合同；或者在试用期内提前3日通知用人单位，可以解除劳动合同；该种辞职行为对于辞职形式要件和时间要求比较严格。其二，是即时告知辞职，即当劳动者发现用人单位出现《劳动合同法》第38条的相关违法事实后，就可即刻告知辞职。然而，无论是哪种辞职方式产生的后续劳动纠纷，用人单位都要依法对劳资双方劳动合同解除或者终止的事实承担举证责任。

如果用人单位无法举证证明劳动者已经辞职，那么双方的劳动合同就应当视为继续履行状态，双方的权利义务仍然应当依照劳动合同的约定执行。所以，劳动者口头辞职不但违反法律规定，而且会造成用人单位举证困难。为此，用人单位在劳动者管理方面一旦出现劳动者口头辞职行为，最好马上要求其形成书面文件备案或者填写离职申请表并注明离职原因，将相关证据予以保存。

【法规依据】

《劳动合同法》

第三十七条　劳动者提前三十日以书面形式通知用人单位，可以解除劳动合同。劳动者在试用期内提前三日通知用人单位，可以解除劳动合同。

第三十八条　用人单位有下列情形之一的，劳动者可以解除劳动合同：

（一）未按照劳动合同约定提供劳动保护或者劳动条件的；

（二）未及时足额支付劳动报酬的；

（三）未依法为劳动者缴纳社会保险费的；

（四）用人单位的规章制度违反法律、法规的规定，损害劳动者权益的；

（五）因本法第二十六条第一款规定的情形致使劳动合同无效的；

（六）法律、行政法规规定劳动者可以解除劳动合同的其他情形。

用人单位以暴力、威胁或者非法限制人身自由的手段强迫劳动者劳动的，或者用人单位违章指挥、强令冒险作业危及劳动者人身安全的，劳动者可以立即解除劳动合同，不需事先告知用人单位。

33. 严重违纪的工伤职工，在治疗工伤期间，用人单位能否解除其劳动合同？

用人单位的驾驶员在中午休息时，因碰到好友喝了点啤酒，后因工作需要出车送货。结果在送货途中发生车祸，交警对该职工经检测后认定为酒驾，负事故的主要责任。该职工在事故中腿部骨折，经工伤保险行政部门认定，其所受伤害为工伤。另外,用人单位的规章制度规定,职工在工作期间饮酒或者酒后驾驶单位车辆,属于严重违反规章制度的行为。那么,用人单位对严重违纪的工伤职工,在治疗工伤期间能否解除其劳动合同?

《工伤保险条例》第 14 条第 5 项规定,因工外出期间,由于工作原因受到伤害或者发生事故下落不明的,应当认定为工伤。第 16 条第 2 项规定,职工符合本条例第 14 条、第 15 条的规定,但是属于醉酒或者吸毒的,不得认定为工伤或者视同工伤。该职工因工外出期间、因工作原因,虽然是酒后驾驶车辆,但是该职工没有达到醉酒的程度,因此认定为工伤,是毫无疑问的。

《劳动合同法》第 39 条第 2 项规定,劳动者严重违反用人单位的规章制度的,用人单位可以解除劳动合同。该职工所在用人单位的规章制度规定,职工在工作期间饮酒或者酒后驾驶单位车辆,属于严重违反规章制度的行为。据此,职工所在用人单位可以解除劳动合同。但问题的关键在于,该职工属于工伤致伤,并正在治疗期间,一旦被解除劳动合同,就面临着其工伤保险待遇如何处理的问题。

《工伤保险条例》第 30 条规定,职工因工作遭受事故伤害或者患职业病进行治疗,享受工伤医疗待遇;第 33 条规定,职工因工作遭受事故伤害或者患职业病需要暂停工作接受工伤医疗的,在停工留薪期内,原工资福利待遇不变,由所在单位按月支付。另外,根据《工伤保险条例》规定,因公负伤致残的职工,根据伤残等级不同,还享受相应的伤残待遇。可以肯定的是,工伤职工无论违纪与否,其应当享受的工伤待遇权利是不能被剥夺的。但是,用人单位一旦解除与工伤职工的劳动合同,因缴纳工伤保险费所产生的工伤职工工伤保险关系将同时终止。由于用人单位不再继续缴纳工伤保险费,工伤保险基金应当承担的工伤待遇部分,工伤保险经办机构将不予支付。这样一来,职工的工伤保险待遇将全部由用人单位承担。

该职工停工留薪期满,经劳动能力鉴定:如果没有伤残等级,可以立即解除其劳动合同;如果有伤残等级,构成 1 至 4 级,用人单位应与该职工保留劳动关系,由工伤保险基金支付伤残津贴;如果是 5 至 10 级的,在支付相应的伤残等级待遇后,可以解除劳动合同。

【法规依据】

《工伤保险条例》

第十四条第五项　职工有下列情形之一的,应当认定为工伤:

（五）因工外出期间，由于工作原因受到伤害或者发生事故下落不明的；

第三十条第一款　职工因工作遭受事故伤害或者患职业病进行治疗，享受工伤医疗待遇。

第三十三条　职工因工作遭受事故伤害或者患职业病需要暂停工作接受工伤医疗的，在停工留薪期内，原工资福利待遇不变，由所在单位按月支付。

停工留薪期一般不超过12个月。伤情严重或者情况特殊，经设区的市级劳动能力鉴定委员会确认，可以适当延长，但延长不得超过12个月。工伤职工评定伤残等级后，停发原待遇，按照本章的有关规定享受伤残待遇。工伤职工在停工留薪期满后仍需治疗的，继续享受工伤医疗待遇。

生活不能自理的工伤职工在停工留薪期需要护理的，由所在单位负责。

《劳动合同法》

第三十九条第二项　劳动者有下列情形之一的，用人单位可以解除劳动合同：

（二）严重违反用人单位的规章制度的；

34. 协商一致解除劳动合同是否有效？

邬某在公司工作6年，公司因市场原因生产任务不足导致业务范围缩小需要裁减员工，公司提出与邬某协商解除劳动合同。双方经过协商后达成协议，由公司向其支付6个月的经济补偿后解除劳动合同。邬某签订协议后并领取了经济补偿，办理了离职手续。3个月后，邬某的家庭成员向公司提出要求恢复劳动关系，理由是在与公司协商解除劳动合同时邬某是精神病人，不具有民事行为能力。公司认为在签订本协议时，邬某一切正常没有精神病的可能，故不同意恢复劳动关系。由此，双方争执引起劳动争议。

劳动人事争议仲裁委员会受理后委托司法鉴定机构对邬某进行司法鉴定，结果表明邬某在签订解除劳动合同协议时确实有精神病发作的状态，是不具有完全民事行为能力人。劳动人事争议仲裁委员会最终裁决公司与邬某协商解除劳动关系的协议无效，公司应当恢复与邬某的劳动关系，并对邬某作一定的补偿。该案的关键在于邬某在签订解除劳动合同时，是否具有完全民事行为能力，是不是适格的主体。

根据《劳动法》的规定，解除劳动合同分为劳动者单方解除、用人单位单方解除和协商解除三种情况。劳动者单方解除劳动合同分为劳动者非因用人单位过错单方解除劳动合同和劳动者因用人单位过错单方解除劳动合同。用人单位单方解除劳动合同分为过失性解除、非过失性解除和经济性裁员三种情形。

协商解除劳动合同是用人单位与劳动者在平等自愿的基础上协商一致,达成协议,解除劳动关系。用人单位通过协商解除劳动合同,可以尽量化解企业与员工之间的矛盾,缓解气氛,达到企业与员工双赢的局面。在协商解除劳动合同过程中应当注意提出解除劳动合同的动议方。如果用人单位提出解除劳动合同的动议,用人单位应当向劳动者支付经济补偿;如果劳动者提出解除劳动合同的动议,用人单位无支付经济补偿的法定义务。解除劳动合同的协议应当符合合同的一般有效要件,即主体适格、内容合法、意思表示真实且一致。《劳动合同法》第 36 条规定"用人单位与劳动者协商一致,可以解除劳动合同。"

协商解除劳动合同具有以下特点:

1. 协商解除需要由一方提出。劳动关系涉及双方,一方是用人单位,另一方是劳动者,提出协商解除劳动合同的要么是用人单位,要么是劳动者。

2. 协商解除过程中双方法律地位平等。协商解除劳动合同应当贯彻"平等自愿、协商一致"的原则,相互尊重对方愿意,进行充分的协商,达成一致意见。以欺诈、胁迫的手段或者乘人之危,使对方在违背真实意思的情况下解除劳动合同的,解除劳动合同的协议无效或者部分无效。

3. 协商解除应当符合主体适格、内容合法的一般性要求。协商解除劳动合同本身是一个订立合同的过程,也可以理解为解除劳动合同的协议是结束劳动关系而订立的合同,应当符合《民法典》有关当事人主体资格的规定,即双方均需具有民事权利能力和民事行为能力,用人单位须取得工商部门的营业执照,劳动者须年满 16 周岁,并且具有完全民事行为能力等。解除劳动合同的协议同时不能违反《劳动合同法》的强制性规定,如"用人单位提出协商解除劳动合同的,需要向劳动者支付经济补偿",违反此法律规定的约定一般是无效的。

【法规依据】

《劳动合同法》

第三十六条　用人单位与劳动者协商一致,可以解除劳动合同。

《民法典》

第二十一条　不能辨认自己行为的成年人为无民事行为能力人,由其法定代理人代理实施民事法律行为。

八周岁以上的未成年人不能辨认自己行为的,适用前款规定。

第二十八条 无民事行为能力或者限制民事行为能力的成年人,由下列有监护能力的人按顺序担任监护人:

(一)配偶;

(二)父母、子女;

(三)其他近亲属;

(四)其他愿意担任监护人的个人或者组织,但是须经被监护人住所地的居民委员会、村民委员会或者民政部门同意。

第一百四十三条 具备下列条件的民事法律行为有效:

(一)行为人具有相应的民事行为能力;

(二)意思表示真实;

(三)不违反法律、行政法规的强制性规定,不违背公序良俗。

第一百四十四条 无民事行为能力人实施的民事法律行为无效。

35. 劳动者没有被提起公诉,用人单位能否解除劳动合同?

劳动者存在违法或者犯罪行为,被人民检察院作出“不起诉”决定,是否属于“被依法追究刑事责任”的情形?对这种劳动者,用人单位应该如何处理?

《劳动法》第25条第4项及《劳动合同法》第39条第6项都明确规定:劳动者被依法追究刑事责任的,用人单位可以解除劳动合同。关于“劳动者被依法追究刑事责任”情形的界定,原劳动部《关于贯彻执行〈中华人民共和国劳动法〉若干问题的意见》第29条第2款规定,“被依法追究刑事责任”是指被人民检察院免予起诉的、被人民法院判处处罚的、被人民法院依据《刑法》第32条免予刑事处分的。据此,被人民检察院免予起诉的劳动者,用人单位可以解除劳动合同。但是,《刑事诉讼法》修改后取消了“免予起诉”的规定,并且将免予起诉的有关情形并入“不起诉”的情形当中。这也就是说,被告人已经构成犯罪,但是具有《刑法》规定的不需要判处刑罚或者免除刑罚情节的,人民检察院将作出“不起诉”决定。

对于“已经构成犯罪”但是检察院“不起诉”的劳动者,用人单位能否按“被依法追究刑事责任”的情况进行处理呢?原劳动和社会保障部办公厅《关于职工被人民检察院作出不予起诉决定用人单位能否据此解除劳动合同问题的复函》规定:“人民检察院根据《中华人民共和国刑事诉讼法》第一百四十二条第二款规定作出不起诉决定的,不属于《劳动法》第二十五条第(四)项规定的被依法追究刑事责任的情形。因此,对人民检察院根据《中华人民共和国刑事诉讼法》第一百四十二条第二款规定作出不起诉决定的职工,用人单位不能依据《劳动法》第二十五条第(四)项规定解除其劳动合同。但其行为符合《劳动法》第二十五条其他情形的,用人单位可以解除劳动合同。”据此,劳动者即使构成了犯罪,但是只要人民检察院作出“不予起诉”决定,用人单位就不能按“被依法追究刑事责任”的规定解除双方的劳动合同。但是,用人单位可以根据“严重违反用人单位的规章制度的;严重失职,营私舞弊,给用人单位造成重大损害的”之规定,对劳动者作出解除劳动合同的决定。

【法规依据】

《劳动法》

第二十五条　劳动者有下列情形之一的,用人单位可以解除劳动合同:

(一)在试用期间被证明不符合录用条件的;

(二)严重违反劳动纪律或者用人单位规章制度的;

(三)严重失职,营私舞弊,对用人单位利益造成重大损害的;

(四)被依法追究刑事责任的。

原劳动部《关于贯彻执行〈中华人民共和国劳动法〉若干问题的意见》

29. 劳动者被依法追究刑事责任的,用人单位可依据劳动法第二十五条解除劳动合同。

“被依法追究刑事责任”是指:被人民检察院免予起诉的、被人民法院判处处罚的、被人民法院依据刑法第三十二条免予刑事处分的。

……

原劳动和社会保障部办公厅《关于职工被人民检察院作出不予起诉决定用人单位能否据此解除劳动合同问题的复函》

……

人民检察院根据《中华人民共和国刑事诉讼法》第一百四十二条第二款规定作出不起诉决定的,不属于《劳动法》第二十五条第(四)项规定的被依法追究刑事责任的情形。因此,对人民检察院根据《中华人民共和国刑事诉讼法》第一百四十二条第二款规定作出不起诉决定的职工,用人单位不能依据《劳动法》第二十五条第(四)项规定解除其劳动合同。但其行为符合《劳动法》第二十五条其他情形的,用人单位可以解除劳动合同。

《劳动合同法》

第三十九条第二、三、六项　劳动者有下列情形之一的，用人单位可以解除劳动合同：

（二）严重违反用人单位的规章制度的；

（三）严重失职，营私舞弊，给用人单位造成重大损害的；

（六）被依法追究刑事责任的。

36. 劳动者提出辞职后，能否反悔撤销？

劳动者提前30日向用人单位辞职，用人单位批准同意其辞职，并且要求其按照用人单位规定程序办理离职手续，但在办理离职手续前两天，该劳动者却在医院检查发现疑似患有重病，仍需等待结果。于是，该劳动者向用人单位发出电子邮件，要求有关劳动合同解除事项等体检结果出来再谈。那么，劳动者提出辞职后，能否反悔撤销呢？

《劳动合同法》第37条规定："劳动者提前三十日以书面形式通知用人单位，可以解除劳动合同。劳动者在试用期内提前三日通知用人单位，可以解除劳动合同。"法律为劳动者单方解除权设置30日的预告期，其立法本意在于约束劳动者的辞职权，给予用人单位一定的时间以寻找替代的人力资源，保障用人单位的正常用工秩序。虽然劳动者享有任意解除权，但并不享有任意反悔撤销辞职的权利。用人单位如果因为劳动者的辞职而开始招聘新劳动者或者对其他劳动者作出新的工作安排，任意的辞职撤销对于用人单位、其他劳动者以及应聘的流动人才都会造成损失。

此外，劳动者因个人原因提出解除劳动合同的情形，不受医疗期的限制。根据《劳动合同法》第42条的规定，劳动者患病或者非因工负伤，在规定的医疗期内，用人单位不得依照本法第40条、第41条的规定解除劳动合同。据此，该劳动者因个人原因提出解除劳动合同的情形，既非由用人单位提出，也不属于《劳动合同法》第41条、第42条规定的情形，不适应关于医疗期的规定。故用人单位可以拒绝劳动者反悔撤销的要求。

【法规依据】

《劳动合同法》

第三十七条　劳动者提前三十日以书面形式通知用人单位，可以解除劳动合同。劳动者在试用期内提前三日通知用人单位，可以解除劳动合同。

37. 劳动者没有提前告知辞职，用人单位可否扣发工资？

在劳动合同履行过程中，时有劳动者不告而别的情况发生，甚至连交接工作都没有完成，用人单位可否扣发其本人的工资？

《劳动合同法》规定，劳动者解除劳动合同需要提前 30 日书面通知用人单位，如果没有依此履行，确实构成违法解除劳动合同。但有关违约责任不是说只要双方签字盖章就具有法律效力，还必须符合劳动法律、政策的规定。劳动关系中的违约责任只有两种情况：一是劳动者违反专业培训的服务期约定；二是负有竞业限制义务的劳动者违反了竞业限制约定。

劳动者只要依照劳动合同约定履行了劳动义务，用人单位就应当根据按劳分配的原则及劳动力价值及时足额支付劳动报酬。因此，劳动者即使不告而别，甚至连交接工作都没有完成，对于之前已经付出的劳动，用人单位仍然要支付工资，不能扣除。但如果劳动者擅自离职的行为给用人单位造成损失，或者还有未交的办公用品等资产，用人单位可以在其工资中扣除，或者依法要求其返还甚至赔偿。

【法规依据】

《劳动合同法》

第三十七条　劳动者提前三十日以书面形式通知用人单位，可以解除劳动合同。劳动者在试用期内提前三日通知用人单位，可以解除劳动合同。

第五十条第二款　劳动者应当按照双方约定，办理工作交接。用人单位依照本法有关规定应当向劳动者支付经济补偿的，在办结工作交接时支付。

第九十条　劳动者违反本法规定解除劳动合同，或者违反劳动合同中约定的保密义务或者竞业限制，给用人单位造成损失的，应当承担赔偿责任。

《工资支付暂行规定》

第十六条　因劳动者本人原因给用人单位造成经济损失的，用人单位可按照劳动合同的约定要求其赔偿经济损失。经济损失的赔偿，可从劳动者本人的工资中扣除。但每月扣除的部分不得超过劳动者当月工资的 20%。若扣除后的剩余工资部分低于当地月最低工资标准，则按最低工资标准支付。

38. 事业单位如何处分被判刑退休人员？

近年来，各地反腐力度不断加大，那些已经退休离休的国家工作人员如果在职期间存在违纪违法行为,也同样会被追究相应刑事责任。但由于这些人员已经退休,即使存在违法违纪行为,其所在单位也不应该再作出处分决定。然而,这并不是意味着该被追究刑事责任的退休人员可以不受到任何影响。事业单位对于已经被判处刑罚的工作人员,应当依法给予降低岗位等级或者撤职以上处分;对于退休的上述人员虽然不再作出处分决定,但应当需要降低或者取消其享受的退休待遇。

【法规依据】

《事业单位工作人员处分暂行规定》

第二十二条 事业单位工作人员被依法判处刑罚的,给予降低岗位等级或者撤职以上处分。其中,被依法判处有期徒刑以上刑罚的,给予开除处分。

行政机关任命的事业单位工作人员,被依法判处刑罚的,给予开除处分。

第四十四条 已经退休的事业单位工作人员有违法违纪行为应当受到处分的,不再作出处分决定。但是,应当给予降低岗位等级或者撤职以上处分的,相应降低或者取消其享受的待遇。

39."被跳槽"情形下可能面临何种风险?

2009年,江某与一家建筑公司确定了为期6年的劳动合同,并担任建筑公司工程师。其间,建筑公司指派江某到国外进修8个月,支付培训费10万元。培训结束后,安排江某负责一项重大项目建设。2012年年初,某工程公司通过"猎头"找到江某,想高薪聘请他,江某也不满意目前的待遇,正准备跳槽,双方达成协议。某工程公司考虑到江某还未办理离职手续,便让他先上班,等手续办完后再签订劳动合同。江某向建筑公司提交了辞职书后第二日就到工程公司上班。由于江某负责的项目还未完成,建筑公司短期招聘工程师花去10万元,并为该项目支出了费用10万元。建筑公司认为江某违反单方解除劳动合同,造成了重大经济损失,提起劳动仲裁,要求江某赔偿建筑公司损失共计30万元,同时要求工程公司承担连带赔偿责任。工程公司以还未与江某签订劳动合同为由进行抗辩。仲裁委作出裁决,江某赔偿因单方解除劳动合同给建筑公司造成的培训费和项目损失30万元,工程公司因招用尚未解除劳动合同的江某,应承担70%的连带责任。

在现实生活中,通过高薪聘请他人的方式来壮大自身的实力,并非特殊现象，但如果处理不当，可能使用人单位面临法律风险、增加用工成本。该案中，工程公司虽然想通过不签订劳动合同来规避风险，但是依据《劳动合同法》，建立劳动关系以实际用工为准，书面劳动合同只是劳动关系建立的书面证据，没有书面劳动合同并不代表劳动关系没有建立。工程公司安排江某工作，双方就已经建立了劳动关系，符合招用尚未解除或者终止劳动合同的劳动者情形，工程公司应承担连带赔偿责任。

【法规依据】

《劳动合同法》

第七条　用人单位自用工之日起即与劳动者建立劳动关系。用人单位应当建立职工名册备查。

第二十二条　用人单位为劳动者提供专项培训费用，对其进行专业技术培训的，可以与该劳动者订立协议，约定服务期。

劳动者违反服务期约定的，应当按照约定向用人单位支付违约金。违约金的数额不得超过用人单位提供的培训费用。用人单位要求劳动者支付的违约金不得超过服务期尚未履行部分所应分摊的培训费用。

用人单位与劳动者约定服务期的，不影响按照正常的工资调整机制提高劳动者在服务期期间的劳动报酬。

第九十条　劳动者违反本法规定解除劳动合同，或者违反劳动合同中约定的保密义务或者竞业限制，给用人单位造成损失的，应当承担赔偿责任。

第九十一条　用人单位招用与其他用人单位尚未解除或者终止劳动合同的劳动者，给其他用人单位造成损失的，应当承担连带赔偿责任。

《劳动法》

第九十九条　用人单位招用尚未解除劳动合同的劳动者，对原用人单位造成经济损失的，该用人单位应当依法承担连带赔偿责任。

第六节　解除和终止劳动合同的经济补偿

40. 劳动者不同意调岗，用人单位解除劳动合同是否合法?

孙某系上海某设备制造有限公司的一名市场主管人员，主要负责市场开发工作。双方于2009年3月8日签订了一份为期3年的书面劳动合同，试用期为两个月，孙某的工资为9000元/月。工作过程中，孙某小错不断，业绩很差。公司人事经理于2010年9月15日与孙某协商，要求解除双方的劳动关系，并愿意按照法律规定支付其经济补偿金。孙某拒绝了公司人事经理的提议。公司人事经理自知此时解除劳动关系违法，于是在2010年9月20日书面通知孙某调整到仓库担任主管，待遇不变。孙某完全不理会公司的安排，还在原岗位工作，不愿意到新岗位上去。2010年9月28日，公司根据员工手册，以孙某不能胜任工作、不服从公司的合理安排为由，解除了双方的劳动关系。孙某不服，向公司所在地劳动争议仲裁委员会提起劳动仲裁，要求公司支付其赔偿金36,000元。目前，该案已审结，劳动争议仲裁委员会支持了孙某的请求。

用人单位在经营过程中，常常因为经营状况发生变化、人员变化、劳动者自身原因，希望对个别员工的工作岗位进行调整。而通常情况下，员工不愿意到自己不喜欢、不擅长、不熟悉的领域重新开始适应新的工作岗位。因此，用人单位通常以劳动者不服从安排来解除劳动关系。殊不知，这样轻易地解除劳动关系是完全违法的。

1. 工作岗位的调整属于对劳动合同内容的重大变更，用人单位应当和劳动者协商一致。劳动合同法规定，依法订立的劳动合同具有约束力，用人单位和劳动者都应当履行劳动合同约定的义务，用人单位与劳动者协商一致，可以变更劳动合同约定的内容。变更劳动合同，应当采用书面形式。

劳动合同中的劳动期限、岗位、地点、报酬等无疑是劳动合同中最为核心的要素，任意一方拟对其中一项或多项进行变更都应当与对方协商一致。本案中，在孙某明确不同意的情况下，公司仍执意解除劳动关系显然是违法的。

2. 因客观情况发生重大变化，比如整体的搬迁、部门的合并、国际金融危机。导致合同难以履行时，用人单位才可以单方对劳动合同的约定内容进行合理必要的变更。变更后，用人单位仍然需要与劳动者协商是否继续履行劳动合同，若劳动者同意，双方按照变更后的合同执行；若劳动者不同意的，公司可以解除双方的劳动合同。

3. 不能胜任工作与不服从安排是相互矛盾的，不可以同时作为解除劳动关系的理由。劳动者不能胜任工作，通过培训或者调整工作岗位，仍不能胜任工作的。用人单位提前 30 日以书面形式通知劳动者本人或者额外支付劳动者 1 个月工资后，可以解除劳动合同。本案中，如果公司认为孙某不能胜任该工作，首先应当有证据证明其不能胜任；其次应当对其进行培训或调岗；最后还要证明其在调岗后仍然不能胜任新工作，此时才可以解除劳动合同。虽然孙某工作做得并不好，但是公司并没有证据证明其不能胜任该工作，因此调岗就失去了合理合法性，立即解除劳动合同显然不合法。

如果公司在员工手册中约定了不服从公司合理安排属于严重违纪，那么根据《劳动合同法》第 39 条，公司可以解除合同并且无须支付经济补偿金。孙某的行为表面上看起来是不服从公司安排，但这种安排是不合理的，剥夺了其协商权。因此，该解除理由不能成立。

【法规依据】

《劳动合同法》

第三条　订立劳动合同，应当遵循合法、公平、平等自愿、协商一致、诚实信用的原则。

依法订立的劳动合同具有约束力，用人单位与劳动者应当履行劳动合同约定的义务。

第二十九条　用人单位与劳动者应当按照劳动合同的约定，全面履行各自的义务。

第三十五条　用人单位与劳动者协商一致，可以变更劳动合同约定的内容。变更劳动合同，应当采用书面形式。

变更后的劳动合同文本由用人单位和劳动者各执一份。

第三十九条第二项　劳动者有下列情形之一的，用人单位可以解除劳动合同：

（二）严重违反用人单位的规章制度的；

第四十条　有下列情形之一的，用人单位提前三十日以书面形式通知劳动者本人或者额外支付劳动者一个月工资后，可以解除劳动合同：

（一）劳动者患病或者非因工负伤，在规定的医疗期满后不能从事原工作，也不能从事由用人单位另行安排的工作的；

（二）劳动者不能胜任工作，经过培训或者调整工作岗位，仍不能胜任工作的；

（三）劳动合同订立时所依据的客观情况发生重大变化，致使劳动合同无法履行，经用人单位与劳动者协商，未能就变更劳动合同内容达成协议的。

41. 劳动者因用人单位欠薪而拒绝续签劳动合同，能否要求经济补偿？

用人单位维持原劳动合同约定条件与劳动者续签劳动合同，但劳动者以用人单位尚未及时、足额支付劳动报酬为由不同意续签，待劳动合同终止后，该劳动者又提出要求用人单位以未续签劳动合同为由支付其经济补偿金。劳动者的这一要求与法律规定相冲突，不应支持。在此情况下，劳动者提出此前劳动合同履行中的瑕疵（如尚未及时、足额支付其劳动报酬），但其客观行为上却最终表现为“拒绝续签”致使劳动合同到期终止，因此用人单位无须支付其经济补偿金。

如果劳动者掌握确凿证据证明用人单位拖欠劳动报酬，劳动者可以在前一份劳动合同履行期间或者续签劳动合同之后，再以《劳动合同法》第38条、第46条的规定要求用人单位支付其经济补偿金。

【法规依据】

《劳动合同法》

第三十八条第一款第二项　用人单位有下列情形之一的，劳动者可以解除劳动合同：

（二）未及时足额支付劳动报酬的；

第四十六条　有下列情形之一的，用人单位应当向劳动者支付经济补偿：

（一）劳动者依照本法第三十八条规定解除劳动合同的；

（二）用人单位依照本法第三十六条规定向劳动者提出解除劳动合同并与劳动者协商一致解除劳动合同的；

（三）用人单位依照本法第四十条规定解除劳动合同的；

（四）用人单位依照本法第四十一条第一款规定解除劳动合同的；

（五）除用人单位维持或者提高劳动合同约定条件续订劳动合同，劳动者不同意续订的情形外，依照本法第四十四条第一项规定终止固定期限劳动合同的；

（六）依照本法第四十四条第四项、第五项规定终止劳动合同的；

（七）法律、行政法规规定的其他情形。

42. 对办理病退的职工，用人单位应否支付经济补偿金？

职工医疗期满后，由于其仍然需要继续治疗，用人单位为其申请劳动能力鉴定。劳动能力鉴定委员会鉴定该职工的伤残等级为 4 级，属于完全丧失劳动能力的情况，用人单位为其办理了病退手续。

《劳动合同法》第 40 条规定，劳动者患病或者非因工负伤，在规定的医疗期满后不能从事原工作，也不能从事由用人单位另行安排的工作的，用人单位提前 30 日以书面形式通知劳动者本人或者额外支付劳动者 1 个月工资后，可以解除劳动合同。《劳动合同法》第 46 条规定，用人单位依照本法第 40 条规定解除劳动合同的，应当向劳动者支付经济补偿。因此，用人单位因医疗期满与劳动者依法解除劳动合同的，应当向劳动者支付经济补偿金。

但是，用人单位在解雇患病或者非因工负伤的劳动者之前，应当对劳动者进行劳动能力鉴定。《企业职工患病或非因工负伤医疗期规定》第 7 条规定，企业职工非因工致残和经医生或医疗机构认定患有难以治疗的疾病，医疗期满，应当由劳动鉴定委员会参照工伤与职业病致残程度鉴定标准进行劳动能力的鉴定。被鉴定为 1 至 4 级的，应当退出劳动岗位，解除劳动关系，并办理退休、退职手续，享受退休、退职待遇。据此，对于完全丧失劳动能力的职工，用人单位应当根据其相应的条件办理退休或者退职手续；对于没有完全丧失劳动能力的职工，用人单位可以与其解除劳动合同，并根据其工作年限支付经济补偿金。

因办理病退或者退职而解除或者终止劳动关系，用人单位应否支付经济补偿金？首先要对病退或者退职的性质进行界定。国务院《关于工人退休、退职的暂行办法》第 1 条规定，全民所有制企业、事业单位和党政机关、群众团体的工人，男年满 50 周岁，女年满 45 周岁，连续工龄满 10 年，由医院证明，并经劳动鉴定委员会确认，完全丧失劳动能力的，应该退休。第 5 条规定，不具备退休条件，由医院证明，并经劳动鉴定委员会确认，完全丧失劳动能力的工人，应该退职。但是,无论是病退还是退职,国家都从养老保险基金中按月向其支付相应的待遇。这与劳动者依法享受养老保险待遇的情形基本一致。

《劳动合同法》第44条规定,劳动者开始依法享受基本养老保险待遇的,劳动合同终止。据此,劳动者办理病退或者退职,属于劳动合同终止情形。对于该情形,《劳动合同法》第46条并未要求支付经济补偿金。根据经济补偿金的法定支付原则,即"法律有规定的,用人单位应当支付;法律无规定的,用人单位可以不支付",劳动者因办理病退或者退职而解除或者终止劳动关系,用人单位无须支付经济补偿金。

【法规依据】

《劳动合同法》

第四十条第一项　有下列情形之一的,用人单位提前三十日以书面形式通知劳动者本人或者额外支付劳动者一个月工资后,可以解除劳动合同:

(一)劳动者患病或者非因工负伤,在规定的医疗期满后不能从事原工作,也不能从事由用人单位另行安排的工作的;

第四十四条第二项　有下列情形之一的,劳动合同终止:

(二)劳动者开始依法享受基本养老保险待遇的;

第四十六条第三项　有下列情形之一的,用人单位应当向劳动者支付经济补偿:

(三)用人单位依照本法第四十条规定解除劳动合同的;

《企业职工患病或非因工负伤医疗期规定》

第七条　企业职工非因工致残和经医生或医疗机构认定患有难以治疗的疾病,医疗期满,应当由劳动鉴定委员会参照工伤与职业病致残程度鉴定标准进行劳动能力的鉴定。被鉴定为一至四级的,应当退出劳动岗位,解除劳动关系,并办理退休、退职手续,享受退休、退职待遇。

国务院《关于工人退休、退职的暂行办法》

第一条第三项　全民所有制企业、事业单位和党政机关、群众团体的工人,符合下列条件之一的,应该退休。

(三)男年龄满五十周岁,女年满四十五周岁,连续工龄满十年,由医院证明,并经劳动鉴定委员会确认,完全丧失劳动能力的;

第五条　不具备退休条件,由医院证明,并经劳动鉴定委员会确认,完全丧失劳动能力的工人,应该退职。

43. 除斥期间解除劳动合同，用人单位是否需要支付经济补偿金？

用人单位与劳动者签订了无固定期限的劳动合同，由于用人单位经营情况发生变化，用人单位让其待岗。与此同时，该劳动者向用人单位递交书面辞职申请，用人单位没有任何反应。1 年后，用人单位通知该劳动者到用人单位办理解除劳动合同手续，该劳动者同意，但要求用人单位支付解除劳动合同经济补偿金，被用人单位拒绝。那么，该用人单位是否需要支付经济补偿金？

回答该问题需先了解一个法律概念“除斥期间”，除斥期间是指法律规定某种权利预定存在的期间。权利人在此期间不行使权利，除斥期间届满，即发生该项实体权利消灭的法律后果。虽然目前国家关于除斥期间的立法规定相对较为分散，但劳动合同解除的除斥期间有法可依。例如，《劳动合同法》第 10 条第 2 款规定：“已建立劳动关系，未同时订立书面劳动合同的，应当自用工之日起一个月内订立书面劳动合同。”第 37 条规定：“劳动者提前三十日以书面形式通知用人单位，可以解除劳动合同。劳动者在试用期内提前三日通知用人单位，可以解除劳动合同。”第 40 条规定：“有下列情形之一的，用人单位提前三十日以书面形式通知劳动者本人或者额外支付劳动者一个月工资后，可以解除劳动合同：……”依据上述法律规定，足以说明劳动合同解除的解除期间应为 30 日。在该劳动者递交书面辞职申请 1 年之后，用人单位与之解除劳动合同时，已经超过了“劳动者提前三十日以书面形式通知用人单位，可以解除劳动合同”的法律情形的除斥期间，应视为用人单位放弃行使劳动合同解除权。如果用人单位坚持解除劳动合同，且该劳动者未表示异议，那么形成了新的法律情形，即《劳动合同法》第 36 条规定的“用人单位与劳动者协商一致，可以解除劳动合同”。据此，用人单位应当依法向该劳动者支付经济补偿金。

【法规依据】

《劳动合同法》

第十条第二款　已建立劳动关系，未同时订立书面劳动合同的，应当自用工之日起一个月内订立书面劳动合同。

第三十六条　用人单位与劳动者协商一致，可以解除劳动合同。

第三十七条　劳动者提前三十日以书面形式通知用人单位，可以解除劳动合同。劳动者在试用期内提前三日通知用人单位，可以解除劳动合同。

第四十条第三项　有下列情形之一的，用人单位提前三十日以书面形式通知劳动者本人或者额外支付劳动者一个月工资后，可以解除劳动合同：

（三）劳动合同订立时所依据的客观情况发生重大变化，致使劳动合同无法履行，经用人单位与劳动者协商，未能就变更劳动合同内容达成协议的。

第四十六条第二项　有下列情形之一的，用人单位应当向劳动者支付经济补偿：

（二）用人单位依照本法第三十六条规定向劳动者提出解除劳动合同并与劳动者协商一致解除劳动合同的；

44. 劳动者获得经济补偿金后，是否需要纳税？

在解除劳动合同、终止劳动合同时，用人单位依法需要向劳动者支付一定的经济补偿金。此时，用人单位应否扣除个人所得税？劳动者与用人单位解除劳动合同、终止劳动合同时，劳动者依法应当获得的经济补偿金属于职工离职的一次性经济补偿收入，按照目前的个人所得税纳税范围，应当按照“工资、薪金”所得项目计征个人所得税。但这并不表明职工的离职经济补偿金都要缴纳个人所得税。只有那些离职经济补偿金超过当地上年度职工平均工资 3 倍数额的部分，才要求按照个人所得税缴纳。

而且，即使缴纳个人所得税，职工的离职经济补偿金还要除以个人在本企业的工作年限（个人在本企业的工作年限按实际工作年限计算，超过 12 年的按 12 年计算），以其结果作为个人的月工资、薪金收入，按照税法规定计算如何缴纳个人所得税。换言之，如果离职劳动者的经济补偿金没有超过当地上年度职工平均工资 3 倍的话，就无须缴纳个人所得税。

【法规依据】

财政部、国家税务总局《关于个人与用人单位解除劳动关系取得的一次性补偿收入征免个人所得税问题的通知》

一、个人因与用人单位解除劳动关系而取得的一次性补偿收入（包括用人单位发放的经济补偿金、生活补助费和其他补助费用），其收入在当地上年职工平均工资 3 倍数额以内的部分，免征个人所得税；超过的部分按照《国家税务总局关于个人因解除劳动合同取得经济补偿金征收个人所得税问题的通知》（国税发〔1999〕178 号）的有关规定，计算征收个人所得税。

二、个人领取一次性补偿收入时按照国家和地方政府规定的比例实际缴纳的住房公积金、医疗保险费、基本养老保险费、失业保险费，可以在计征其一次性补偿收入的个人所得税时予以扣除。

三、企业依照国家有关法律规定宣告破产,企业职工从该破产企业取得的一次性安置费收入,免征个人所得税。

45. 劳动者退休,用人单位是否还要支付经济补偿金?

用人单位在分流退休返聘人员和正式劳动者时,有些退休返聘人员要求用人单位支付经济补偿金,有些符合退休条件的劳动者提出既要办理退休手续又要获得经济补偿金。那么,对于上述两类人员要求支付经济补偿金的情形该如何处理呢?

根据《劳动合同法》第 36 条规定,用人单位与劳动者协商一致,可以解除劳动合同。但应当依法支付经济补偿金及其他合理的补偿。

解雇退休返聘人员需要支付经济补偿金吗?根据原劳动部办公厅《对〈关于实行劳动合同制度若干问题的请示〉的复函》第 2 条规定:"关于离退休人员的再次聘用问题。……对被再次聘用的已享受养老保险待遇的离退休人员,根据劳动部《关于实行劳动合同制度若干问题的通知》第 13 条的规定,其聘用协议可以明确工作内容、报酬、医疗、劳动保护待遇等权利、义务。离退休人员与用人单位应当按照聘用协议的约定履行义务,聘用协议约定提前解除书面协议的,应当按照双方约定办理,未约定的,应当协商解决。离退休人员聘用协议的解除不能依据《劳动法》第二十八条执行。"而《劳动法》第 28 条规定:"用人单位依据本法第二十四条、第二十六条、第二十七条的规定解除劳动合同的,应当依照国家有关规定给予经济补偿。"也就是说,在聘用协商没有明确约定的情况下,用人单位解除与离退休人员聘用协议的,可以不支付经济补偿金。

对于符合退休条件的劳动者提出既要办理退休手续又要获得经济补偿金的情形该如何处理呢?办理退休需要用人单位向当地劳动行政部门提出申请,审批后退休人员方可领取养老保险金。同时,根据《劳动合同法实施条例》第 21 条规定,劳动者达到法定退休年龄的,劳动合同终止。劳动者在劳动合同终止后,就可以依法享受基本养老保险待遇,因此不属于《劳动合同法》中用人单位需要支付经济补偿金的范围。

【法规依据】

原劳动部办公厅《对〈关于实行劳动合同制度若干问题的请示〉的复函》

二、关于离退休人员的再次聘用问题。……对被再次聘用的已享受养老保险待遇的离退休人员，根据劳动部《关于实行劳动合同制度若干问题的通知》第13条的规定，其聘用协议可以明确工作内容、报酬、医疗、劳动保护待遇等权利、义务。离退休人员与用人单位应当按照聘用协议的约定履行义务，聘用协议约定提前解除书面协议的，应当按照双方约定办理，未约定的，应当协商解决。离退休人员聘用协议的解除不能依据《劳动法》第二十八条执行。

《劳动法》

第二十八条　用人单位依据本法第二十四条、第二十六条、第二十七条的规定解除劳动合同的，应当依照国家有关规定给予经济补偿。

《劳动合同法实施条例》

第二十一条　劳动者达到法定退休年龄的，劳动合同终止。

46. 应如何确定离职劳动者的补偿计算基数？

（1）用人单位雇用1名司机，在与其签订的劳动合同中约定月工资分为基本工资、岗位工资、绩效奖金，并且用人单位规定司机可以每月报销1000元汽油费、200元通信费、500元食堂餐票。1年后，该劳动者不满用人单位频繁加班，遂与用人单位发生矛盾。用人单位决定与该劳动者解除劳动合同。双方因经济补偿金的计算产生分歧。劳动者提出，自己每月的工资收入不仅包括基本工资、岗位工资、绩效奖金，还包括每月定额报销的汽油费用、通信费用、食堂餐票，甚至还包括逢年过节发放的年终奖、礼品、超市购物卡等。但用人单位认为，经济补偿金的计算基数应当是劳动者的月平均工资，不包括劳动合同约定工资以外的部分。那么，该劳动者的经济补偿金基数应如何确定？

（2）用人单位雇用一名劳动者作为财务主管，在用人单位主要负责项目的财务预算、审计、报销、申报费用等工作，月薪7000元。由于其性格内向，沟通能力欠缺，造成项目资金迟迟不能到位。用人单位在确认该劳动者不能胜任财务主管工作的同时，决定将其调整到一个相对较低的职位，工资也相应地调整到每月4000元。可是没过多久，用人单位其他同事又反映该劳动者工作比较拖沓，不能及时完成分配给他的任务。用人单位再次与其谈话时，其本人也认为自己确实能力有限，同意用人单位将其辞退。于是，用人单位以其"不能胜任工作”为由,与其解除劳动合同。但是计算经济补偿金时,双方发生纠纷。该劳动者认为根据《劳动合同法》的规定,用人单位以不能胜任工作为由解除劳动合同,需要提前 30 日以书面形式通知劳动者本人或者额外支付劳动者 1 个月工资后,才可以解除劳动合同。而且“两金”的计算标准应该一致。而用人单位却认为“两金”属于不同的性质,但是具体支付标准也拿不准。那么,此“两金”该如何支付呢?

上述两种情况均因离职劳动者的经济补偿金计算标准引起的争议。根据《劳动合同法》第 47 条规定,经济补偿金的计算基数按照劳动者在劳动合同解除或者终止前 12 个月的平均工资。这里的“工资”是指用人单位根据国家规定或者劳动合同的约定,依法以货币形式支付给劳动者的劳动报酬,包括计时工资、计件工资、奖金、津贴和补贴、加班加点工资以及特殊情况下支付的工资等,劳动者个人承担的社会保险费以及个人所得税应当包含在内。同时根据《劳动合同法实施条例》第 27 条规定,《劳动合同法》第 47 条规定的经济补偿的月工资按照劳动者应得工资计算,包括计时工资或者计件工资以及奖金、津贴和补贴等货币性收入。

针对第(1)种情况,根据国家统计局《关于工资总额组成的规定》第 11 条明确规定:“下列各项不列入工资总额的范围:(一)根据国务院发布的有关规定颁发的发明创造奖、自然科学奖、科学技术进步奖和支付的合理化建议和技术改进奖以及支付给运动员、教练员的奖金;(二)有关劳动保险和职工福利方面的各项费用;(三)有关离休、退休、退职人员待遇的各项支出;(四)劳动保护的各项支出;(五)稿费、讲课费及其他专门工作报酬;(六)出差伙食补助费、误餐补助、调动工作的旅费和安家费;(七)对自带工具、牲畜来企业工作职工所支付的工具、牲畜等的补偿费用;(八)实行租赁经营单位的承租人的风险性补偿收入;(九)对购买本企业股票和债券的职工所支付的股息(包括股金分红)和利息;(十)劳动合同制职工解除劳动合同时由企业支付的医疗补助费、生活补助费等;(十一)因录用临时工而在工资以外向提供劳动力单位支付的手续费或管理费;(十二)支付给家庭工人的加工费和按加工订货办法支付给承包单位的发包费用;(十三)支付给参加企业劳动的在校学生的补贴;(十四)计划生育独生子女补贴。”那么,该劳动者每月领取的汽油费用、通信费用、食堂餐票应否计入工资范畴,这要看用人单位每月发放的方式。如果这部分费用已经在规章制度中列明,并且无论劳动者是否凭相关票据报销都足额支付,那么这笔费用就不能认为是报销费用，而是工资组成。但是用人单位并非定期发放的购物卡、礼品等实物或者有价证券应当认定为福利待遇。据此，用人单位需要注意的是，经济补偿金的计算基数包括的项目范围要看劳动合同或者规章制度中是如何规定，以及劳动者领取相关费用时是否要向用人单位提供相应的报销凭证。

针对第(2)种情况，经济补偿金的计算基数和代通知金的计算标准是否相同呢？根据《劳动合同法》第47条规定，经济补偿金的计算标准要看劳动者在上一年度的平均工资水平，并以此作为经济补偿金的计算基数。根据《劳动合同法实施条例》第20条规定，用人单位依照《劳动合同法》第40条的规定，选择额外支付劳动者1个月工资解除劳动合同的，其额外支付的工资应当按照该劳动者上一个月的工资标准确定。也就是说，代通知金是按照劳动者被解除劳动合同时的上个月工资标准发放的。

【法规依据】

《劳动合同法》

第四十七条　经济补偿按劳动者在本单位工作的年限，每满一年支付一个月工资的标准向劳动者支付。六个月以上不满一年的，按一年计算；不满六个月的，向劳动者支付半个月工资的经济补偿。

劳动者月工资高于用人单位所在直辖市、设区的市级人民政府公布的本地区上年度职工月平均工资三倍的，向其支付经济补偿的标准按职工月平均工资三倍的数额支付，向其支付经济补偿的年限最高不超过十二年。

本条所称月工资是指劳动者在劳动合同解除或者终止前十二个月的平均工资。

《劳动合同法实施条例》

第二十条　用人单位依照劳动合同法第四十条的规定，选择额外支付劳动者一个月工资解除劳动合同的，其额外支付的工资应当按照该劳动者上一个月的工资标准确定。

第二十七条　劳动合同法第四十七条规定的经济补偿的月工资按照劳动者应得工资计算，包括计时工资或者计件工资以及奖金、津贴和补贴等货币性收入。劳动者在劳动合同解除或者终止前12个月的平均工资低于当地最低工资标准的，按照当地最低工资标准计算。劳动者工作不满12个月的，按照实际工作的月数计算平均工资。

国家统计局《关于工资总额组成的规定》

第十一条　下列各项不列入工资总额的范围：

（一）根据国务院发布的有关规定颁发的发明创造奖、自然科学奖、科学技术进步奖和支付的合理化建议和技术改进奖以及支付给运动员、教练员的奖金；

（二）有关劳动保险和职工福利方面的各项费用；

（三）有关离休、退休、退职人员待遇的各项支出；

（四）劳动保护的各项支出；

（五）稿费、讲课费及其他专门工作报酬；

（六）出差伙食补助费、误餐补助、调动工作的旅费和安家费；

（七）对自带工具、牲畜来企业工作职工所支付的工具、牲畜等的补偿费用；

（八）实行租赁经营单位的承租人的风险性补偿收入；

（九）对购买本企业股票和债券的职工所支付的股息（包括股金分红）和利息；

（十）劳动合同制职工解除劳动合同时由企业支付的医疗补助费、生活补助费等；

（十一）因录用临时工而在工资以外向提供劳动力单位支付的手续费或管理费；

（十二）支付给家庭工人的加工费和按加工订货办法支付给承包单位的发包费用；

（十三）支付给参加企业劳动的在校学生的补贴；

（十四）计划生育独生子女补贴。

47. 劳动者同意协商解除劳动合同，用人单位是否需要支付经济补偿金？

用人单位因经营状况发生变化，决定减员增效。用人单位经与工会组织协商，通过并公布了一项协商解除劳动合同方案。方案规定：由用人单位提出与劳动者协商解除劳动合同，劳动者在方案公布后30日内书面同意与用人单位解除劳动合同的，用人单位依法支付经济补偿金。但是30日后，有劳动者向用人单位递交协商解除劳动合同意见书，并要求用人单位支付经济补偿金。用人单位认为该劳动者提交意见书的时间超过了规定的期限，可以同意与其解除劳动合同，但不同意支付经济补偿金。那么，劳动者能否得到经济补偿金？

根据《劳动合同法》第 36 条规定:“用人单位与劳动者协商一致,可以解除劳动合同。”协商解除劳动合同时双方当事人因某种原因,协商同意提前终止劳动合同。协商解除劳动合同是法律赋予劳动关系当事人以合意的方式消灭劳动权利和劳动义务的一种途径,可以最大限度地避免单方解除劳动合同可能带来的冲突。那协商一致解除劳动合同时,用人单位是否需要支付经济补偿金?这关键要看是劳动者还是用人单位主动提出解除劳动合同。《劳动合同法》第 46 条规定,用人单位依照本法第 36 条规定向劳动者提出解除劳动合同并与劳动者协商一致解除劳动合同的,用人单位应当向劳动者支付经济补偿。其本意是若解除劳动合同的动议由用人单位提出,则劳动者属于被动失业,用人单位应当支付经济补偿。如果由劳动者提出,双方协商一致解除劳动合同时,用人单位则无须支付经济补偿。

据此,用人单位在方案中设计了 30 日的期限和书面同意的条件。若劳动者未在用人单位统一规定的期限内以书面形式表示同意或者不同意,表明劳动者未能在用人单位提出协商解除劳动合同时达成同意。此后,劳动者在用人单位设定的期限和条件以外提出解除劳动合同,应当认为是劳动者另外动议向用人单位提出协商解除劳动合同要求。根据法律规定,用人单位没有向劳动者支付经济补偿的义务。

【法规依据】

《劳动合同法》

第三十六条　用人单位与劳动者协商一致,可以解除劳动合同。

第四十六条第二项　有下列情形之一的,用人单位应当向劳动者支付经济补偿:

(二)用人单位依照本法第三十六条规定向劳动者提出解除劳动合同并与劳动者协商一致解除劳动合同的;

48. 解除劳动合同时不写明真实理由,用人单位能否拒付经济补偿金?

用人单位因建造制药车间需要招聘该项目的项目经理。一劳动者经熟人介绍应聘至用人单位。双方签订了劳动合同,约定月工资为 1 万元。工作期间,该劳动者擅自更换墙体的建筑材料,导致该项目的一期工程出现质量问题,给用人单位造成数十万元的经济损失。由于该劳动者的行为给用人单位造成重大的经济损失,用人单位决定与其解除劳动合同。该劳动者在用人单位的工作时间为 1 年 1 个月。用人单位考虑到该劳动者是熟人介绍的,为了双方面子问题,在解除劳动合同的通知书中,将劳动合同解除的理由写为"因项目停建,无法继续履行劳动合同,经用人单位与劳动者协商一致,解除双方的劳动合同"。不久后,该劳动者凭着解除劳动合同的通知书要求用人单位支付经济补偿金 15,000 元。

用人单位认为该劳动者的失职给单位造成了经济损失,因此用人单位不需要支付解除劳动合同经济补偿金。劳动者却认为是用人单位因项目停建无法继续履行劳动合同而解除,应当支付解除劳动合同经济补偿金。那么,用人单位出具不真实理由解除劳动合同的通知书是否需要支付经济补偿金呢?

以劳动合同的解除原因为标准,可以将劳动合同的解除分为劳动者过错性解除和无过错解除。若为劳动者过错性解除,用人单位不需要向劳动者支付经济补偿金。根据上述情况,用人单位原系该劳动者严重失职给用人单位造成重大经济损失而与其解除劳动合同,本应属于劳动者过错性解除的范畴。但用人单位因在解除通知书中未写明真实的解除理由,而是写明劳动合同解除的理由是项目停建,无法继续履行劳动合同,经用人单位与劳动者协商一致,解除双方的劳动合同,从而导致缺乏真实有效的证据证明用人单位解除劳动合同的原因是劳动者过错。因此,应当认定用人单位解除劳动合同通知书上加盖的用人单位印章真实有效,通知书中写明的劳动合同系因项目停建导致无法继续履行而解除系用人单位的真实意愿。用人单位虽称解除劳动合同的真实原因系该劳动者的失职给用人单位造成重大经济损失,但是其出具的文书与陈述自相矛盾,内容具有不确定性,无法证明其主张的真实性;另外,用人单位提供虚假内容的通知书本应承担不利后果。据此,根据《劳动合同法》第 46 条第 2 项的规定,用人单位应当向该劳动者支付经济补偿金。

【法规依据】

《劳动合同法》

第四十六条第二项　有下列情形之一的,用人单位应当向劳动者支付经济补偿:

(二)用人单位依照本法第三十六条规定向劳动者提出解除劳动合同并与劳动者协商一致解除劳动合同的;

49. 用人单位违法经营，劳动者可否获得经济补偿金？

用人单位在未办理营业执照的情况下招用劳动者数十人，并且无照经营长达1年之久，按时发放工资。后因该用人单位属于非法经营，被工商行政部门取缔。劳动者要求支付经济补偿金，但用人单位的代理律师称该用人单位属于非法用工单位，与劳动者形成的不是劳动关系，而是劳务关系，不应支付经济补偿金。那么，不具备合法经营资格的用人单位是否应当向已提供了劳动的劳动者支付经济补偿金？

《劳动合同法》第93条规定："对不具备合法经营资格的用人单位的违法犯罪行为，依法追究法律责任；劳动者已经付出劳动的，该单位或者其出资人应当依照本法有关规定向劳动者支付劳动报酬、经济补偿、赔偿金；给劳动者造成损害的，应当承担赔偿责任。"不具备合法经营资格的用人单位不是劳动法意义上的合法用工主体，不得与劳动者建立劳动关系，但事实上劳动者已在该用人单位提供劳动1年之久，该用人单位也支付了劳动报酬。而造成劳动者失业的原因是该用人单位违法经营被取缔，劳动者没有过错。因此，该用人单位依法应向劳动者支付经济补偿金；如有其他损害，还应承担赔偿责任。

【法规依据】

《劳动合同法》

第九十三条　对不具备合法经营资格的用人单位的违法犯罪行为，依法追究法律责任；劳动者已经付出劳动的，该单位或者其出资人应当依照本法有关规定向劳动者支付劳动报酬、经济补偿、赔偿金；给劳动者造成损害的，应当承担赔偿责任。

50. 用人单位未按照法律规定向劳动者支付经济补偿，会有什么法律后果？

用人单位在劳动用工过程中，经常会遇到劳动合同的解除和劳动合同的终止。当劳动者单方动议以用人单位违反《劳动合同法》第38条的规定或者用人单位单方动议向劳动者提出解除劳动合同（除《劳动合同法》第39条规定外）和符合续签劳动合同情形而单方动议不续签劳动合同时，用人单位应当按照法律规定标准、范围、期限向劳动者支付经济补偿，经济补偿应当在双方办结工作交接时支付。用人单位对应当支付经济补偿而因自身的原因不支付或者不足额支付的会受到劳动行政部门责令限期支付经济补偿;逾期不支付的,劳动行政部门责令用人单位按应付金额 50% 以上 100% 以下的标准向劳动者加付赔偿金。由此可见,用人单位若不按规定支付经济补偿,不但要如数支付经济补偿,还要支付赔偿金。

【法规依据】

《劳动合同法》

第四十六条　有下列情形之一的,用人单位应当向劳动者支付经济补偿:

(一)劳动者依照本法第三十八条规定解除劳动合同的;

(二)用人单位依照本法第三十六条规定向劳动者提出解除劳动合同并与劳动者协商一致解除劳动合同的;

(三)用人单位依照本法第四十条规定解除劳动合同的;

(四)用人单位依照本法第四十一条第一款规定解除劳动合同的;

(五)除用人单位维持或者提高劳动合同约定条件续订劳动合同,劳动者不同意续订的情形外,依照本法第四十四条第一项规定终止固定期限劳动合同的;

(六)依照本法第四十四条第四项、第五项规定终止劳动合同的;

(七)法律、行政法规规定的其他情形。

第四十七条　经济补偿按劳动者在本单位工作的年限,每满一年支付一个月工资的标准向劳动者支付。六个月以上不满一年的,按一年计算;不满六个月的,向劳动者支付半个月工资的经济补偿。

劳动者月工资高于用人单位所在直辖市、设区的市级人民政府公布的本地区上年度职工月平均工资三倍的,向其支付经济补偿的标准按职工月平均工资三倍的数额支付,向其支付经济补偿的年限最高不超过十二年。

本条所称月工资是指劳动者在劳动合同解除或者终止前十二个月的平均工资。

第五十条　用人单位应当在解除或者终止劳动合同时出具解除或者终止劳动合同的证明,并在十五日内为劳动者办理档案和社会保险关系转移手续。

劳动者应当按照双方约定,办理工作交接。用人单位依照本法有关规定应当向劳动者支付经济补偿的,在办结工作交接时支付。

用人单位对已经解除或者终止的劳动合同的文本,至少保存二年备查。

第八十五条　用人单位有下列情形之一的,由劳动行政部门责令限期支付劳动报酬、加班费或者经济补偿;劳动报酬低于当地最低工资标准的,应当支付其差额部分;逾期不支付的,责令用人单位按应付金额百分之五十以上百分之一百以下的标准向劳动者加付赔偿金:

(一)未按照劳动合同的约定或者国家规定及时足额支付劳动者劳动报酬的;

(二)低于当地最低工资标准支付劳动者工资的;

(三)安排加班不支付加班费的;

(四)解除或者终止劳动合同,未依照本法规定向劳动者支付经济补偿的。

51. 劳动者不告而别,用人单位能否追责?

劳动者与用人单位签订劳动合同后不到半年擅自离职,有的劳动者到其他单位就业,还有的劳动者在不告而别一段时间后回来继续上班。在这种情况下,用人单位能否对其追责?用人单位与劳动者签订劳动合同后,双方都应按照劳动合同的约定全面、诚实地履行该劳动合同。任何一方违反劳动合同的约定都应当被追究法律责任。比如,如果用人单位没有按照劳动合同的约定支付劳动报酬,那么用人单位不但要支付劳动报酬,而且还要承担法律规定的额外赔偿。同理,劳动者也应当按照劳动合同的约定工作。一旦劳动者出现了擅自离职的违约行为,那么用人单位就可以依法追究其相应的法律责任。据此,劳动者不告而别,用人单位能追责。

【法规依据】

原劳动部《关于实行劳动合同制度若干问题的通知》

18. 职工解除劳动合同,应当严格按照《劳动法》的规定,提前三十日以书面形式向用人单位提出。职工自动离职属于违法解除劳动合同,应当按照《违反〈劳动法〉有关劳动合同规定的赔偿办法》承担赔偿责任。

原劳动部《违反〈劳动法〉有关劳动合同规定的赔偿办法》

第四条　劳动者违反规定或劳动合同的约定解除劳动合同,对用人单位造成损失的,劳动者应赔偿用人单位下列损失:

(一)用人单位招收录用其所支付的费用;

(二)用人单位为其支付的培训费用,双方另有约定的按约定办理;

(三)对生产、经营和工作造成的直接经济损失;

(四)劳动合同约定的其他赔偿费用。

第六条　用人单位招用尚未解除劳动合同的劳动者,对原用人单位造成经济损失的，除该劳动者承担直接赔偿责任外，该用人单位应当承担连带赔偿责任。其连带赔偿的份额应不低于对原用人单位造成经济损失总额的百分之七十。向原用人单位赔偿下列损失：

（一）对生产、经营和工作造成的直接经济损失；

（二）因获取商业秘密给原用人单位造成的经济损失。

52. 工伤职工继续工作至劳动合同期满，用人单位依法终止劳动合同后是否还有工伤待遇？

劳动者为用人单位工作期间发生工伤事故后被认定为工伤的，工伤职工依法享受工伤医疗待遇、暂停工作接受工伤医疗，在停工留薪期内原工资福利待遇不变，由所在单位按月支付；生活不能自理的工伤职工在停工留薪期需要护理的，由所在单位负责。停工留薪期一般不超过 12 个月。伤情严重或者情况特殊，经设区的市级劳动能力鉴定委员会确认，可以适当延长，但延长不得超过 12 个月。工伤职工评定伤残等级后，停发原待遇，按照《工伤保险条例》的有关规定享受伤残待遇。职工因工致残被鉴定为 5 至 10 级伤残的，还应享受按伤残等级支付一次性伤残补助金 7 个月至 18 个月不等的本人工资待遇。如果用人单位参加了工伤保险，工伤保险待遇由工伤基金和用人单位按规定分别承担。如果用人单位没有参加工伤保险，则由用人单位按照《工伤保险条例》的规定承担工伤事故的所有待遇责任。

劳动、聘用合同期满终止，或者职工本人提出解除劳动、聘用合同的，由工伤保险基金支付一次性工伤医疗补助金，由用人单位支付一次性伤残就业补助金。一次性工伤医疗补助金和一次性伤残就业补助金的具体标准由省、自治区、直辖市人民政府规定。

根据上述情况，工伤职工在劳动、聘用合同期满终止，或者职工本人提出解除劳动、聘用合同时，除依法能得到经济补偿外，还能要求用人单位支付一次性工伤医疗补助金（如用人单位参加工伤保险的，由工伤基金支付）和一次性伤残就业补助金。工伤职工工伤复发，确认需要治疗的，享受《工伤保险条例》第 30 条、第 32 条和第 33 条规定的工伤待遇。

【法规依据】

《工伤保险条例》

第三十条第一款　职工因工作遭受事故伤害或者患职业病进行治疗，享受工伤医疗待遇。

第三十三条　职工因工作遭受事故伤害或者患职业病需要暂停工作接受工伤医疗的，在停工留薪期内，原工资福利待遇不变，由所在单位按月支付。

停工留薪期一般不超过12个月。伤情严重或者情况特殊，经设区的市级劳动能力鉴定委员会确认，可以适当延长，但延长不得超过12个月。工伤职工评定伤残等级后，停发原待遇，按照本章的有关规定享受伤残待遇。工伤职工在停工留薪期满后仍需治疗的，继续享受工伤医疗待遇。

生活不能自理的工伤职工在停工留薪期需要护理的，由所在单位负责。

第三十四条　工伤职工已经评定伤残等级并经劳动能力鉴定委员会确认需要生活护理的，从工伤保险基金按月支付生活护理费。

生活护理费按照生活完全不能自理、生活大部分不能自理或者生活部分不能自理3个不同等级支付，其标准分别为统筹地区上年度职工月平均工资的50%、40%或者30%。

第三十六条　职工因工致残被鉴定为五级、六级伤残的，享受以下待遇：

（一）从工伤保险基金按伤残等级支付一次性伤残补助金，标准为：五级伤残为18个月的本人工资，六级伤残为16个月的本人工资；

（二）保留与用人单位的劳动关系，由用人单位安排适当工作。难以安排工作的，由用人单位按月发给伤残津贴，标准为：五级伤残为本人工资的70%，六级伤残为本人工资的60%，并由用人单位按照规定为其缴纳应缴纳的各项社会保险费。伤残津贴实际金额低于当地最低工资标准的，由用人单位补足差额。

经工伤职工本人提出，该职工可以与用人单位解除或者终止劳动关系，由工伤保险基金支付一次性工伤医疗补助金，由用人单位支付一次性伤残就业补助金。一次性工伤医疗补助金和一次性伤残就业补助金的具体标准由省、自治区、直辖市人民政府规定。

第三十七条　职工因工致残被鉴定为七级至十级伤残的，享受以下待遇：

（一）从工伤保险基金按伤残等级支付一次性伤残补助金，标准为：七级伤残为13个月的本人工资，八级伤残为11个月的本人工资，九级伤残为9个月的本人工资，十级伤残为7个月的本人工资；

（二）劳动、聘用合同期满终止，或者职工本人提出解除劳动、聘用合同的，由工伤保险基金支付一次性工伤医疗补助金，由用人单位支付一次性伤残就业补助金。一次性工伤医疗补助金和一次性伤残就业补助金的具体标准由省、自治区、直辖市人民政府规定。

第三十八条　工伤职工工伤复发，确认需要治疗的，享受本条例第三十条、第三十二条和第三十三条规定的工伤待遇。

53. 单位提出解除竞业限制是否需要支付经济补偿金？

竞业限制是指承担保密义务的劳动者在劳动关系存续期间或在解除、终止劳动关系后的一定期限内，不得自营或者为他人经营与原用人单位有竞争关系的业务。《劳动合同法》第 23 条第 2 款规定："对负有保密义务的劳动者，用人单位可以在劳动合同或者保密协议中与劳动者约定竞业限制条款，并约定在解除或者终止劳动合同后，在竞业限制期限内按月给予劳动者经济补偿。劳动者违反竞业限制约定的，应当按照约定向用人单位支付违约金。"因此，用人单位根据工作需要，可以与承担保密义务的劳动者约定竞业限制。

竞业限制的解除可根据提出主体分为单位解除和劳动者解除；从解除的时间上分为履行前解除和履行期间解除。对于劳动者来讲，在履行前是不具备单方解除竞业限制协议权利的；如果是在履行期间，根据最高人民法院《关于审理劳动争议案件适用法律问题的解释（一）》第 38 条关于"当事人在劳动合同或者保密协议中约定了竞业限制和经济补偿，劳动合同解除或者终止后，因用人单位的原因导致三个月未支付经济补偿，劳动者请求解除竞业限制约定的，人民法院应予支持"之规定，除非因用人单位的原因导致 3 个月未支付经济补偿，否则劳动者也不能单方提出解除竞业限制协议。

而对于用人单位来讲，如果是在履行时提出解除，劳动者已经因竞业限制而放弃了某些工作机会。因此，最高人民法院《关于审理劳动争议案件适用法律问题的解释（一）》第 39 条明确规定："在竞业限制期限内，用人单位请求解除竞业限制协议的，人民法院应予支持。在解除竞业限制协议时，劳动者请求用人单位额外支付劳动者三个月的竞业限制经济补偿的，人民法院应予支持。"据此，在竞业限制期间，用人单位提出解除竞业限制的，劳动者可以要求用人单位额外支付其 3 个月的竞业限制经济补偿金。如果是在竞业限制开始前就发出解除通知，是否支付经济补偿，国家有关法律、法规并未作出明确规定。

竞业限制主要是限制劳动者的择业自由权。因此，对于劳动者而言，履行竞业限制是义务，而要求劳动者履行竞业限制则是用人单位的权利。基于"权利可以放弃，义务应当履行"的法理原则，用人单位放弃要求劳动者履行竞业限制的权利,不违反法律和行政法规的强制性规定,只要单方面作出意思表示即可,无须得到劳动者的同意。竞业限制经济补偿金的支付目的是弥补劳动者因择业受到限制而可能遭受的工资损失;或者是考虑到劳动者因择业受到限制,无法找到工作而支付的生活保障,用以维持劳动者一旦无法就业的生活需要。如果用人单位在竞业限制期开始前就已经发出了解除竞业限制通知,劳动者的自由择业权并没有受到限制。因此,用人单位在竞业限制期开始前就已经发出了解除竞业限制通知的,无须支付经济补偿金。

【法规依据】

《劳动合同法》

第二十三条　用人单位与劳动者可以在劳动合同中约定保守用人单位的商业秘密和与知识产权相关的保密事项。

对负有保密义务的劳动者,用人单位可以在劳动合同或者保密协议中与劳动者约定竞业限制条款,并约定在解除或者终止劳动合同后,在竞业限制期限内按月给予劳动者经济补偿。劳动者违反竞业限制约定的,应当按照约定向用人单位支付违约金。

最高人民法院《关于审理劳动争议案件适用法律问题的解释(一)》

第三十八条　当事人在劳动合同或者保密协议中约定了竞业限制和经济补偿,劳动合同解除或者终止后,因用人单位的原因导致三个月未支付经济补偿,劳动者请求解除竞业限制约定的,人民法院应予支持。

第三十九条　在竞业限制期限内,用人单位请求解除竞业限制协议时,人民法院应予支持。

在解除竞业限制协议时,劳动者请求用人单位额外支付劳动者三个月的竞业限制经济补偿的,人民法院应予支持。

54. 劳动者因个人原因辞职能否享受失业保险待遇?

劳动者与用人单位签订了5年的劳动合同。劳动合同签订后,用人单位一直按规定缴纳各项社会保险。当劳动者工作到第4年时,因用人单位为其调整岗位工资,其感到用人单位不公平、不合理,并且与车间主任发生矛盾,一气之下向用人单位提交了辞职报告,并与用人单位解除了劳动合同。离开用人单位后,劳动者一时没有找到工作,处于失业状态。后来,劳动者得知,缴纳失业保险的人员失业后,可以领取失业金。于是,劳动者到当地社会保险部门经办机构请求享受失业保险待遇,遭到拒绝。那么,劳动者因个人原因辞职能否享受失业保险待遇?

《社会保险法》第45条规定:"失业人员符合下列条件的,从失业保险基金中领取失业保险金:(一)失业前用人单位和本人已经缴纳失业保险费满一年的;(二)非因本人意愿中断就业的;(三)已经进行失业登记,并有求职要求的。"关于"非因本人意愿中断就业",人力资源和社会保障部《实施〈中华人民共和国社会保险法〉若干规定》第13条规定:"失业人员符合社会保险法第四十五条规定条件的,可以申请领取失业保险金并享受其他失业保险待遇。其中,非因本人意愿中断就业包括下列情形:(一)依照劳动合同法第四十四条第一项、第四项、第五项规定终止劳动合同的;(二)由用人单位依照劳动合同法第三十九条、第四十条、第四十一条规定解除劳动合同的;(三)用人单位依照劳动合同法第三十六条规定向劳动者提出解除劳动合同并与劳动者协商一致解除劳动合同的;(四)由用人单位提出解除聘用合同或者被用人单位辞退、除名、开除的;(五)劳动者本人依照劳动合同法第三十八条规定解除劳动合同的;(六)法律、法规、规章规定的其他情形。"失业人员享受失业保险待遇必须同时满足《社会保险法》第45条规定的三个条件,缺一不可。

据此,劳动者提交辞职报告、单方解除劳动合同的行为,不属于非因本人意愿中断就业的情形,而是属于自愿失业的情形。因此,劳动者不符合领取失业保险金的条件,不能享受失业保险待遇。

【法规依据】

《社会保险法》

第四十五条　失业人员符合下列条件的,从失业保险基金中领取失业保险金:

(一)失业前用人单位和本人已经缴纳失业保险费满一年的;

(二)非因本人意愿中断就业的;

(三)已经进行失业登记,并有求职要求的。

人力资源和社会保障部《实施〈中华人民共和国社会保险法〉若干规定》

第十三条　失业人员符合社会保险法第四十五条规定条件的,可以申请领取失业保险金并享受其他失业保险待遇。其中,非因本人意愿中断就业包括下列情形:

(一)依照劳动合同法第四十四条第一项、第四项、第五项规定终止劳动合同的;

(二)由用人单位依照劳动合同法第三十九条、第四十条、第四十一条规定解除劳动合同的;

(三)用人单位依照劳动合同法第三十六条规定向劳动者提出解除劳动合同并与劳动者协商一致解除劳动合同的;

(四)由用人单位提出解除聘用合同或者被用人单位辞退、除名、开除的;

(五)劳动者本人依照劳动合同法第三十八条规定解除劳动合同的;

(六)法律、法规、规章规定的其他情形。

第七节 劳务派遣和非全日制用工

55. 劳动者工龄被清零是否违法?

金师傅于2004年12月入职一家超市,双方连续签订了5份固定期限劳动合同,最后一份合同期限至2010年12月,其中"工作内容"部分约定为"聘任金师傅担任该超市十里河店防损组长"。

劳动合同到期后,在超市的要求下金师傅与另一家公司签订了该公司聘任金师傅担任防损组长的2年期劳动合同,"东家"变了,但金师傅的工作地点及工作内容却没变。2011年7月29日,公司对金师傅调岗、降薪,双方发生争议。

法院审理认为,超市与公司存在关联关系。金师傅非因其本人原因导致用工主体发生变化,仍在原工作场所、工作岗位工作,而超市未向其支付经济补偿,且在超市的工作年限应与公司的工作年限合并计算,判令公司向金师傅支付2004年12月至2011年7月29日的解除劳动合同经济补偿金3万余元。

劳动者工作年限(俗称"工龄")是计算解除(终止)劳动合同补偿金的重要标准,但实践中某些用人单位为防止劳动者工作年限过长,往往通过迫使劳动者辞职后重新与其签订劳动合同,或者通过设立关联企业,在与劳动者签订合同时交替变换用人单位名称等手段迫使劳动者"工作年限清零",而在此情况下,劳动者的工作年限应当连续计算。

【法规依据】

《劳动合同法实施条例》

第十条　劳动者非因本人原因从原用人单位被安排到新用人单位工作的，劳动者在原用人单位的工作年限合并计算为新用人单位的工作年限。原用人单位已经向劳动者支付经济补偿的，新用人单位在依法解除、终止劳动合同计算支付经济补偿的工作年限时，不再计算劳动者在原用人单位的工作年限。

最高人民法院《关于审理劳动争议案件适用法律问题的解释(一)》

第四十六条　劳动者非因本人原因从原用人单位被安排到新用人单位工作，原用人单位未支付经济补偿，劳动者依据劳动合同法第三十八条规定与新用人单位解除劳动合同，或者新用人单位向劳动者提出解除、终止劳动合同，在计算支付经济补偿或赔偿金的工作年限时，劳动者请求把在原用人单位的工作年限合并计算为新用人单位工作年限的，人民法院应予支持。

用人单位符合下列情形之一的，应当认定属于"劳动者非因本人原因从原用人单位被安排到新用人单位工作"：

(一)劳动者仍在原工作场所、工作岗位工作，劳动合同主体由原用人单位变更为新用人单位；

(二)用人单位以组织委派或任命形式对劳动者进行工作调动；

(三)因用人单位合并、分立等原因导致劳动者工作调动；

(四)用人单位及其关联企业与劳动者轮流订立劳动合同；

(五)其他合理情形。

56. 主业岗位使用被派遣的劳动者，劳动关系如何认定？

用人单位在使用劳务派遣的劳动者时，有的按规范安排在"三性"岗位上工作，有的却安排在主业岗位工作。被安排在主业岗位上工作的劳动者认为自己已经与用人单位建立了劳动关系，并且要求签订劳动合同。

《劳务派遣暂行规定》第 3 条第 1 款、第 2 款规定："用工单位只能在临时性、辅助性或者替代性的工作岗位上使用被派遣劳动者。用工单位决定使用被派遣劳动者的辅助性岗位，应当经职工代表大会或者全体职工讨论，提出方案和意见，与工会或者职工代表平等协商确定，并在用工单位内公示。"根据上述规定，用工单位在辅助性岗位上使用被派遣劳动者时，用工单位首先应当召开职工代表大会或者通过全体职工讨论的方式确定某一岗位为辅助性岗位。否则,用工单位的用工行为将构成违法。那么,用工单位在主业岗位上使用劳务派遣劳动者,能认定为用工单位招用吗?

根据法律规范内容规定不同,法律规范可分为授权性规范和义务性规范。义务性规范是规定人们应当依法作出或者不作出一定行为的法律规定。这类规范在法条中常以必须、须、应当、应该、有义务、只能、禁止、严禁、不得、不应、不许、不准等表述,因此,义务性规范又称强制性规范。从法条上看,用工单位只能在“三性”岗位上使用被派遣劳动者,属于强制性规范。

强制性规范又可分为效力强制性规范和管理强制性规范(取缔性规范)。所谓效力强制性规范,即法律及行政法规明确规定,违反了这些禁止性规定将导致合同无效或者合同不成立;或者法律及行政法规虽然没有明确规定违反这些禁止性规范后将导致合同无效或者不成立,但是违反了这些禁止性规范后如果继续有效,将损害国家利益和社会公共利益。所谓管理强制性规范,是指法律及行政法规没有明确规定违反此类规范将导致合同无效或者不成立,也并不损害国家或者社会公共利益,而只是损害当事人的利益。区分效力强制性规范和管理强制性规范的重要标准在于该行为是否具有补正性。如果该规范是为了实现管理的需要而设置,并且违反规范的结果并非不可容忍的,只要行为人在事后补正,并不会造成国家、社会或者当事人利益的损失,则此类规范是管理性规范。

用工单位在非“三性”岗位上使用被派遣劳动者虽然不符合规定,但用工单位只要遵循同工同酬的原则,其本身的结果并非不可容忍,并且也未造成国家、社会或者当事人利益的损失。因此,在非“三性”岗位上使用的被派遣劳动者的行为应当属于违反管理强制性规范。对于违反管理强制性规范,应当根据《劳动合同法》第 92 条、《劳务派遣暂行规定》第 20 条的规定予以追究责任。因此,用工单位在非“三性”岗位上使用被派遣劳动者虽然违反强制性规定,但是在主业岗位使用被派遣劳动者,要求确认其与用工单位之间的劳动关系是缺乏相应的法律依据的。

【法规依据】

《劳务派遣暂行规定》

第三条 用工单位只能在临时性、辅助性或者替代性的工作岗位上使用被派遣劳动者。

前款规定的临时性工作岗位是指存续时间不超过 6 个月的岗位;辅助性工

作岗位是指为主营业务岗位提供服务的非主营业务岗位;替代性工作岗位是指用工单位的劳动者因脱产学习、休假等原因无法工作的一定期间内,可以由其他劳动者替代工作的岗位。

用工单位决定使用被派遣劳动者的辅助性岗位,应当经职工代表大会或者全体职工讨论,提出方案和意见,与工会或者职工代表平等协商确定,并在用工单位内公示。

第二十条　劳务派遣单位、用工单位违反劳动合同法和劳动合同法实施条例有关劳务派遣规定的,按照劳动合同法第九十二条规定执行。

第二十二条　用工单位违反本规定第三条第三款规定的,由人力资源社会保障行政部门责令改正,给予警告;给被派遣劳动者造成损害的,依法承担赔偿责任。

《劳动合同法》

第九十二条　违反本法规定,未经许可,擅自经营劳务派遣业务的,由劳动行政部门责令停止违法行为,没收违法所得,并处违法所得一倍以上五倍以下的罚款;没有违法所得的,可以处五万元以下的罚款。

劳务派遣单位、用工单位违反本法有关劳务派遣规定的,由劳动行政部门责令限期改正;逾期不改正的,以每人五千元以上一万元以下的标准处以罚款,对劳务派遣单位,吊销其劳务派遣业务经营许可证。用工单位给被派遣劳动者造成损害的,劳务派遣单位与用工单位承担连带赔偿责任。

57. 在劳务派遣中,如何理解连带赔偿责任?

某劳务派遣公司(用人单位)与几名劳动者签订劳动合同;又与一所学校(用工单位)签订劳务派遣协议,约定将这几名劳动者派遣到用工单位从事后勤工作,工资及社会保险费由用人单位代为支付和缴纳,用工单位向用人单位支付管理费。劳动合同与劳务派遣协议都是两年一签,并且期限相同。劳动合同与劳务派遣协议到期后,用人单位向用工单位告知协议到期。用工单位回复因学校未能确定搬迁时间,无法确定协议期限,故不再续签,但需要原来的这几个被派遣的劳动者继续为其工作。但是,用人单位没有向劳动者说明情况,而是让劳动者继续在用工单位工作。劳动者本人清楚其劳动合同已到期,但也没有要求续签,并继续在用工单位工作。不久后,用工单位表示不再需要被派遣的劳动者,并且告知用人单位。用人单位开出解除合同通知单,解雇了被派遣的劳动者。这向名劳动者要求用人单位与用工单位支付经济补偿金,以及两个月在没有签订劳动合同的情况下的两倍工资。因此，三方就责任的承担引起了争议。那么，用人单位与用工单位之间的责任该如何划分呢？

由上述情况可知，因用工单位（学校）未与用人单位（劳务派遣公司）续订协议，从而使用人单位未与劳动者履行劳动合同。从法律上看，用工单位属于违约行为，而用人单位属于违法行为，理应承担法律责任。《劳动合同法》第 92 条规定，用工单位给被派遣劳动者造成损害的，劳务派遣单位与用工单位承担连带赔偿责任。《劳动合同法实施条例》第 35 条也有同样的规定。

这里的连带责任应当理解为完全连带责任，而非部分连带责任。完全连带责任指的是劳务派遣公司或者用工单位都应当独立对派遣劳动者承担所有的赔偿责任。在完全连带责任的前提下，仲裁员或者法官在审理劳务派遣引起的劳动争议中，不会审查是派遣公司的原因还是用工单位的原因导致的派遣劳动者的损害，而只审查是否给被派遣劳动者造成了损失，是否应当依法对被派遣劳动者承担法律责任。若成立，那么就会裁决或者判决向被派遣劳动者承担的具体责任内容。根据上述情况，应当裁决向被派遣劳动者支付终止劳动关系的经济补偿金、未签订劳动合同期间的两倍工资。裁决生效后，被派遣劳动者既可以向劳务派遣公司主张经济补偿金和两倍工资，也可以向用工单位主张。在双方都不支付的情形下，被派遣劳动者可以选择向法院申请以任何一家为对象强制执行，若执行对象为劳务派遣公司，并且其支付能力不够，那么被派遣劳动者还可以就差额申请对用工单位进行强制执行。在向被派遣劳动者支付完经济补偿金和两倍工资的前提下，派遣公司与用工单位可以根据双方的派遣协议来确定责任分配，在自己承担赔偿责任前提下，可以向负有责任的一方追偿。

【法规依据】

《劳动合同法》

第九十二条第二款　劳务派遣单位、用工单位违反本法有关劳务派遣规定的，由劳动行政部门责令限期改正；逾期不改正的，以每人五千元以上一万元以下的标准处以罚款，对劳务派遣单位，吊销其劳务派遣业务经营许可证。用工单位给被派遣劳动者造成损害的，劳务派遣单位与用工单位承担连带赔偿责任。

《劳动合同法实施条例》

第三十五条　用工单位违反劳动合同法和本条例有关劳务派遣规定的，由劳动行政部门和其他有关主管部门责令改正；情节严重的，以每位被派遣劳动者 1000 元以上 5000 元以下的标准处以罚款；给被派遣劳动者造成损害的，劳务派遣单位和用工单位承担连带赔偿责任。

58. 劳务派遣劳动者,可否适用特殊工时制度?

劳务派遣公司(用人单位)将招用的劳动者派遣到建筑公司(用工单位)工作,并且与劳动者签订了2年期限的劳动合同。用工单位安排被派遣劳动者的工作岗位是经批准适用不定时工时制的岗位,但是用人单位和用工单位都没有将适用的工时制度告知被派遣劳动者。被派遣劳动者工作2年期限届满,用人单位终止劳动合同。被派遣劳动者提出在2年中每周只休息1天,要求用人单位支付2年来的每周1天的加班费。劳务派遣公司要求建筑公司支付,而建筑公司却拿出不定时工时制的批文证明被派遣劳动者的岗位是适用不定时工时制的,因此其无须支付加班费。而被派遣劳动者认为,自己是劳务派遣公司即用人单位的劳动者,用人单位并没有获得不定时工时制的批文,应当向其支付加班费。

在劳务派遣用工中,劳务派遣公司是用人单位,但是没有适用特殊工时制的岗位;用工单位有特殊工时制岗位,却不是用人单位。据此,被派遣劳动者可否适用特殊工时制呢?

国家现行有三种工时制度,即标准工时制、不定时工时制、综合计算工时制,后两种工时制相当于标准工时制而言属于特殊工时制。三种工时制的关键区别在于三种工时制的加班费计算方式不同。对综合计算工时制岗位劳动者周六、周日安排工作又不补休的需要按150%标准支付加班费;而对于不定时工时制岗位劳动者则不需要支付加班费。原劳动部关于企业不定时工时制、综合计算工时制审批办法的规定,明确了不定时工时制、综合计算工时制的适用岗位与审批流程,即需要由用人单位向当地劳动部门申请,经过劳动部门审批的特殊工时制,才具备法律效力。

劳务派遣用工的特殊性在于用工单位可以根据其工作岗位的特点向劳动部门申请特殊工时;而劳务派遣公司作为法律上的用人单位,因为其本身没有工作岗位,所以无法向劳动部门申请特殊工时。基于劳务派遣中三方关系,劳务派遣公司与被派遣劳动者之间属于劳动关系,被派遣劳动者与用工单位之间属于劳务关系。那么,用工单位申请的特殊工时是否可以适用于被派遣劳动者呢?由于特殊工时制是针对岗位而审批的,因此,若被派遣劳动者从事的是获批的特殊工时制岗位,那么被派遣劳动者应当适用用工单位获批的特殊工时制。但是,特殊工时制能适用被派遣劳动者,除了获得劳动部门批准外,还有一个前提条件,即被派遣劳动者被明确书面告知其从事的岗位属于特殊工时制。在仅仅获得批准,但是没有明确告知被派遣劳动者的情况下,被派遣劳动者并不适用特殊工时制。

从上述情况来看,尽管用工单位安排被派遣劳动者的工作岗位是经批准适用不定时工时制的岗位,但是用人单位和用工单位都没有将适用的工时制度告知被派遣劳动者。因此,根据《劳动法》和《劳动合同法》有关规定,用人单位和用工单位应当向被派遣劳动者支付加班费,并且应当承担连带责任。

【法规依据】

广东省劳动和社会保障厅《关于企业实行不定时工作制和综合计算工时工作制的审批管理办法》

第二条 企业部分岗位因生产特点或工作性质不能实行标准工时制度的,经企业申请、劳动保障行政部门批准,可以实行不定时工作制或综合计算工时工作制。

……

原劳动部《关于贯彻执行〈中华人民共和国劳动法〉若干问题的意见》

62. 实行综合计算工时工作制的企业职工,工作日正好是周休息日的,属于正常工作;工作日正好是法定假日时,要依照劳动法第四十四条第(三)项的规定支付职工的工资报酬。

原劳动部《工资支付暂行规定》

第十三条 用人单位在劳动者完成劳动定额或规定的工作任务后,根据实际需要安排劳动者在法定标准工作时间以外工作的,应按以下标准支付工资:

(一)用人单位依法安排劳动者在日法定标准工作时间以外延长工作时间的,按照不低于劳动合同规定的劳动者本人小时工资标准的150%支付劳动者工资;

(二)用人单位依法安排劳动者在休息日工作,而又不能安排补休的,按照不低于劳动合同规定的劳动者本人日或小时工资标准的200%支付劳动者工资;

(三)用人单位依法安排劳动者在法定休假节日工作的,按照不低于劳动合同规定的劳动者本人日或小时工资标准的300%支付劳动者工资。

实行计件工资的劳动者,在完成计件定额任务后,由用人单位安排延长工作时间的,应根据上述规定的原则,分别按照不低于其本人法定工作时间计件单价的150%、200%、300%支付其工资。

经劳动行政部门批准实行综合计算工时工作制的，其综合计算工作时间超过法定标准工作时间的部分，应视为延长工作时间，并应按本规定支付劳动者延长工作时间的工资。

实行不定时工时制度的劳动者，不执行上述规定。

《劳动合同法》

第六十二条第一款第三项　用工单位应当履行下列义务：

（三）支付加班费、绩效奖金，提供与工作岗位相关的福利待遇；

第九十二条第二款　劳务派遣单位、用工单位违反本法有关劳务派遣规定的，由劳动行政部门责令限期改正；逾期不改正的，以每人五千元以上一万元以下的标准处以罚款，对劳务派遣单位，吊销其劳务派遣业务经营许可证。用工单位给被派遣劳动者造成损害的，劳务派遣单位与用工单位承担连带赔偿责任。

59. 非全日制用工的用人单位是否承担社会保险责任？

李某等 3 人于 2015 年 9 月入职某中学，岗位为保洁员，月工资为当地政府最低工资标准。李某等 3 人与该中学签订了非全日制从业人员劳动合同，约定李某等 3 人每日工作 4 小时，每周工作 6 日，支付劳动报酬的周期不得超过 15 日。在工作期间，该中学没有为李某等 3 人参加社会保险并缴纳费用，工资每半个月支付一次。李某等 3 人认为该中学没有为他们缴纳社会保险费用系违法，为此要求该中学为他们缴纳社会保险费用而发生纠纷。该中学认为，李某等 3 人与其建立的是非全日制用工关系，依法无须为他们缴纳社会保险。李某等 3 人提起劳动仲裁，通过法院裁决，最终确认李某等 3 人与该中学之间不存在全日制用工关系，没有支持李某等 3 人的请求。

非全日制用工，是以小时计酬为主，劳动者在同一用人单位日平均工作时间不超过 4 小时，每周工作时间累计不超过 24 小时的用工形式。李某等 3 人与该中学签订的非全日制从业人员劳动合同书上已明确写明为非全日制用工。另外，从工资发放标准及支付时间上来看，也能判断属于非全日制用工关系。非全日制用工系《劳动合同法》特别规定的内容之一，有其特殊性，与全日制劳动用工有许多区别。

【法规依据】

《劳动合同法》

第六十八条　非全日制用工，是指以小时计酬为主，劳动者在同一用人单位一般平均每日工作时间不超过四小时,每周工作时间累计不超过二十四小时的用工形式。

第六十九条 非全日制用工双方当事人可以订立口头协议。

从事非全日制用工的劳动者可以与一个或者一个以上用人单位订立劳动合同;但是,后订立的劳动合同不得影响先订立的劳动合同的履行。

第七十条 非全日制用工双方当事人不得约定试用期。

第七十一条 非全日制用工双方当事人任何一方都可以随时通知对方终止用工。终止用工,用人单位不向劳动者支付经济补偿。

原劳动和社会保障部《关于非全日制用工若干问题的意见》

三、关于非全日制用工的社会保险

10. 从事非全日制工作的劳动者应当参加基本养老保险,原则上参照个体工商户的参保办法执行。对于已参加过基本养老保险和建立个人账户的人员,前后缴费年限合并计算,跨统筹地区转移的,应办理基本养老保险关系和个人账户的转移、接续手续。符合退休条件时,按国家规定计发基本养老金。

11. 从事非全日制工作的劳动者可以以个人身份参加基本医疗保险,并按照待遇水平与缴费水平相挂钩的原则,享受相应的基本医疗保险待遇。参加基本医疗保险的具体办法由各地劳动保障部门研究制定。

12. 用人单位应当按照国家有关规定为建立劳动关系的非全日制劳动者缴纳工伤保险费。从事非全日制工作的劳动者发生工伤,依法享受工伤保险待遇;被鉴定为伤残5-10级的,经劳动者与用人单位协商一致,可以一次性结算伤残待遇及有关费用。

第八节 工伤认定和福利待遇

60. 用人单位拒付工伤保险待遇,能否申请基金先行支付?

劳动者发生工伤维权,按照通常的途径应当先要求认定工伤,然后再要求所在用人单位按照工伤保险待遇标准进行赔偿。但由于用人单位没有依法为劳动者缴纳社会保险费,而且还拒绝赔偿工伤保险待遇。如果劳动者通过仲裁、诉讼程序处理的时间较长,劳动者的工伤待遇赔偿要求不能及时得到满足。

因此,依据《社会保险法》第 41 条规定:“职工所在用人单位未依法缴纳工伤保险费,发生工伤事故的,由用人单位支付工伤保险待遇。用人单位不支付的,从工伤保险基金中先行支付。”建立了工伤保险基金的先行支付制度,即当用人单位拒绝支付工伤保险待遇时,劳动者或者其近亲属可以持工伤认定决定书和有关材料向社会保险费经办机构书面申请先行支付工伤保险待遇,并告知第三人不支付或者无法确定第三人的情况。据此,用人单位拒付工伤保险待遇,劳动者能申请基金先行支付。

【法规依据】

《社会保险法》

第三十三条　职工应当参加工伤保险,由用人单位缴纳工伤保险费,职工不缴纳工伤保险费。

第四十一条　职工所在用人单位未依法缴纳工伤保险费,发生工伤事故的,由用人单位支付工伤保险待遇。用人单位不支付的,从工伤保险基金中先行支付。

从工伤保险基金中先行支付的工伤保险待遇应当由用人单位偿还。用人单位不偿还的,社会保险经办机构可以依照本法第六十三条的规定追偿。

61. 用人单位招用已到退休年龄的劳动者“工伤”如何处理?

有的用人单位招用劳动者时其已经超过 60 周岁,之前也没有参加社会保险,如果工作时受伤了劳动者要求工伤认定,该怎么办?

首先应当厘清劳动者与用人单位是否构成劳动关系。《劳动合同法》第 44 条第 2 项明确规定,劳动者开始依法享受基本养老保险待遇的,劳动合同终止。最高人民法院《关于审理劳动争议案件适用法律问题的解释(一)》第 32 条第 1 款规定:“用人单位与其招用的已经依法享受养老保险待遇或者领取退休金的人员发生用工争议而提起诉讼的,人民法院应当按劳务关系处理。”是否享受养老保险待遇或者领取退休金是界定劳动者主体资格的标准。

用人单位招用劳动者时其已经超过 60 周岁,之前也没有参加社会保险,如果工作时受伤了劳动者要求工伤认定,针对这一情况全国各地认定尚未统一。江苏、北京、四川、河南等地认定为不属于建立劳动关系的对象;广东认定为双方形成的用工关系,按劳动关系处理;浙江省高级人民法院、浙江省劳动人事争议仲裁院《关于审理劳动争议案件若干问题的解答(二)》第14条规定:“劳动者超过法定退休年龄,仍接受单位聘用的,其与聘用单位之间构成劳务关系,劳动者因工伤亡或者患职业病而向聘用单位主张工伤保险待遇的,不予支持。但劳动者尚未享受基本养老保险待遇或者领取退休金,且聘用单位已为其缴纳工伤保险费的,其工伤保险待遇应予支持。”有的地方将在原单位继续工作的认定为劳动关系。

而人力资源社会保障部《关于执行〈工伤保险条例〉若干问题的意见(二)》对达到或超过法定退休年龄分别作了两种情况的规定:(1)达到或超过法定退休年龄,但未办理退休手续或者未依法享受城镇职工基本养老保险待遇,继续在原用人单位工作期间受到事故伤害或患职业病的,用人单位依法承担工伤保险责任。(2)用人单位招用已经达到、超过法定退休年龄或已经领取城镇职工基本养老保险待遇的人员,在用工期间因工作原因受到事故伤害或患职业病的,如招用单位已按项目参保等方式为其缴纳工伤保险费的,应适用《工伤保险条例》。

因此,用人单位要参照当地的政策来认定劳动者是否具有主体资格,区分适用工伤还是人身损害赔偿的相关法律规定。

【法规依据】

《劳动合同法》

第四十四条第二项　有下列情形之一的,劳动合同终止:

(二)劳动者开始依法享受基本养老保险待遇的;

最高人民法院《关于审理劳动争议案件适用法律问题的解释(一)》

第三十二条第一款　用人单位与其招用的已经依法享受养老保险待遇或者领取退休金的人员发生用工争议,而提起诉讼的,人民法院应当按劳务关系处理。

浙江省高级人民法院民事审判第一庭、浙江省劳动人事争议仲裁院《关于审理劳动争议案件若干问题的解答(二)》

十四、超过法定退休年龄的劳动者在工作中受事故伤害或者患职业病,其向聘用单位主张工伤保险待遇的,应否支持?

答:劳动者超过法定退休年龄,仍接受单位聘用的,其与聘用单位之间构成劳务关系,劳动者因工伤亡或者患职业病而向聘用单位主张工伤保险待遇的,不予支持。但劳动者尚未享受基本养老保险待遇或者领取退休金,且聘用单位已为其缴纳工伤保险费的,其工伤保险待遇应予支持。

人力资源和社会保障部《关于执行〈工伤保险条例〉若干问题的意见(二)》

二、达到或超过法定退休年龄,但未办理退休手续或者未依法享受城镇职工基本养老保险待遇,继续在原用人单位工作期间受到事故伤害或患职业病的,用人单位依法承担工伤保险责任。

用人单位招用已经达到、超过法定退休年龄或已经领取城镇职工基本养老保险待遇的人员,在用工期间因工作原因受到事故伤害或患职业病的,如招用单位已按项目参保等方式为其缴纳工伤保险费的,应适用《工伤保险条例》。

62. 用人单位司机出差期间遭遇交通事故,是否属于工伤?

用人单位安排汽车驾驶员到外地给客户送货。由于当天长时间驾车有些疲劳,路面又结冰,驾驶员不慎与一辆轿车碰撞。后经交警认定驾驶员属于疲劳驾车,负交通事故的全部责任。驾驶员受伤后,要求用人单位认定工伤。用人单位不同意认定工伤,理由是驾驶员在交通事故中负全责。那么,该驾驶员在出差期间因交通事故受伤,是否属于工伤?

驾驶员发生交通事故的时间、空间并不是《工伤保险条例》规定的上下班途中,而要全面看发生交通事故的原因。根据驾驶员发生交通事故的客观情况可知,驾驶员是被公司安排外出的,应该属于因工外出期间,并在驾车途中(工作中)受到伤害,按照法律规定应当属于工伤。除非交通事故发生时,驾驶员本人存在醉酒、吸毒、故意犯罪或者自杀、自残行为,否则,驾驶员可以在公司不予申报工伤时,自行申报认定工伤或者公司的工会申报认定工伤。

【法规依据】

《工伤保险条例》

第十四条第五项　职工有下列情形之一的,应当认定为工伤:

(五)因工外出期间,由于工作原因受到伤害或者发生事故下落不明的;

第十六条　职工符合本条例第十四条、第十五条的规定,但是有下列情形之一的,不得认定为工伤或者视同工伤:

(一)故意犯罪的;

(二)醉酒或者吸毒的;

(三)自残或者自杀的。

第十七条第一、二款　职工发生事故伤害或者按照职业病防治法规定被诊断、鉴定为职业病，所在单位应当自事故伤害发生之日或者被诊断、鉴定为职业病之日起30日内，向统筹地区社会保险行政部门提出工伤认定申请。遇有特殊情况，经报社会保险行政部门同意，申请时限可以适当延长。

用人单位未按前款规定提出工伤认定申请的，工伤职工或者其近亲属、工会组织在事故伤害发生之日或者被诊断、鉴定为职业病之日起1年内，可以直接向用人单位所在地统筹地区社会保险行政部门提出工伤认定申请。

63. 劳动者严重违纪被解约，能否享受工伤离职待遇？

《工伤保险条例》对经劳动能力等级鉴定后的工伤职工待遇作出了明确规定。工伤职工依法可以享受工伤治疗阶段和劳动能力等级鉴定后的相关待遇。比如，工伤职工在治疗阶段可以享受由工伤保险基金支付的医疗费、住院期间的伙食费、生活护理费等。工伤职工做完劳动能力等级鉴定，符合条件的还可以享受伤残津贴。

此外，法律还规定如果劳动者与用人单位终止或者解除劳动合同，工伤职工还可以享受由工伤保险基金支付的一次性工伤医疗补助金和由用人单位支付的一次性伤残就业补助金，而没有将工伤职工的这两项离职待遇与劳动者的劳动合同解除或者终止的原因、方式相挂钩。因此，劳动者因严重违纪被解除劳动合同，工伤职工仍然可以享受工伤离职待遇，依法有权要求用人单位向其支付一次性伤残就业补助金和通过用人单位向工伤保险部门申请一次性工伤医疗补助金。

【法规依据】

《工伤保险条例》

第三十条第一、四款　职工因工作遭受事故伤害或者患职业病进行治疗，享受工伤医疗待遇。

职工住院治疗工伤的伙食补助费，以及经医疗机构出具证明，报经办机构同意，工伤职工到统筹地区以外就医所需的交通、食宿费用从工伤保险基金支付，基金支付的具体标准由统筹地区人民政府规定。

第三十六条第二款　经工伤职工本人提出，该职工可以与用人单位解除或者终止劳动关系，由工伤保险基金支付一次性工伤医疗补助金，由用人单位支付一次性伤残就业补助金。一次性工伤医疗补助金和一次性伤残就业补助金的具体标准由省、自治区、直辖市人民政府规定。

第三十七条第二项 职工因工致残被鉴定为七级至十级伤残的，享受以下待遇：

（二）劳动、聘用合同期满终止，或者职工本人提出解除劳动、聘用合同的，由工伤保险基金支付一次性工伤医疗补助金，由用人单位支付一次性伤残就业补助金。一次性工伤医疗补助金和一次性伤残就业补助金的具体标准由省、自治区、直辖市人民政府规定。

64. 劳动者“放长假”期间到其他用人单位工作时受伤，是否属于工伤？

在现实生活中，有的用人单位因效益不好或者经营不善等原因，给劳动者放长假，而劳动者为了生计不得不到其他用人单位工作，这是常有的事。那么，劳动者到其他用人单位工作的性质应该属于什么性质？该劳动者工作性质应属于兼职性质。然而，兼职并非法律上认定的劳务关系。根据最高人民法院《关于审理劳动争议案件适用法律问题的解释（一）》第 32 第 2 款的规定，在原单位放长假的人员与新用人单位发生用工争议，人民法院应当按劳动关系处理。据此，劳动者“放长假”期间到其他用人单位工作过程中受伤并符合《工伤保险条例》相关规定的，依法应当认定为工伤。

【法规依据】

最高人民法院《关于审理劳动争议案件适用法律问题的解释（一）》

第三十二条第二款 企业停薪留职人员、未达到法定退休年龄的内退人员、下岗待岗人员以及企业经营性停产放长假人员，因与新的用人单位发生用工争议而提起诉讼的，人民法院应当按劳动关系处理。

《工伤保险条例》

第十四条 职工有下列情形之一的，应当认定为工伤：

（一）在工作时间和工作场所内，因工作原因受到事故伤害的；

（二）工作时间前后在工作场所内，从事与工作有关的预备性或者收尾性工作受到事故伤害的；

（三）在工作时间和工作场所内，因履行工作职责受到暴力等意外伤害的；

（四）患职业病的；

（五）因工外出期间，由于工作原因受到伤害或者发生事故下落不明的；

（六）在上下班途中，受到非本人主要责任的交通事故或者城市轨道交通、客运轮渡、火车事故伤害的；

（七）法律、行政法规规定应当认定为工伤的其他情形。

65. 职工在交通事故中负主责能否认定工伤？

遇到职工在交通事故中受到的伤害申报工伤时，首先应当区分事故是在什么情况下发生的，这是最关键的。具体有以下几种情况：

第一，如果职工是在上下班途中发生的交通事故，应根据《工伤保险条例》第 14 条第 6 项“在上下班途中，受到非本人主要责任的交通事故或者城市轨道交通、客运轮渡、火车事故伤害的”的规定，来衡量认定工伤。这种情况下，职工在非本人主要责任的交通事故中受伤才可认定工伤。用人单位或者职工申报时，应当提供交警部门出具的交通事故认定书。

第二，如果职工在单位是从事驾驶员工作，在用人单位安排下驾驶单位车辆执行工作任务时，该车辆发生交通事故，导致驾驶员受伤的，无论驾驶员本人在事故中负主要责任还是次要责任，都应当依据《工伤保险条例》第 14 条第 1 项“在工作时间和工作场所内，因工作原因受到事故伤害的”以及第 5 项“因工外出期间，由于工作原因受到伤害或者发生事故下落不明的”的规定，来衡量认定工伤。这一情况下的工伤认定，适用无过错补偿原则，职工如因疏忽受伤、即使违反用人单位的操作规程或者行为，对负伤、致残、死亡负有责任或者过错，都应当认定为工伤，并享受工伤保险待遇。

第三，如果职工不是驾驶员，但是在执行用人单位安排的工作任务时负伤，此交通事故受伤无论该职工本人在事故中负主要责任还是次要责任，同样应当依据《工伤保险条例》第 14 条第 1 项的规定，认定为工伤。鉴于上述情况，在工伤认定过程中，除了职工在上下班途中发生交通事故要求非本人主要责任外，其余受伤情形不应考虑受伤职工的责任问题。而应考虑申请工伤认定的职工与用人单位是否存在劳动关系；事故的发生是否与受伤职工的工作职责或者任务有关，是否发生在工作时间、工作场所或者工作岗位上等。

另外，也有例外情形。《工伤保险条例》第 16 条规定：“职工符合本条例第十四条、第十五条的规定，但是有下列情形之一的，不得认定为工伤或者视同工伤：（一）故意犯罪的；（二）醉酒或者吸毒的；（三）自残或者自杀的。”因此，发生交通事故时职工有故意犯罪等行为的，无论在交通事故中负主要责任还是次要责任,均不能认定为工伤。

【法规依据】

《工伤保险条例》

第十四条　职工有下列情形之一的,应当认定为工伤:

(一)在工作时间和工作场所内,因工作原因受到事故伤害的;

(二)工作时间前后在工作场所内,从事与工作有关的预备性或者收尾性工作受到事故伤害的;

(三)在工作时间和工作场所内,因履行工作职责受到暴力等意外伤害的;

(四)患职业病的;

(五)因工外出期间,由于工作原因受到伤害或者发生事故下落不明的;

(六)在上下班途中,受到非本人主要责任的交通事故或者城市轨道交通、客运轮渡、火车事故伤害的;

(七)法律、行政法规规定应当认定为工伤的其他情形。

第十六条　职工符合本条例第十四条、第十五条的规定,但是有下列情形之一的,不得认定为工伤或者视同工伤:

(一)故意犯罪的;

(二)醉酒或者吸毒的;

(三)自残或者自杀的。

66. 因工致残而调岗,工资待遇能不能降?

劳动者在工作中不幸受伤,经人社部门认定为工伤并经劳动能力鉴定委员会鉴定为7级。该劳动者治疗康复后并上班,由于其致残程度已不适应原来的工作岗位,用人单位决定根据其技能水平情况调整了工作岗位;但该劳动者在调整工作岗位后,其工资待遇标准降低了。那么,因工致残而调岗,工资待遇能不能降?

工伤职工已经因工伤获得了相应的权利,根据同工同酬的原则,在调岗后可以降低工资待遇。理由如下:

第一,工伤或因工致残的职工已经因工伤获得了相应的补偿。《工伤保险条例》第37条规定,"职工因工致残被鉴定为七级至十级伤残的,享受以下待遇:(一)从工伤保险基金按伤残等级支付一次性伤残补助金,标准为:七级伤残为13个月的本人工资,八级伤残为11个月的本人工资,九级伤残为9个月的本人工资，十级伤残为7个月的本人工资；（二）劳动、聘用合同期满终止，或者职工本人提出解除劳动、聘用合同的，由工伤保险基金支付一次性工伤医疗补助金，由用人单位支付一次性伤残就业补助金。”以上待遇支付，在一定程度上弥补了工伤职工因工致残后的收入水平降低。

第二，因工致残的职工已经获得了不同于普通职工的“额外权利”。《劳动合同法》第42条规定，劳动者在本单位患职业病或者因工负伤并被确认丧失或者部分丧失劳动能力的，用人单位不得依照该法第四十条、第四十一条的规定解除劳动合同。据此，因工致残的职工除存在《劳动合同法》第39条规定情形的，用人单位不得以其“不胜任工作”“医疗期期满”“客观情况变化”“经济性裁员”等单方面解除与因工致残职工的劳动合同关系。如果是普通职工，当上述情况出现时，用人单位则可以解除其劳动合同。

第三，“调岗调薪”本身就是为了实现分配公平。《劳动法》第46条第1款规定：“工资分配应当遵循按劳分配原则，实行同工同酬。”在不同的岗位上，由于劳动者的付出以及对用人单位的贡献不同，因此根据岗位确定工资待遇标准是工资分配的基本原则。如果工伤职工调岗后，仍然享受高于新岗位工资水平的待遇，这对新岗位上的其他职工来说，就会构成“不公平”。

第四，现行有效的法律法规并未规定，因工致残的职工在调岗后不能降低工资待遇或者需要维持某一标准的待遇。

当然，对工伤职工调岗降薪必须遵守一定的原则：一是必要原则。工伤职工因工致残后，如果仍然能够继续胜任原工作岗位，用人单位则不得因其伤残而调岗。二是合理性原则。工伤职工确实需要调整岗位时，一定要结合其伤残状况以及其职业技能特长，在合理范围内为职工提供岗位，避免新岗位与原岗位存在太大的差异。三是同岗待遇就高原则。工伤职工调到新的工作岗位后，基于“同工同酬”的原因其工资标准降低。但是，如果在同一岗位的工资标准上存在“级差”，用人单位应当按照同岗位工资的最高等级标准确定工伤职工在新岗位上的工资标准。

【法规依据】

《工伤保险条例》

第三十七条第一款　职工因工致残被鉴定为七级至十级伤残的，享受以下待遇：

（一）从工伤保险基金按伤残等级支付一次性伤残补助金，标准为：七级伤残为 13 个月的本人工资，八级伤残为 11 个月的本人工资，九级伤残为 9 个月的本人工资，十级伤残为 7 个月的本人工资；

（二）劳动、聘用合同期满终止，或者职工本人提出解除劳动、聘用合同的，由工伤保险基金支付一次性工伤医疗补助金，由用人单位支付一次性伤残就业补助金。

《劳动合同法》

第四十二条第二项　劳动者有下列情形之一的，用人单位不得依照本法第四十条、第四十一条的规定解除劳动合同：

（二）在本单位患职业病或者因工负伤并被确认丧失或者部分丧失劳动能力的；

《劳动法》

第四十六条第一款　工资分配应当遵循按劳分配原则，实行同工同酬。

67. 劳动者回家顺路办公事，遭遇事故能否认定为工伤？

在离下班还有 30 分钟时，劳动者所在车间主任找到他，让他提前下班，顺路将本单位装有机床零件的邮件送到快递公司。

该劳动者照办，但在骑电动自行车行驶至距离快递公司不远处时，由于车速过快，不慎摔倒，造成右手臂骨折。交警部门出具交通事故责任认定书认定，该劳动者因车速过快负全部责任。之后，该劳动者以“因工外出期间，由于工作原因受到伤害”为由，提起工伤认定申请。而用人单位却以其在上下班途中，受到因本人主要责任的交通事故伤害为由，认为不应认定为工伤。那么，该劳动者遭遇事故能否认定为工伤？《工伤保险条例》第 14 条第 5 项规定，劳动者因工外出期间，由于工作原因受到伤害或者发生事故下落不明的，应认定为工伤。这里的“因工外出”，是指职工不在本单位的工作场所范围内，由于工作需要被领导指派到本单位以外工作；或者为了更好地完成工作，自己到本单位以外从事与本职工作有关的工作。“外出”包括两层含义：一是指到本单位以外，但在本地范围内；二是指不仅离开了本单位，而且到外地去了。因此，该劳动者事故发生当天是因工作需要，被车间主任指派去本单位以外为单位邮寄快件，发生事故时，其还没有到达快递公司，即工作行为还没有结束，应属于“因工外出期间”。

当然，从表面上看，该劳动者“因工外出”的路线从属于其“下班回家”的路线，即属于其下班回家路线中的一段。但不能据此简单推断该劳动者在整条路上发生的行为都是为了达到“回家”的目的，即不能机械地将该线路定性为该劳动者的“下班回家路线”。虽然在整条路上，“回家”是该劳动者当天的最终目的，但在达到最终目的之前，该劳动者还必须先完成领导交付的任务。这样一来，该劳动者日常“回家路线”的前段，即从用人单位到快递公司的路线发生了性质上的变化，由原来“日常回家路线”变成“因工外出路线”。

据此，该劳动者应当按照《工伤保险条例》第 14 条第 5 项的规定认定为工伤，即便是交警部门认定该劳动者不负事故的主要责任，工伤认定机构也不能依据《工伤保险条例》第 14 条第 6 项的规定认定工伤。

【法规依据】

《工伤保险条例》

第十四条第五、六项　职工有下列情形之一的，应当认定为工伤：

（五）因工外出期间，由于工作原因受到伤害或者发生事故下落不明的；

（六）在上下班途中，受到非本人主要责任的交通事故或者城市轨道交通、客运轮渡、火车事故伤害的；

68. 劳动者离职当天下班遭遇交通事故，能否认定为工伤？

一位劳动者劳动合同到期，用人单位决定与劳动者终止劳动合同。谁知道，该劳动者在办完离职手续的当天下班回家路上，被一辆卡车撞伤。该劳动者家属要求用人单位申报工伤认定。但是用人单位认为，该劳动者已经办理了离职手续，与公司无劳动关系，不应认定为工伤。那么，在此情况下受伤，能不能认定为工伤？

在工伤认定过程中，劳动者与用人单位存在劳动关系是一个基本前提。那么，该劳动者离职当天和用人单位之间是否还存在劳动关系。对于劳动关系存在与否的证据，先要查核劳动合同。劳动合同约定的期限就是劳动关系存续的起始时间，但是这个到期的时间是劳动合同最后一日的下班时间？还是离开办公场所的时间？抑或其他时间？办理离职手续不代表劳动关系的终止，劳动者与用人单位属于期满不再续订而终止。根据相关规定，劳动合同届满日应当是以劳动合同约定期限的最后一日的 24 时为准。但是，能否认定为工伤，还要看该劳动者在下班途中遭遇的交通事故中承担的责任如何。只有被道路交通部门作出在交通事故中承担“非主要责任”的结论，该劳动者才能被认定为工伤。

【法规依据】

原劳动部《关于实行劳动合同制度若干问题的通知》

5. 劳动合同可以规定合同的生效时间。没有规定劳动合同生效时间的，当事人签字之日即视为该劳动合同生效时间。

劳动合同的终止时间，应当以劳动合同期限最后一日的二十四时为准。

《工伤保险条例》

第十四条第六项　职工有下列情形之一的，应当认定为工伤：

（六）在上下班途中，受到非本人主要责任的交通事故或者城市轨道交通、客运轮渡、火车事故伤害的；

69. 下班路上顺道取款，是否属于“下班途中”？

劳动者下班后骑电动自行车回家，途经银行 ATM 机便去取工资款。取款后，劳动者行至家门口时，与一辆轿车相撞受伤。交警部门认定劳动者不承担事故责任。对于该劳动者伤害是否应当认定为工伤引发行政诉讼，那么，劳动者在下班路上顺道取款，是否属于“下班途中”？

根据《工伤保险条例》的相关规定，上下班途中遭遇非主要责任的交通事故受伤应当认定为工伤。最高人民法院《关于审理工伤保险行政案件若干问题的规定》第 6 条规定：“对社会保险行政部门认定下列情形为‘上下班途中’的，人民法院应予支持：（一）在合理时间内往返于工作地与住所地、经常居住地、单位宿舍的合理路线的上下班途中；（二）在合理时间内往返于工作地与配偶、父母、子女居住地的合理路线的上下班途中；（三）从事属于日常工作生活所需要的活动，且在合理时间和合理路线的上下班途中；（四）在合理时间内其他合理路线的上下班途中。”因此，要确认是否属于“上下班途中”，必须要审查“合理时间”与“合理路线”这两个不可缺一的要素。

一是时间要素，即上下班时间是否合理，是指综合考虑劳动者的路线、交通工具而计算出的相对合理的一个时间范围。只要有证据明确是为了工作，劳动者在前往或者离开工作地的途中，在合理长的范围内所遭遇的非本人主要责任的交通事故伤害都应认定为工伤。二是空间要素，即往返于工作地和居住地的路径是否合理。上下班途中原则上是以劳动者生活区域为一点、其工作区域为另一点的合理路径；包括此间在不偏离上述合理路径的原则上，劳动者为解决基本生活所需而经过的合理地点。如中途为解决如厕问题而绕一点路，或者顺便至附近农贸市场买一点食品等，也应视为合理路径。

人民法院审理后认为，该劳动者下班回家途经银行顺道取工资款，是下班路上合理的短暂停留，整个过程仍属于法律意义上的“上下班途中”，并且该劳动者在事故中不承担责任，其伤害应当认定为工伤。

【法规依据】

《工伤保险条例》

第十四条第六项　职工有下列情形之一的，应当认定为工伤：

（六）在上下班途中，受到非本人主要责任的交通事故或者城市轨道交通、客运轮渡、火车事故伤害的；

最高人民法院《关于审理工伤保险行政案件若干问题的规定》

第六条　对社会保险行政部门认定下列情形为“上下班途中”的，人民法院应予支持：

（一）在合理时间内往返于工作地与住所地、经常居住地、单位宿舍的合理路线的上下班途中；

（二）在合理时间内往返于工作地与配偶、父母、子女居住地的合理路线的上下班途中；

（三）从事属于日常工作生活所需要的活动，且在合理时间和合理路线的上下班途中；

（四）在合理时间内其他合理路线的上下班途中。

70. 劳动者退休后发现患职业病，如何获得工伤保险待遇？

职业病是指企业、事业单位和个体经济组织等用人单位的劳动者在职业活动中，因接触粉尘、放射性物质和有毒有害物质而引起的疾病。法律规定用人单位不但应当为劳动者创造符合国家职业卫生标准和卫生要求的工作环境和条件，并采取措施保障劳动者获得职业卫生保护，而且在与劳动者订立劳动合同（聘用合同）时，应当将工作过程中可能产生的职业病危害及其后果、职业病防护措施和待遇等如实告知劳动者，并在劳动合同中写明，不得隐瞒或者欺骗。因此，如果劳动者退休前所从事的岗位属于有职业危害的岗位，经确诊为职业病，根据人力资源和社会保障部《关于执行〈工伤保险条例〉若干问题的意见》第8条规定，“曾经从事接触职业病危害作业、当时没有发现罹患职业病、离开工作岗位后被诊断或鉴定为职业病的符合下列条件的人员，可以自诊断、鉴定为职业病之日起一年内申请工伤认定,社会保险行政部门应当受理:(一)办理退休手续后,未再从事接触职业病危害作业的退休人员;(二)劳动或聘用合同期满后或者本人提出而解除劳动或聘用合同后,未再从事接触职业病危害作业的人员。经工伤认定和劳动能力鉴定,前款第(一)项人员符合领取一次性伤残补助金条件的,按就高原则以本人退休前 12 个月平均月缴费工资或者确诊职业病前 12 个月的月平均养老金为基数计发。前款第(二)项人员被鉴定为一级至十级伤残、按《条例》规定应以本人工资作为基数享受相关待遇的,按本人终止或者解除劳动、聘用合同前 12 个月平均月缴费工资计发"。

如果劳动者的职业病诊断证明书(或者职业病诊断鉴定书)中明确有用人单位,该用人单位已经在该职工从业期间依法为其缴纳工伤保险费,则按《工伤保险条例》的规定,分别由工伤保险基金和用人单位支付工伤保险待遇;该用人单位没有依法为该职工缴纳工伤保险费,则根据《职业病防治法》第 59 条规定,其医疗和生活保障由该用人单位承担。故用人单位按照《工伤保险条例》规定的相关项目和标准支付待遇。

即使劳动者的职业病诊断证明书中无法明确用人单位,也可以获得相应的社会救助。《职业病防治法》第 61 条规定:"用人单位已经不存在或者无法确认劳动关系的职业病病人,可以向地方人民政府医疗保障、民政部门申请医疗救助和生活等方面的救助。地方各级人民政府应当根据本地区的实际情况,采取其他措施,使前款规定的职业病病人获得医疗救治。"

罹患职业病的劳动者在获得工伤保险的待遇同时,还可以依据民事法律要求用人单位赔偿,如《职业病防治法》第 58 条规定:"职业病病人除依法享有工伤保险外,依照有关民事法律,尚有获得赔偿的权利的,有权向用人单位提出赔偿要求。"因此,即使劳动者退休,也可以依法获得职业病确诊后的待遇。

【法规依据】

人力资源和社会保障部《关于执行〈工伤保险条例〉若干问题的意见》

八、曾经从事接触职业病危害作业、当时没有发现罹患职业病、离开工作岗位后被诊断或鉴定为职业病的符合下列条件的人员,可以自诊断、鉴定为职业病之日起一年内申请工伤认定,社会保险行政部门应当受理:

(一)办理退休手续后,未再从事接触职业病危害作业的退休人员;

(二)劳动或聘用合同期满后或者本人提出而解除劳动或聘用合同后,未再从事接触职业病危害作业的人员。

经工伤认定和劳动能力鉴定,前款第(一)项人员符合领取一次性伤残补助金条件的,按就高原则以本人退休前12个月平均月缴费工资或者确诊职业病前12个月的月平均养老金为基数计发。前款第(二)项人员被鉴定为一级至十级伤残、按《条例》规定应以本人工资作为基数享受相关待遇的,按本人终止或者解除劳动、聘用合同前12个月平均月缴费工资计发。

《职业病防治法》

第五十八条　职业病病人除依法享有工伤保险外,依照有关民事法律,尚有获得赔偿的权利的,有权向用人单位提出赔偿要求。

第五十九条　劳动者被诊断患有职业病,但用人单位没有依法参加工伤保险的,其医疗和生活保障由该用人单位承担。

第六十一条　用人单位已经不存在或者无法确认劳动关系的职业病病人,可以向地方人民政府医疗保障、民政部门申请医疗救助和生活等方面的救助。

地方各级人民政府应当根据本地区的实际情况,采取其他措施,使前款规定的职业病病人获得医疗救治。

71. 补缴工伤保险费后新发生费用由谁支付?

用人单位没有参加工伤保险,如果劳动者发生工伤事故,其工伤费用应当由用人单位承担。但劳动者发生了工伤以后,用人单位参加了工伤保险,该劳动者新发生工伤费用能否由工伤保险基金支付? 回答是肯定的,按照法律规定应当由工伤保险基金和用人单位支付。

《工伤保险条例》第62条第3款规定,用人单位参加工伤保险并补缴应当缴纳的工伤保险费、滞纳金后,由工伤保险基金和用人单位依照该条例的规定支付新发生的费用。人力资源和社会保障部《关于执行〈工伤保险条例〉若干问题的意见》第12条对"新发生的费用"作出解释,即《工伤保险条例》第62条第3款规定的"新发生的费用",是指用人单位职工参加工伤保险前发生工伤的,在参加工伤保险后新发生的费用。人力资源和社会保障部《关于执行〈工伤保险条例〉若干问题的意见(二)》第3条对《工伤保险条例》第62条第3款规定的"新发生的费用"作进一步的解释,即《工伤保险条例》第62条规定的"新发生的费用",是指用人单位参加工伤保险前发生工伤的职工,在参加工伤保险后新发生的费用。其中由工伤保险基金支付的费用,按不同情况予以处理:(一)因工受伤的,支付参保后新发生的工伤医疗费、工伤康复费、住院伙食补助费、统筹地区以外就医交通食宿费、辅助器具配置费、生活护理费、一级至四级伤残职工伤残津贴，以及参保后解除劳动合同时的一次性工伤医疗补助金；(二)因工死亡的，支付参保后新发生的符合条件的供养亲属抚恤金。因此，补缴工伤保险费后新发生的费用应由工伤保险基金支付。

【法规依据】

《工伤保险条例》

第六十二条　用人单位依照本条例规定应当参加工伤保险而未参加的，由社会保险行政部门责令限期参加，补缴应当缴纳的工伤保险费，并自欠缴之日起，按日加收万分之五的滞纳金；逾期仍不缴纳的，处欠缴数额 1 倍以上 3 倍以下的罚款。

依照本条例规定应当参加工伤保险而未参加工伤保险的用人单位职工发生工伤的，由该用人单位按照本条例规定的工伤保险待遇项目和标准支付费用。

用人单位参加工伤保险并补缴应当缴纳的工伤保险费、滞纳金后，由工伤保险基金和用人单位依照本条例的规定支付新发生的费用。

人力资源和社会保障部《关于执行〈工伤保险条例〉若干问题的意见》

十二、《条例》第六十二条第三款规定的“新发生的费用”，是指用人单位职工参加工伤保险前发生工伤的，在参加工伤保险后新发生的费用。

人力资源和社会保障部《关于执行〈工伤保险条例〉若干问题的意见(二)》

三、《工伤保险条例》第六十二条规定的“新发生的费用”，是指用人单位参加工伤保险前发生工伤的职工，在参加工伤保险后新发生的费用。其中由工伤保险基金支付的费用，按不同情况予以处理：

(一)因工受伤的，支付参保后新发生的工伤医疗费、工伤康复费、住院伙食补助费、统筹地区以外就医交通食宿费、辅助器具配置费、生活护理费、一级至四级伤残职工伤残津贴，以及参保后解除劳动合同时的一次性工伤医疗补助金；

(二)因工死亡的，支付参保后新发生的符合条件的供养亲属抚恤金。

第九节　休息休假和工作时间

72. 用人单位是否需要向主动辞职的劳动者支付年休假工资?

劳动者在劳动合同履行过程中,因其自身原因或者用人单位的原因而解除或者终止劳动合同的情况时有发生,那么劳动者主动辞职,用人单位是否要支付年休假工资?

根据《企业职工带薪年休假实施办法》第 12 条的规定,用人单位与职工解除或者终止劳动合同时,当年度未安排职工休满应休年休假的,应当按照职工当年已工作时间折算应休未休年休假天数并支付未休年休假工资报酬,但折算后不足 1 整天的部分不支付未休年休假工资报酬。也就是说,无论解除或者终止劳动合同的原因在谁,只要出现劳动合同解除或者终止的情形,用人单位就应当向劳动者折算并支付当年度应休未休年休假的工资报酬。

法律并未规定劳动者享受年休假必须先向用人单位提出申请,相反却为用人单位设定了根据企业生产工作的具体情况,统筹安排职工年休假的义务。因此,劳动者可以申请而享受年休假,也可以基于用人单位的安排而享受年休假,不应理解为只要劳动者未提出休假申请即视为放弃。

另外,如果用人单位当年安排离职职工的年休假天数超过折算应休年休假的天数的,用人单位不再扣回。

【法规依据】

《企业职工带薪年休假实施办法》

第九条　用人单位根据生产、工作的具体情况,并考虑职工本人意愿,统筹安排年休假。用人单位确因工作需要不能安排职工年休假或者跨 1 个年度安排年休假的,应征得职工本人同意。

第十二条　用人单位与职工解除或者终止劳动合同时,当年度未安排职工休满应休年休假的,应当按照职工当年已工作时间折算应休未休年休假天数并支付未休年休假工资报酬,但折算后不足 1 整天的部分不支付未休年休假工资报酬。

前款规定的折算方法为:(当年度在本单位已过日历天数 ÷365 天) × 职工本人全年应当享受的年休假天数 - 当年度已安排年休假天数。

用人单位当年已安排职工年休假的,多于折算应休年休假的天数不再扣回。

73. 公益性岗位劳动者是否有权要求签订无固定期限劳动合同或者支付经济补偿金?

下岗的职工,由于家庭生活困难,街道办事处给其介绍了一份本地事业单位的保安工作,并告诉,这是一个公益性就业岗位,由这家事业单位给他支付工资、缴纳社会保险。转眼,该下岗职工在这家用人单位工作了十多年。该职工能签订无固定期限劳动合同吗?劳动合同期满终止能否要求支付经济补偿金?

根据《劳动合同法》的规定,在本单位连续工作满 10 年的劳动者,提出或者同意续订、订立劳动合同的,除其提出订立固定期限劳动合同外,用人单位应当订立无固定期限劳动合同。也就是说,劳动者在具备法定条件的时候,有权依法提出签订无固定期限劳动合同的要求。但是,根据《劳动合同法实施条例》的规定,在公益性岗位就业人员的劳动合同不适用《劳动合同法》有关无固定期限劳动合同的规定以及支付经济补偿金的规定。因此,该职工不能要求签订无固定期限劳动合同或者支付经济补偿金。

【法规依据】

《劳动合同法》

第十四条第二款第一项　用人单位与劳动者协商一致,可以订立无固定期限劳动合同。有下列情形之一,劳动者提出或者同意续订、订立劳动合同的,除劳动者提出订立固定期限劳动合同外,应当订立无固定期限劳动合同:

(一)劳动者在该用人单位连续工作满十年的;

《劳动合同法实施条例》

第十二条　地方各级人民政府及县级以上地方人民政府有关部门为安置就业困难人员提供的给予岗位补贴和社会保险补贴的公益性岗位,其劳动合同不适用劳动合同法有关无固定期限劳动合同的规定以及支付经济补偿的规定。

74. 用人单位停工休假，应当遵循哪些要求?

用人单位由于市场原因处于停工停产状态，决定安排部分人员停工休假，等到外部经济形势好转再复岗上班。但有部分员工不同意停工休假的安排。用人单位感到很为难，如果要安排员工停工休假，应当遵循哪些要求?

用人单位安排劳动者停工休假实际上是一种变更劳动合同的行为。这种劳动合同的变更行为，应当建立在劳资双方协议一致的基础上，或者应当有相应的法律依据。如果用人单位到了停工停产状态，属于面临客观市场经营风险的情况，用人单位就有权要求员工停工休假。由于这种停工休假直接涉及员工的切身利益，用人单位应当依法履行民主程序，经由职代会、工会程序与员工充分协商，释明诸如停工休假的原因、休假人员的范围、休假期间的待遇、复岗的时间和条件、休假期间的管理等事项。经过用人单位的民主程序通过的停工休假决议不仅要符合法律规定，而且要公示告知相关人员才能有效。

另外，值得注意的是，员工停工休假期间的工资待遇不能任意约定，应当符合国家及地方的相关法律法规的规定。

【法规依据】

《劳动合同法》

第四条第二、四款　用人单位在制定、修改或者决定有关劳动报酬、工作时间、休息休假、劳动安全卫生、保险福利、职工培训、劳动纪律以及劳动定额管理等直接涉及劳动者切身利益的规章制度或者重大事项时，应当经职工代表大会或者全体职工讨论，提出方案和意见，与工会或者职工代表平等协商确定。

用人单位应当将直接涉及劳动者切身利益的规章制度和重大事项决定公示，或者告知劳动者。

第三十五条第一款　用人单位与劳动者协商一致，可以变更劳动合同约定的内容。变更劳动合同，应当采用书面形式。

《工资支付暂行规定》

第十二条　非因劳动者原因造成单位停工、停产在一个工资支付周期内的，用人单位应按劳动合同规定的标准支付劳动者工资。超过一个工资支付周期的，若劳动者提供了正常劳动，则支付给劳动者的劳动报酬不得低于当地的最低工资标准；若劳动者没有提供正常劳动，应按国家有关规定办理。

第十节 规章制度制定和效力

75. 规章制度与劳动合同相冲突时如何处理？

用人单位内部规章制度和劳动合同约定的内容均符合法律规定，但两者内容不一致时，劳动者请求优先适用劳动合同约定的，人民法院应予支持。可见，用人单位内部规章制度只是一般性规定，而劳动合同是特别性规定，当两者的内容相冲突时，劳动合同约定优先于用人单位内部规章制度规定。

【法规依据】

最高人民法院《关于审理劳动争议案件适用法律问题的解释（一）》

第五十条第二款 用人单位制定的内部规章制度与集体合同或者劳动合同约定的内容不一致，劳动者请求优先适用合同约定的，人民法院应予支持。

76. 用人单位规章制度是否必须向劳动者公示或者告知，公示方式有哪些？

合法有效的用人单位规章制度应当符合三个要件：其制定必须经过民主程序；内容不得违反法律法规、规章以及相关政策的规定；必须进行公示或者告知，这三个条件缺一不可。《劳动合同法》第 4 条第 4 款规定："用人单位应当将直接涉及劳动者切身利益的规章制度和重大事项决定公示，或者告知劳动者。"

规章制度的公示方法很多，一般采用单位网站公布、电子邮件通知、公告栏张贴、员工手册发放、规章制度培训等。不管采用哪种方式，最终目的都是要保证劳动者对规章制度的知情权。

【法规依据】

《劳动合同法》

第四条 用人单位应当依法建立和完善劳动规章制度，保障劳动者享有劳动权利、履行劳动义务。

用人单位在制定、修改或者决定有关劳动报酬、工作时间、休息休假、劳动安全卫生、保险福利、职工培训、劳动纪律以及劳动定额管理等直接涉及劳动者切身利益的规章制度或者重大事项时，应当经职工代表大会或者全体职工讨论，提出方案和意见，与工会或者职工代表平等协商确定。

在规章制度和重大事项决定实施过程中，工会或者职工认为不适当的，有权向用人单位提出，通过协商予以修改完善。

用人单位应当将直接涉及劳动者切身利益的规章制度和重大事项决定公示，或者告知劳动者。

77. 总公司（集团公司）制定的规章制度，对其分公司职工是否有效力？

目前，法律对总公司制定的规章制度对分公司职工是否有法律效力没有作出明确的规定。但是，分公司有营业执照和相应的财产，属于相对独立的经营主体，它与总公司属于法律上两个相互区别的用人单位。因此，原则上总公司的规章制度和其他重要规定对分公司的职工没有效力。而根据最高人民法院《关于审理劳动争议案件适用法律问题的解释（一）》第 50 条以及《劳动合同法》的规定，规章制度对职工有效，应当满足以下要件：第一，规章制度的内容合法、合理；第二，规章制度的制定符合民主协商程序；第三，规章制度已经向劳动者公示或者告知劳动者。所以，对于总公司制定的规章制度或其他重要的规定的效力，应当区别以下几种情况：

（1）如果总公司在制定规章制度或其他重要规定时，已经向包括分公司职工在内的全体员工履行了民主协商和公示、告知程序，且规章制度或其他重要规定的内容合法、合理，则对分公司职工产生法律效力。

（2）如果总公司在制定规章制度或其他重要规定时没有经过包括分公司在内的员工的民主协商和公示、告知程序，总公司只是："编写"了规章制度或其他重要规定，则取决于以下情况：一是如果分公司在分公司范围内履行了民主协商和公示、告知程序，且规章制度或其他重要规定的内容合法、合理，则对分公司职工产生法律效力；二是如果分公司没有履行民主协商和公示、告知程序，则该规章制度或其他重要规定对分公司职员没有约束力，分公司职员没有遵守总公司规章制度或其他重要规定的义务。

可见，分公司对于总公司的规章制度和其他重要规定，不要想当然地认为总公司的规定一定对全公司有效。对于总公司的规章制度和其他重要规定，分公司最好通过工会或者全体职工（不能是职工代表，否则，无效）的学习讨论，由工会或者全体职工提出方案和意见，然后由分公司再根据职工的意见以分公司的名义下发文件，将总公司的规章制度和其他重要规定转化为分公司的规章制度和规定，这样才能确保规章制度和其他重要规定的有效性。

【法规依据】

《劳动合同法》

第四条　用人单位应当依法建立和完善劳动规章制度，保障劳动者享有劳动权利、履行劳动义务。

用人单位在制定、修改或者决定有关劳动报酬、工作时间、休息休假、劳动安全卫生、保险福利、职工培训、劳动纪律以及劳动定额管理等直接涉及劳动者切身利益的规章制度或者重大事项时，应当经职工代表大会或者全体职工讨论，提出方案和意见，与工会或者职工代表平等协商确定。

在规章制度和重大事项决定实施过程中，工会或者职工认为不适当的，有权向用人单位提出，通过协商予以修改完善。

用人单位应当将直接涉及劳动者切身利益的规章制度和重大事项决定公示，或者告知劳动者。

《劳动合同法实施条例》

第四条　劳动合同法规定的用人单位设立的分支机构，依法取得营业执照或者登记证书的，可以作为用人单位与劳动者订立劳动合同；未依法取得营业执照或者登记证书的，受用人单位委托可以与劳动者订立劳动合同。

最高人民法院《关于审理劳动争议案件适用法律问题的解释（一）》

第五十条第一款　用人单位根据劳动合同法第四条规定，通过民主程序制定的规章制度，不违反国家法律、行政法规及政策规定，并已向劳动者公示的，可以作为确定双方权利义务的依据。

78. 被派遣的劳动者是否要遵守用工单位的规章制度？

用工单位的管理制度通过工会制定，制定过程中没有劳务派遣劳动者参与。《劳动合同法》第 4 条第 2 款规定：“用人单位在制定、修改或者决定有关劳动报酬、工作时间、休息休假、劳动安全卫生、保险福利、职工培训、劳动纪律以及劳动定额管理等直接涉及劳动者切身利益的规章制度或者重大事项时，应当经职工代表大会或者全体职工讨论，提出方案和意见，与工会或者职工代表平等协商确定。”那么，用工单位依法制定的规章制度对其所使用的劳务派遣劳动者可否适用呢？

《劳动合同法》用专节规定了劳务派遣的用工形式。在劳务派遣用工中存在三方劳动关系，即劳务派遣公司与派遣劳动者的劳动关系，用工单位与派遣劳动者的劳务关系，劳务派遣公司与用工单位之间的合同关系。在这三方关系当中，劳务派遣公司与派遣劳动者有劳动关系，因此劳务派遣公司制定的任何涉及派遣劳动者的规章制度应当通过民主程序制定，即派遣劳动者应当参与。但是在实践中，有部分劳务派遣公司没有自己的规章制度，而要求派遣劳动者适用用工单位的规章制度。而用工单位与派遣劳动者之间由于是劳务关系，在制定规章制度时，很少会考虑让派遣劳动者参与，因此就会出现派遣劳动者适用用工单位规章制度是否合法的问题。

针对该问题，《劳动合同法》规定，派遣劳动者有权在劳务派遣单位或者用工单位依法参加或者组织工会，维护自身的合法权益。从而在用工单位制定涉及自身利益的规章制度时，可以发表自己的意见及看法，争取或者维护自身的权益。但是在现阶段，也有许多派遣劳动者没有加入用工单位的工会，那么用工单位的规章制度要满足什么条件才能适用于派遣劳动者。首先，劳务派遣公司在与派遣劳动者签订的劳动合同中要明确约定，派遣劳动者在用工单位工作期间要遵守用工单位的规章制度。其次，用工单位的规章制度涉及派遣劳动者的，要向派遣劳动者进行公示，公示可以由劳务派遣公司公示，也可以由用工单位公示。最后，用工单位制定的规章制度涉及派遣劳动者的规定不违反相关法律的要求。据此，用工单位制定的规章制度，只要通过民主程序制定，而且向派遣劳动者公示过，就可以适用于派遣劳动者。

【法规依据】

《劳动合同法》

第四条第二款　用人单位在制定、修改或者决定有关劳动报酬、工作时间、休息休假、劳动安全卫生、保险福利、职工培训、劳动纪律以及劳动定额管理等直接涉及劳动者切身利益的规章制度或者重大事项时，应当经职工代表大会或者全体职工讨论，提出方案和意见，与工会或者职工代表平等协商确定。

第六十四条　被派遣劳动者有权在劳务派遣单位或者用工单位依法参加或者组织工会，维护自身的合法权益。

79. 用人单位的董事会文件或者党委会文件可否作为处理劳动者的依据?

现实中,不少用人单位会采取“惯例”规则甚至“潜规则”管理其所有行为活动;它们以为有了领导权威,或是组织决定、红头文件,就能够在用人单位管理上既兼顾灵活性,又具有合法性。直接以用人单位的董事会文件或者党委会文件作为处理劳动者的依据是欠缺的,不符合劳动法律的相关规定。然而,在用人单位的管理中怎样使组织决定、红头文件能够上升为规章制度并且用于管理劳动者呢?

《劳动合同法》第 4 条第 2 款、第 4 款也明确规定:“用人单位在制定、修改或者决定有关劳动报酬、工作时间、休息休假、劳动安全卫生、保险福利、职工培训、劳动纪律以及劳动定额管理等直接涉及劳动者切身利益的规章制度或者重大事项时,应当经职工代表大会或者全体职工讨论,提出方案和意见,与工会或者职工代表平等协商确定。”“用人单位应当将直接涉及劳动者切身利益的规章制度和重大事项决定公示,或者告知劳动者。”最高人民法院《关于审理劳动争议案件适用法律问题的解释(一)》第 50 条第 1 款规定:“用人单位根据劳动合同法第四条规定,通过民主程序制定的规章制度,不违反国家法律、行政法规及政策规定,并已向劳动者公示的,可以作为确定双方权利义务的依据。”根据上述规定,用人单位的某项组织决定上升为管理的“法律”,必须同时满足法律规定的三个条件:一是内容合法;二是程序民主;三是公示告知。缺少这三条件中的任何一条,都会使用人单位制定的规章制度面临无效的风险。因此,经过董事会或者党委会讨论决定、直接涉及劳动者切身利益的规章制度和重大事项,都要通过用人单位“立法”的形式固定下来,这样才能在劳动者日后的个体管理中作为有效的依据。

值得一提的是,用人单位管理本身是一个宽泛的概念,《劳动合同法》也仅仅是要求在直接涉及劳动者切身利益的劳动报酬、工作时间、休息休假、劳动安全卫生、保险福利、职工培训、劳动纪律以及劳动定额管理等方面,用人单位需要通过与劳动者或者劳动者组织协商,并公示告知,以满足劳动者的知情权。而对于虽然涉及劳动者利益,但是属于用人单位秘密的范畴,用人单位仍然有绝对的自主权。

【法规依据】

《劳动合同法》

第四条　用人单位应当依法建立和完善劳动规章制度，保障劳动者享有劳动权利、履行劳动义务。

用人单位在制定、修改或者决定有关劳动报酬、工作时间、休息休假、劳动安全卫生、保险福利、职工培训、劳动纪律以及劳动定额管理等直接涉及劳动者切身利益的规章制度或者重大事项时，应当经职工代表大会或者全体职工讨论，提出方案和意见，与工会或者职工代表平等协商确定。

在规章制度和重大事项决定实施过程中，工会或者职工认为不适当的，有权向用人单位提出，通过协商予以修改完善。

用人单位应当将直接涉及劳动者切身利益的规章制度和重大事项决定公示，或者告知劳动者。

最高人民法院《关于审理劳动争议案件适用法律问题的解释(一)》

第五十条第一款　用人单位根据劳动合同法第四条规定，通过民主程序制定的规章制度，不违反国家法律、行政法规及政策规定，并已向劳动者公示的，可以作为确定双方权利义务的依据。

80. 用人单位未向劳动者告知考勤制度，对违纪劳动者可否适用?

陈女士于2015年3月入职某事业单位担任普通职员，每月工资为5000元。后因其孕期反应强烈，自2015年10月20日起经常请假而未能为该单位提供正常劳动。该单位于2015年11月20日以陈女士旷工达3日以上为由对其作出违纪辞退处理。陈女士对处理不服，在接到辞退通知后向当地劳动争议仲裁委员会提出仲裁申请，以单位违纪辞退行为无事实和法律依据为由主张该单位构成违法解除劳动关系，并要求该单位赔偿其孕期、产期的工资损失以及支付解除劳动关系的经济补偿等65,000元。在仲裁过程中，该单位称，陈女士没有办理请假手续而构成旷工；陈女士称其向该单位领导口头请假，但被该单位当庭否认。最后，仲裁机构认定：陈女士旷工时间为13日。与此同时，该单位在仲裁庭上出示其考勤制度(其规定：员工旷工达3日以上可视此为严重违纪而辞退)，但陈女士称，她在职时并无此制度，她也不知道该单位的前述考勤制度。该单位对陈女士的此项抗辩，无证据证明此考勤制度已经向陈女士公示或者告知。据此，仲裁机构裁定：虽然陈女士的行为已经构成旷工，但其情节并未达到

《事业单位人事管理条例》所规定的 15 日以上,且该单位无证据证明陈女士知道前述考勤制度。因此,该单位对陈女士所作出的违纪辞退决定因无规章制度作为依据而构成违法解除,裁决该单位支付陈女士经济补偿 5000 元,并赔偿陈女士孕期、产期、哺乳期的工资损失。裁决后,该单位不服,提起诉讼、上诉,一审、二审两级法院的判决结果均与仲裁裁决结果一致。

在该案中,虽然陈女士旷工 13 日的事实被认定,但是该单位的规章制度的公示程序存在缺陷,并致使其不能被认定为调处该劳动争议纠纷的处理依据,最终司法机关认定该单位构成违法辞退并支付陈女士经济补偿金,赔偿陈女士孕期、产期、哺乳期的工资损失。

【法规依据】

《劳动合同法》

第四条　用人单位应当依法建立和完善劳动规章制度,保障劳动者享有劳动权利、履行劳动义务。

用人单位在制定、修改或者决定有关劳动报酬、工作时间、休息休假、劳动安全卫生、保险福利、职工培训、劳动纪律以及劳动定额管理等直接涉及劳动者切身利益的规章制度或者重大事项时,应当经职工代表大会或者全体职工讨论,提出方案和意见,与工会或者职工代表平等协商确定。

在规章制度和重大事项决定实施过程中,工会或者职工认为不适当的,有权向用人单位提出,通过协商予以修改完善。

用人单位应当将直接涉及劳动者切身利益的规章制度和重大事项决定公示,或者告知劳动者。

第九十六条　事业单位与实行聘用制的工作人员订立、履行、变更、解除或者终止劳动合同,法律、行政法规或者国务院另有规定的,依照其规定;未作规定的,依照本法有关规定执行。

《事业单位人事管理条例》

第十五条　事业单位工作人员连续旷工超过 15 个工作日,或者 1 年内累计旷工超过 30 个工作日的,事业单位可以解除聘用合同。

81. 严重违反用人单位规章,是否可以辞退?

2010 年 11 月,杨某到甲数码公司担任副总经理,双方签订了为期 3 年的劳动合同,并约定杨某在职期间未经公司书面同意,不得在具有竞争关系企业任职，担任经理、董事等，否则，甲数码公司有权解除双方劳动关系。

2012年2月，杨某开始受聘担任乙数码公司总经理，任期3年。2012年5月，甲数码公司向杨某送达了解除劳动合同通知书，以杨某在乙数码公司担任总经理一职，严重违反甲数码公司关于禁止到竞争企业任职的规章制度，对其公司经营管理造成恶劣影响为由解除双方劳动关系。

庭审中，为证明杨某所在的两家公司存在竞争关系，甲数码公司提交的公证书载明："2012年某市三维建模采购项目中标候选人公示"中，"第一中标候选人"为乙数码公司，"第二中标候选人"为甲数码公司。法院经审理认为，杨某的行为已经构成了对甲数码公司规章制度的严重违反，故该公司与其解除劳动合同的行为合法有效。

《劳动合同法》对劳动者权益保障予以了倾斜保护，但同时明确要求劳动者必须遵守用人单位依法制定的规章制度。劳动者严重违反用人单位规章制度的，用人单位可以依法解除双方劳动关系。

【法规依据】

《劳动合同法》

第二十三条　用人单位与劳动者可以在劳动合同中约定保守用人单位的商业秘密和与知识产权相关的保密事项。

对负有保密义务的劳动者，用人单位可以在劳动合同或者保密协议中与劳动者约定竞业限制条款，并约定在解除或者终止劳动合同后，在竞业限制期限内按月给予劳动者经济补偿。劳动者违反竞业限制约定的，应当按照约定向用人单位支付违约金。

第三十九条　劳动者有下列情形之一的，用人单位可以解除劳动合同：

（一）在试用期间被证明不符合录用条件的；

（二）严重违反用人单位的规章制度的；

（三）严重失职，营私舞弊，给用人单位造成重大损害的；

（四）劳动者同时与其他用人单位建立劳动关系，对完成本单位的工作任务造成严重影响，或者经用人单位提出，拒不改正的；

（五）因本法第二十六条第一款第一项规定的情形致使劳动合同无效的；

（六）被依法追究刑事责任的。

第十一节　社会保险

82. 用人单位不给职工参保缴费，是否需要承担责任？

小王于2011年9月到一家体育用品公司工作，一天晚上，小王外出遭遇意外，被人砍伤，此后再未到公司工作。该公司给小王发了工作期间工资但并未给其缴社保。

小王因伤住院治疗了10天，花去医药费6000多元。小王认为所在公司应该为其支付医疗费且发放病假工资，但该公司不同意。双方为此诉至法院。

法院经审理认为，因第三人侵权发生的医疗费用，由基本医疗保险基金先行支付后，被侵权人有权向第三人追偿。但本案中，侵害小王的人没有赔偿能力，又因该公司没有为小王缴纳社保，造成小王未能从社会保险基金获取先行支付医疗费；该体育用品公司应向小王支付劳动关系存续期间的医疗费6123.35元。

参加社会保险和缴纳社会保险费是用人单位的法定义务，社会保险内容包括养老保险、医疗保险、失业保险、工伤保险、生育保险五项。劳动者因第三人侵权而产生的医疗费用，依法应当由第三人负担，第三人不支付的，由基本医疗保险基金先行支付。用人单位未依法为劳动者缴纳医疗保险费的，就应当由用人单位承担先行支付医疗费用的责任。

【法规依据】

《劳动法》

第七十二条　社会保险基金按照保险类型确定资金来源，逐步实行社会统筹。用人单位和劳动者必须依法参加社会保险，缴纳社会保险费。

《社会保险法》

第二条　国家建立基本养老保险、基本医疗保险、工伤保险、失业保险、生育保险等社会保险制度，保障公民在年老、疾病、工伤、失业、生育等情况下依法从国家和社会获得物质帮助的权利。

第二十三条第一款　职工应当参加职工基本医疗保险，由用人单位和职工按照国家规定共同缴纳基本医疗保险费。

第三十条　下列医疗费用不纳入基本医疗保险基金支付范围：

（一）应当从工伤保险基金中支付的；

（二）应当由第三人负担的；

（三）应当由公共卫生负担的；

（四）在境外就医的。

医疗费用依法应当由第三人负担，第三人不支付或者无法确定第三人的，由基本医疗保险基金先行支付。基本医疗保险基金先行支付后，有权向第三人追偿。

83. 劳动者在停薪留职期间不按期限缴纳社保个人缴纳部分，用人单位能否停缴社保费？

用人单位与劳动者在劳动合同履行过程中，因某种原因双方签订了停薪留职协议，劳动者暂时离开工作岗位。于是，用人单位与劳动者在停薪留职的协议中约定，在停薪留职期间用人单位承担社会保险费的单位应缴部分；劳动者承担个人应缴部分，并于每月初将其个人承担部分汇入用人单位指定账户。

用人单位与劳动者签订的停薪留职协议属于对劳动合同的变更，双方所签订的停薪留职协议合法有效，并应当按协议的约定履行。但在履行过程中，由于劳动者一方的原因不能按约定将其个人应缴纳部分汇入用人单位指定账户。在此情况下，用人单位能否停缴社保费？答案是否定的，用人单位不能停缴社保费。

《社会保险法》规定，用人单位与劳动者应当共同承担基本养老保险、医疗保险、失业保险的缴费责任。此外，《工资支付暂行规定》要求，用人单位负有代扣代缴劳动者个人负担的各项社会保险费用的责任。如果用人单位停缴劳动者社会保险费，将要承担欠缴社会保险费用的责任。因此，出现上述情形时，用人单位仍然应当按照法律规定缴纳社会保险费；同时可以按照协议约定要求劳动者赔偿用人单位垫付部分。

【法规依据】

《劳动合同法》

第三十五条　用人单位与劳动者协商一致，可以变更劳动合同约定的内容。变更劳动合同,应当采用书面形式。

《社会保险法》

第十条第一款　职工应当参加基本养老保险,由用人单位和职工共同缴纳基本养老保险费。

第二十三条第一款　职工应当参加职工基本医疗保险,由用人单位和职工按照国家规定共同缴纳基本医疗保险费。

第四十四条　职工应当参加失业保险,由用人单位和职工按照国家规定共同缴纳失业保险费。

《工资支付暂行规定》

第十五条第二项　用人单位不得克扣劳动者工资。有下列情况之一的,用人单位可以代扣劳动者工资:

(二)用人单位代扣代缴的应由劳动者个人负担的各项社会保险费用;

84. 招聘外籍务工人员,是否需要办理社会保险?

中国境内就业的外国人,是指依法获得外国人就业证、外国专家证、外国常驻记者证等就业证件和外国人居留证件,以及持有外国人永久居留证,在中国境内合法就业的非中国国籍的人员。

根据《在中国境内就业的外国人参加社会保险暂行办法》第 3 条第 1 款规定,"在中国境内依法注册或者登记的企业、事业单位、社会团体、民办非企业单位、基金会、律师事务所、会计师事务所等组织(以下称用人单位)依法招用的外国人,应当依法参加职工基本养老保险、职工基本医疗保险、工伤保险、失业保险和生育保险,由用人单位和本人按照规定缴纳社会保险费",对在中国境内就业的外国人,包括依法获得外国人就业证、外国专家证、外国常驻记者证等就业证件和外国人居留证件,以及持有外国人永久居留证,在中国境内合法就业的非中国国籍的人员,用人单位必须为其办理社会保险。

如果用人单位未为外籍务工人员办理社会保险,将会受到相关处罚。《在中国境内就业的外国人参加社会保险暂行办法》第 11 条明确规定:"社会保险行政部门应当按照社会保险法的规定,对外国人参加社会保险的情况进行监督检查。用人单位或者境内工作单位未依法为招用的外国人办理社会保险登记或者未依法为其缴纳社会保险费的,按照社会保险法、《劳动保障监察条例》等法律、行政法规和有关规章的规定处理。"即用人单位可能受到以下处罚:发生工伤事故的，由用人单位支付全部工伤保险待遇；不办理社会保险登记的，由社会保险行政部门责令改正；逾期不改正，对用人单位处应缴纳社会保险费数额1倍以上3倍以下的罚款，对其直接负责的主管人员和其他直接责任人员处500元以上3000元以下的罚款；未按时足额缴纳社会保险费的，由社会保险费征收机构责令限期缴纳或者补足，并自欠缴之日起，按日加收万分之五的滞纳金；逾期仍不缴纳的，处欠缴数额1倍以上3倍以下的罚款。

【法规依据】

《社会保险法》

第九十七条　外国人在中国境内就业的，参照本法规定参加社会保险。

《在中国境内就业的外国人参加社会保险暂行办法》

第三条第一款　在中国境内依法注册或者登记的企业、事业单位、社会团体、民办非企业单位、基金会、律师事务所、会计师事务所等组织（以下称用人单位）依法招用的外国人，应当依法参加职工基本养老保险、职工基本医疗保险、工伤保险、失业保险和生育保险，由用人单位和本人按照规定缴纳社会保险费。

第十一条　社会保险行政部门应当按照社会保险法的规定，对外国人参加社会保险的情况进行监督检查。用人单位或者境内工作单位未依法为招用的外国人办理社会保险登记或者未依法为其缴纳社会保险费的，按照社会保险法、《劳动保障监察条例》等法律、行政法规和有关规章的规定处理。

85. 劳动者长期卧病在床，医疗期满后仍不能上班，用人单位可否要求其承担社会保险费？

某劳动者长期卧病在床，医疗期满后仍不能上班。用人单位与该劳动者协商，给出两个方案：一是按照法律规定双方解除劳动合同；二是与其签订休假协商，保留劳动关系，允许其不再上班直至办理退休为止，但是必须自己承担社会保险费中的用人单位缴纳部分和个人缴纳部分。那么，劳动者长期卧病在床，医疗期满后仍不能上班，经双方协商签订休假协商，保留劳动关系，用人单位可否要求其承担社会保险费？

在正常情况下，用人单位应当依法为劳动者缴纳社会保险费，用人单位承担用人单位应缴纳部分，劳动者个人缴费部分由用人单位代扣代缴。这样的社会保险费缴纳方式是建立在双方都依法正常履行劳动合同的基础之上的。

如果任何一方解除或者终止了劳动关系，则双方的社会保险关系也随之结束。

劳动者因病长期无法到岗实际工作，已经影响了用人单位的生产经营。用人单位可以依法行使对劳动者的管理自主权，即在劳动者医疗期满后，按照法定程序解除其劳动合同。当然，用人单位也可以选择与劳动者签订休假协商或者其他非工作性质的文件，这类文件与以"正常工作"为前提的劳动合同有所不同，因此，劳动者的待遇也同样需要调整。对此，法律允许劳资双方在协商一致并且不违反法律的情况下自行约定。也就是说，用人单位仍然要为劳动者缴纳社会保险费，但是关于社会保险费的实际承担情况可以自行约定。

【法规依据】

原劳动部《关于贯彻执行〈中华人民共和国劳动法〉若干问题的意见》

6. 用人单位应与其富余人员、放长假的职工，签订劳动合同，但其劳动合同与在岗职工的劳动合同在内容上可以有所区别。用人单位与劳动者经协商一致可以在劳动合同中就不在岗期间的有关事项作出规定。

86. 用人单位是否需要补缴"两不找"劳动者的社会保险费？

劳动者与用人单位签订了 10 年固定期限的劳动合同，劳动合同于 2015 年 5 月到期，其中在劳动合同履行至第 4 年时，劳动者离开了用人单位。用人单位称是劳动者自己离开的，而劳动者却说是用人单位安排其待岗。劳动合同期限内的后 6 年，劳动者没有在用人单位上班，劳动者和用人单位均无异议。

劳动者与用人单位的关系属于"两不找"的关系。"两不找"是指劳动者离开用人单位后没有联系用人单位，用人单位也没有联系劳动者的情形。而后，劳动者基于当年的劳动合同或者人事档案在原用人单位，认为双方劳动关系仍然存在，要求用人单位为其补缴这期间的社会保险费，并支付这期间的生活费。那么，用人单位是否需要补缴"两不找"劳动者的养老保险费及生活费？对此类问题，各地的做法不一样，可从以下几方面分析判断：

（1）是否存在劳动关系与是否履行劳动合同属于两个法律概念。判断一个劳动者与用人单位是否存在劳动关系的依据是双方是否签订过劳动合同、是否办理过入职手续和离职手续。若签过劳动合同，或者有入职手续且没有离职手续，则双方存在劳动关系。判断双方是否履行劳动合同的依据，对劳动者来说，是指是否向用人单位提供劳动；对用人单位来说，是指是否对劳动者的劳动过程进行管理、是否支付工资和缴纳社会保险费。如果一名劳动者与用人单位签订了劳动合同,但一直没有上班,也没有向用人单位提供其他劳动,则双方的关系就属于在法律上存在劳动合同,但事实上没有履行劳动合同,即劳动关系未建立。

(2)劳动者与用人单位的劳动关系不会自动解除。对于用人单位来说,若与劳动者建立了劳动关系,无论是事实劳动关系还是劳动合同关系,除双方主体资格丧失后或者劳动合同到期的情形外,双方的劳动关系都不会自动解除或者终止。若劳动者个人原因离开用人单位,不到用人单位上班,则属于旷工行为,用人单位可以通过考勤管理制度处罚劳动者直至解除劳动合同;若劳动者因用人单位原因离开,那么则需要提供离开的证明,若无法提供这样的证明,则属于劳动者个人离开。

(3)应结合不同情形予以处理。第一,用人单位签订过劳动合同,劳动合同在"两不找"期间已经到期,那么劳动合同到期即终止,劳动者若想维护自己的权益,则应该在法律规定的时效内提出申请,否则,仲裁委或者法院将不会受理。第二,用人单位与劳动者签订过劳动合同,劳动合同在"两不找"期间仍然没有到期,并且用人单位没有依法对双方的劳动合同关系作出相应的处理,那么双方劳动关系依然存在,劳动者可以要求继续履行原劳动合同。第三,用人单位与劳动者没有签订过劳动合同,但通过劳动者的人事档案可以看出,双方建立过事实的劳动关系,用人单位在"两不找"期间没有对双方的劳动关系作出处理,那么劳动者可以要求继续保持劳动关系。第四,"两不找"期间,劳动者没有向用人单位提供任何劳动,用人单位也没有向劳动者支付任何工资待遇,那么双方的劳动关系属于中止履行的状态,用人单位无须为劳动者缴纳这期间的社会保险费及生活费。第五,"两不找"期间,如果用人单位对双方的劳动关系作出了处理,如解除劳动合同或者终止劳动关系,并履行了有效的送达程序,那么双方的劳动关系自送达之日起解除或者终止。

【法规依据】

《劳动合同法》

第七条　用人单位自用工之日起即与劳动者建立劳动关系。用人单位应当建立职工名册备查。

第二十九条　用人单位与劳动者应当按照劳动合同的约定,全面履行各自的义务。

《劳动法》

第四十六条第一款　工资分配应当遵循按劳分配原则，实行同工同酬。

原劳动部《关于贯彻执行〈中华人民共和国劳动法〉若干问题的意见》

74. 企业富余职工、请长假人员、请长病假人员、外借人员和带薪上学人员，其社会保险费用仍按规定由原单位和个人继续缴纳，缴纳保险费期间计算为缴费年限。

87. 企业职工因触犯刑法，被判拘役缓刑，继续给企业职工参加职工养老保险是否违法？

胡某是某企业职工，上个月因触犯刑法，被人民法院判刑，拘役 2 个月，缓刑 3 个月。因刑期时间短，胡某与所在单位协商，保留劳动关系，继续参加职工养老保险。用人单位想知道的是，当地社保经办机构收到法院判决书后，是否会主动办理胡某的停保手续？其同意保留劳动关系，继续给胡某参加职工养老保险，是否违法？

根据《劳动法》第 25 条、《劳动合同法》第 39 条以及原劳动部《关于贯彻执行〈中华人民共和国劳动法〉若干问题的意见》的规定，劳动者被依法追究刑事责任，其中包括被人民法院判处拘役、三年以下有期徒刑缓刑的，用人单位可以解除劳动合同。因此，在劳动者触犯刑法被追究刑事责任的情况下，劳动法律法规没有强制规定用人单位必须解除劳动合同，是否解除权利掌握在用人单位手中，可以选择解除劳动合同，也可以选择继续与劳动者保留劳动关系。另外，根据浙江省人力资源和社会保障厅《关于被判处有期徒刑人员基本养老保险有关问题的复函》的规定，被宣告缓刑的人员，如符合《浙江省职工基本养老保险条例》规定的参保条件，可参加或继续参加职工基本养老保险。从上述情况来看，胡某被追究刑事责任，即拘役 2 个月，缓刑 3 个月，缓刑期间其并未丧失必要的人身自由，有劳动权利和义务，这种情况下，经双方协商，用人单位可以存续劳动关系，继续给胡某参加职工养老保险。至于当地社保经办机构收到法院判决书后，是否会主动办理胡某的停保手续的问题，据了解，一般情况下，社保参保人员增减（如新参保、停保）均由用人单位办理，在未收到用人单位出具的解除或者终止劳动合同证明、人员增减表等材料前，社保经办机构不会主动办理停保手续。

【法规依据】

《劳动法》

第二十五条 劳动者有下列情形之一的,用人单位可以解除劳动合同:

(一)在试用期间被证明不符合录用条件的;

(二)严重违反劳动纪律或者用人单位规章制度的;

(三)严重失职,营私舞弊,对用人单位利益造成重大损害的;

(四)被依法追究刑事责任的。

《劳动合同法》

第三十九条 劳动者有下列情形之一的,用人单位可以解除劳动合同:

(一)在试用期间被证明不符合录用条件的;

(二)严重违反用人单位的规章制度的;

(三)严重失职,营私舞弊,给用人单位造成重大损害的;

(四)劳动者同时与其他用人单位建立劳动关系,对完成本单位的工作任务造成严重影响,或者经用人单位提出,拒不改正的;

(五)因本法第二十六条第一款第一项规定的情形致使劳动合同无效的;

(六)被依法追究刑事责任的。

原劳动部《关于贯彻执行〈中华人民共和国劳动法〉若干问题的意见》

29.劳动者被依法追究刑事责任的,用人单位可依据劳动法第二十五条解除劳动合同。

“被依法追究刑事责任”是指:被人民检察院免予起诉的、被人民法院判处处罚的、被人民法院依据刑法第三十二条免予刑事处分的。

劳动者被人民法院判处拘役、三年以下有期徒刑缓刑的,用人单位可以解除劳动合同。

浙江省人力资源和社会保障厅《关于被判处有期徒刑人员基本养老保险有关问题的复函》

一、……被判处管制、被宣告缓刑、被暂予监外执行、被裁定假释的人员,如符合《浙江省职工基本养老保险条例》(以下简称《条例》)规定的参保条件,可参加或继续参加职工基本养老保险。

第十二节　工资保障

88. 劳动者请事假并经批准，用人单位是否需要支付劳动者该期间的工资？

劳动者在劳动合同期间有权依法享受年休假、探亲假、婚假、丧假，用人单位应当按照劳动合同规定的标准支付劳动者工资。因此，如果劳动者所请事假属于上述事宜，那么用人单位需要支付劳动者该期间的工资。除此之外，劳动者请事假期间的待遇，国家现行法律规范中没有具体规定。所以，可以由用人单位根据本单位的实际情况和经济效益自主决定并通过内部规章制度加以规定。有的用人单位规定，按计时工资标准的一定比例支付待遇；有的用人单位按假期期限长短给予一定的待遇；有的用人单位规定假期期间没有任何待遇；也有的省政府规章对劳动者请事假是否有工资作了规定，这些规定都没有与国家法律规范相抵触，因而都是有效的。所以，劳动者因私事请假，没有为用人单位提供正常劳动，用人单位向其支付一定的生活费是可以的，不向其支付任何待遇也是可以的，用人单位有权因请事假减发劳动者事假期间的工资，该减发不视为“克扣”工资。

【法规依据】

《劳动法》

第四十五条　国家实行带薪年休假制度。

劳动者连续工作一年以上的，享受带薪年休假。具体办法由国务院规定。

第四十七条　用人单位根据本单位的生产经营特点和经济效益，依法自主确定本单位的工资分配方式和工资水平。

第五十一条　劳动者在法定休假日和婚丧假期间以及依法参加社会活动期间，用人单位应当依法支付工资。

《浙江省企业工资支付管理办法》

第十六条　劳动者享受法定假的，企业应当按照劳动合同的约定和国家、省相关规定支付法定假期间的工资。劳动者请事假或者无正当理由未提供劳动的,用人单位可以不予支付相关期间的工资。

国务院《关于职工探亲待遇的规定》

第二条　凡在国家机关、人民团体和全民所有制企业、事业单位工作满一年的固定职工,与配偶不住在一起,又不能在公休假日团聚的,可以享受本规定探望配偶的待遇;与父亲、母亲都不住在一起,又不能在公休假日团聚的,可以享受本规定探望父母的待遇。但是,职工与父亲或与母亲一方能够在公休假日团聚的,不能享受本规定探望父母的待遇。

89. 辞职能否主张未休年休假工资?

劳动者与用人单位依法签订劳动合同后,劳动者一方按照《劳动合同法》的规定提前30日以书面形式向用人单位提出解除劳动合同(辞职),用人单位同意其请求。如果该劳动者存在应休未休年休假情形,用人单位应安排劳动者休年休假或支付经济补偿金,而不因解雇或辞职的原因丧失享受年休假的权利。但由于劳动者自身的原因辞职导致用人单位生产经营直接经济损失的,用人单位可以向劳动者主张赔偿损失。

【法规依据】

《劳动合同法》

第二十九条　用人单位与劳动者应当按照劳动合同的约定,全面履行各自的义务。

第三十七条　劳动者提前三十日以书面形式通知用人单位,可以解除劳动合同。劳动者在试用期内提前三日通知用人单位,可以解除劳动合同。

第九十条　劳动者违反本法规定解除劳动合同,或者违反劳动合同中约定的保密义务或者竞业限制,给用人单位造成损失的,应当承担赔偿责任。

《企业职工带薪年休假实施办法》

第十二条　用人单位与职工解除或者终止劳动合同时,当年度未安排职工休满应休年休假的,应当按照职工当年已工作时间折算应休未休年休假天数并支付未休年休假工资报酬,但折算后不足1整天的部分不支付未休年休假工资报酬。

前款规定的折算方法为:(当年度在本单位已过日历天数÷365天)×职工本人全年应当享受的年休假天数－当年度已安排年休假天数。

用人单位当年已安排职工年休假的,多于折算应休年休假的天数不再扣回。

90. 解除劳动合同决定被撤销,工资该如何补发?

《劳动合同法》第 48 条规定:"用人单位违反本法规定解除或者终止劳动合同,劳动者要求继续履行劳动合同的,用人单位应当继续履行;劳动者不要求继续履行劳动合同或者劳动合同已经不能继续履行的,用人单位应当依照本法第八十七条规定支付赔偿金。"根据上述规定,用人单位违法解除或终止劳动合同的,劳动者可以要求恢复双方的劳动关系。

劳动关系恢复后,往往会涉及工资补发的问题。但是,工资补发时间应从解除之日起算还是从提起仲裁之日起算?工资应全额发放,还是应按某一标准发放?

《劳动争议调解仲裁法》第 27 条第 1 款规定:"劳动争议申请仲裁的时效期间为一年。仲裁时效期间从当事人知道或者应当知道其权利被侵害之日起计算。"根据这一规定,劳动者可以在被解除或终止劳动合同之日起 1 年内提起仲裁申请。至于在 1 年内的哪一时间点提起申请,劳动者具有选择权。同理,补发工资也应从劳动者知道或应当知道权利开始受到侵害之日(用人单位解除或终止合同之日)起算,计算至权利受侵害的状态终止之时(解除或终止合同决定被撤销时)为止。

关于补发工资的标准问题,应当结合违法的性质以及劳动者的过错程度来确定。用人单位违法解除劳动合同包括两种情形:一是程序违法;二是实体违法。所谓程序违法,是指违反了法律规定的程序要件,包括方式、步骤、顺序和期限等。例如,用人单位没有履行事先向工会通知义务;或者未依照《劳动合同法》第 41 条解除合同时提前向职工或工会说明情况,也未向劳动行政部门报告,或者赖以处理职工的规章制度制定程序不合法等。所谓实体违法,是指用人单位违反法律规定的实体要件,包括解除事实不存在,解除证据不充分,或者解除没有相应的法律依据。

对于实体违法,应按劳动者解除前月平均工资标准补发工资;对于程序违法,可以按照当地最低工资或基本生活费的标准予以补发。对于这一问题,一些地方对司法实践的指导意见都有类似观点。例如,北京市高级人民法院、北京市劳动争议仲裁委员会《关于劳动争议案件法律适用问题研讨会会议纪要》

第 24 条规定,“(一)用人单位作出的处理决定仅因程序方面存在瑕疵而被依法撤销的,用人单位应按最低工资标准向劳动者支付上述期间的工资;(二)用人单位作出的处理决定因在实体方面存在问题而被依法撤销的,用人单位应按劳动者正常劳动时的工资标准向劳动者支付上述期间的工资”。

另外,如果劳动者对合同解除终止负有相应责任的,补发工资的标准也可以酌情降低。

【法规依据】

《劳动合同法》

第四十八条 用人单位违反本法规定解除或者终止劳动合同,劳动者要求继续履行劳动合同的,用人单位应当继续履行;劳动者不要求继续履行劳动合同或者劳动合同已经不能继续履行的,用人单位应当依照本法第八十七条规定支付赔偿金。

《劳动争议调解仲裁法》

第二十七条 劳动争议申请仲裁的时效期间为一年。仲裁时效期间从当事人知道或者应当知道其权利被侵害之日起计算。

91. 职工在工作时间打架受伤,治疗休息期间有工资吗?

原劳动部《关于贯彻执行〈中华人民共和国劳动法〉若干问题的意见》第 59 条规定:“职工患病或非因工负伤治疗期间,在规定的医疗期间内由企业按有关规定支付其病假工资或疾病救济费,病假工资或疾病救济费可以低于当地最低工资标准支付,但不能低于最低工资标准的 80%。”据此,员工非因工负伤,也可以享受病假工资。当然,“非因工负伤”原因有很多:一是自残受伤;二是个人不慎导致受伤;三是被其他人致伤;四是因自然灾害受伤;五是因个人违法违纪或犯罪而受伤。对于因第二种原因、第三种原因、第四种原因受伤的,由于职工在主观上不存在故意,行为上也不存在违法、犯罪,在治疗期间可以享受病假工资。但是职工打架斗殴致伤,其行为已经构成了违法,处理起来比较特殊。全国总工会 1981 年下发《关于工人在生产时间打架负伤医药费和工资如何处理的复函》明确规定:“为了维护法制和生产秩序,对职工在生产时间打架负伤的药费自理,未上班期间不发工资。”

但是,2009 年 1 月 21 日该文件被废止了,并且国家现行法律、法规或政策性文件对此问题没有明确规定。因此,对这个问题应当看地方性法规有无规定；如没有规定，要看用人单位的规章制度有无规定；如没有规定，职工因违法而受伤，在治疗休息期间没有被用人单位解除劳动合同的，应当有病假工资。

【法规依据】

原劳动部《关于贯彻执行〈中华人民共和国劳动法〉若干问题的意见》

第五十九条　职工患病或非因工负伤治疗期间，在规定的医疗期间内由企业按有关规定支付其病假工资或疾病救济费，病假工资或疾病救济费可以低于当地最低工资标准支付，但不能低于最低工资标准的80%。

全国总工会《关于工人在生产时间打架负伤医药费和工资如何处理的复函》明确规定："为了维护法制和生产秩序，对职工在生产时间打架负伤的药费自理，未上班期间不发工资。"

92. 疑似职业病观察、诊断期间，工资标准如何确定？

用人单位招用从事有毒有害作业的劳动者在其劳动合同到期后终止了双方的劳动关系。该劳动者去医院检查，发现疑似职业病；其向原用人单位书面申请延长劳动合同期限至确诊之日。用人单位同意顺延双方劳动合同期限至医疗期满日止。但是，该劳动者在疑似职业病观察、诊断期间，工资标准如何确定？

《职业病防治法》第36条规定，"对从事接触职业病危害的作业的劳动者，用人单位应当按照国务院卫生行政部门的规定组织上岗前、在岗期间和离岗时的职业健康检查，并将检查结果书面告知劳动者。职业健康检查费用由用人单位承担。用人单位不得安排未经上岗前职业健康检查的劳动者从事接触职业病危害的作业；不得安排有职业禁忌的劳动者从事其所禁忌的作业；对在职业健康检查中发现有与所从事的职业相关的健康损害的劳动者，应当调离原工作岗位，并妥善安置；对未进行离岗前职业健康检查的劳动者不得解除或者终止与其订立的劳动合同"。据此，劳动者从事有毒有害工种工作的，在劳动合同解除或者终止前，用人单位应当安排其进行职业健康检查，未进行职业健康检查的，用人单位不得解除或者终止劳动合同。医疗卫生机构发现疑似职业病病人时，应当告知劳动者本人并及时通知用人单位。

对于经过检查，有疑似职业病的劳动者，《职业病防治法》第55条规定："医疗卫生机构发现疑似职业病病人时，应当告知劳动者本人并及时通知用人单位。用人单位应当及时安排对疑似职业病病人进行诊断；在疑似职业病病人诊断或者医学观察期间，不得解除或者终止与其订立的劳动合同。疑似职业病病人在诊断、医学观察期间的费用，由用人单位承担。”根据规定，用人单位对疑似职业病的劳动者不但不能解除或者终止劳动合同，而且在诊断或者观察期间，即劳动者不提供劳动义务，用人单位也应当支付工资待遇。

诊断、观察期内的工资待遇标准，应当根据最终的诊断结果来确定。如果诊断结果确定劳动者未患职业病，应保证劳动者病假工资标准。病假工资的标准可以根据原劳动部《关于贯彻执行〈中华人民共和国劳动法〉若干问题的意见》第 59 条“职工患病或非因工负伤治疗期间，在规定的医疗期内由企业按有关规定支付其病假工资或疾病救济费，病假工资或疾病救济费可以低于当地最低工资标准支付，但不能低于最低工资标准的 80%”的规定标准支付。因此，病假期间的待遇不得低于当地最低工资标准的 80%。如果经过观察、诊断，确定劳动者患职业病，诊断、观察期间应当支付停工留薪待遇。停工留薪待遇的标准应当根据《工伤保险条例》第 33 条“职工因工作遭受事故伤害或者患职业病需要暂停工作接受工伤医疗的，在停工留薪期内，原工资福利待遇不变，由所在单位按月支付”的规定标准支付。也就是说，在停工留薪期内，要保证劳动者的原工资待遇。

综上所述，在职业病观察期间，用人单位应当先保证劳动者病假工资标准，根据观察诊断的结果确定是否补发差额的工资。

【法规依据】

《职业病防治法》

第三十五条第一、二款　对从事接触职业病危害的作业的劳动者，用人单位应当按照国务院卫生行政部门的规定组织上岗前、在岗期间和离岗时的职业健康检查，并将检查结果书面告知劳动者。职业健康检查费用由用人单位承担。

用人单位不得安排未经上岗前职业健康检查的劳动者从事接触职业病危害的作业；不得安排有职业禁忌的劳动者从事其所禁忌的作业；对在职业健康检查中发现有与所从事的职业相关的健康损害的劳动者，应当调离原工作岗位，并妥善安置；对未进行离岗前职业健康检查的劳动者不得解除或者终止与其订立的劳动合同。

第五十六条　医疗卫生机构发现疑似职业病病人时，应当告知劳动者本人并及时通知用人单位。

用人单位应当及时安排对疑似职业病病人进行诊断;在疑似职业病病人诊断或者医学观察期间,不得解除或者终止与其订立的劳动合同。

疑似职业病病人在诊断、医学观察期间的费用,由用人单位承担。

原劳动部《关于贯彻执行〈中华人民共和国劳动法〉若干问题的意见》

59. 职工患病或非因工负伤治疗期间,在规定的医疗期间内由企业按有关规定支付其病假工资或疾病救济费,病假工资或疾病救济费可以低于当地最低工资标准支付,但不能低于最低工资标准的80%。

《工伤保险条例》

第三十三条第一款　职工因工作遭受事故伤害或者患职业病需要暂停工作接受工伤医疗的,在停工留薪期内,原工资福利待遇不变,由所在单位按月支付。

93. 劳动者在试用期内,用人单位支付的工资可否低于最低工资标准?

所谓试用期,是指用人单位和劳动者相互了解、适应、选择而约定的考察期。在试用期内,用人单位和劳动者可以约定工资标准,工资究竟为多少,法律法规没有设定,而只规定了最低工资标准。劳动者在试用期内的工资不得低于其本单位相同岗位最低档工资或者劳动合同约定工资的80%,并不得低于用人单位所在地的最低工资标准。由此可知,用人单位对劳动者在试用期内的工资不得低于当地政府规定的最低工资标准,否则,要承担相应的法律责任。

【法规依据】

《劳动法》

第四十八条　国家实行最低工资保障制度。最低工资的具体标准由省、自治区、直辖市人民政府规定,报国务院备案。

用人单位支付劳动者的工资不得低于当地最低工资标准。

原劳动部《关于贯彻执行〈中华人民共和国劳动法〉若干问题的意见》

57. 劳动者与用人单位形成或建立劳动关系后,试用、熟练、见习期间,在法定工作时间内提供了正常劳动,其所在的用人单位应当支付其不低于最低工资标准的工资。

《劳动合同法》

第二十条　劳动者在试用期的工资不得低于本单位相同岗位最低档工资或者劳动合同约定工资的百分之八十,并不得低于用人单位所在地的最低工资标准。

第八十五条　用人单位有下列情形之一的，由劳动行政部门责令限期支付劳动报酬、加班费或者经济补偿；劳动报酬低于当地最低工资标准的，应当支付其差额部分；逾期不支付的，责令用人单位按应付金额百分之五十以上百分之一百以下的标准向劳动者加付赔偿金：

（一）未按照劳动合同的约定或者国家规定及时足额支付劳动者劳动报酬的；

（二）低于当地最低工资标准支付劳动者工资的；

（三）安排加班不支付加班费的；

（四）解除或者终止劳动合同，未依照本法规定向劳动者支付经济补偿的。

94. 过了申请时效，工伤职工的待遇由谁承担？

工伤职工向工伤保险行政部门提出工伤认定申请，工伤保险行政部门以超过工伤认定申请时效为由，作出不予受理通知书。那么，过了申请时效，工伤职工的待遇由谁承担？

《工伤保险条例》第 17 条规定："职工发生事故伤害或者按照职业病防治法规定被诊断、鉴定为职业病，所在单位应当自事故伤害发生之日或者被诊断、鉴定为职业病之日起 30 日内，向统筹地区社会保险行政部门提出工伤认定申请。遇有特殊情况，经报社会保险行政部门同意，申请时限可以适当延长。用人单位未按前款规定提出工伤认定申请的，工伤职工或者其近亲属、工会组织在事故伤害发生之日或者被诊断、鉴定为职业病之日起 1 年内，可以直接向用人单位所在地统筹地区社会保险行政部门提出工伤认定申请。用人单位未在本条第一款规定的时限内提交工伤认定申请，在此期间发生符合本条例规定的工伤待遇等有关费用由该用人单位负担。"

根据上述规定，工伤认定主体有三类：一是职工所在单位；二是工伤职工或者其直系亲属；三是工会组织。由于工伤保险实行的是用人单位责任原则，工伤事故发生或者职业病被确诊之后，为了保障职工的合法权益，促进单位的安全生产，法律要求职工所在单位承担首要的工伤申请义务。因此，对用人单位而言，申报工伤是义务，在法条上用的是"应当"，即"必须"意思。如果用人单位在事故伤害发生之日起 30 日内提出工伤认定申请，工伤保险待遇中应当由工伤保险经办机构承担的部分，经办机构将依法予以承担；如果用人单位过了 30 日才申报工伤，申报工伤前已经发生的工伤待遇全部由用人单位承担。对工伤职工而言,如果用人单位未规定时限申报职工工伤认定的申请,工伤职工或者其近亲属在事故伤害发生之日或者被诊断、鉴定为职业病之日起 1 年内,可以直接向社会保险行政部门提出工伤认定申请。因此,在法条上用的是“可以”,即职工去申报“可以”,不去申报也“可以”,职工有权作出选择。工伤职工逾期未行使,不会产生时限中止,只产生不再受理劳动者的工伤认定申请。

工伤保险行政部门不受理劳动者的申请,只导致职工丧失了由工伤保险基金支付工伤待遇的机会,并不是说工伤职工就不能享受工伤待遇,也不是说工伤保险行政部门不受理工伤认定就免除了用人单位负担工伤待遇的责任。

根据法律规定,工伤待遇的支付主体有两个:一是工伤保险经办机构;二是用人单位。在用人单位参加工伤保险统筹并依法申报工伤的情况下,由工伤保险经办机构支付相应部分,用人单位承担单位承担部分。用人单位和工伤职工均未在法定时限内申请工伤认定,即使用人单位参加了工伤保险统筹,但由于未经法定程序认定工伤,使原本可由工伤保险经办机构支付工伤职工工伤待遇的途径和程序丧失。但这并不意味着受伤职工工伤待遇权益的绝对丧失。用人单位在其职工受伤后不积极履行这项义务,最终导致申请工伤认定超过时限,那么由此引发的后果和责任只能由用人单位承担。

【法规依据】

《社会保险法》

第三十三条　职工应当参加工伤保险,由用人单位缴纳工伤保险费,职工不缴纳工伤保险费。

第三十六条第一款　职工因工作原因受到事故伤害或者患职业病,且经工伤认定的,享受工伤保险待遇;其中,经劳动能力鉴定丧失劳动能力的,享受伤残待遇。

第四十一条第一款　职工所在用人单位未依法缴纳工伤保险费,发生工伤事故的,由用人单位支付工伤保险待遇。用人单位不支付的,从工伤保险基金中先行支付。

《工伤保险条例》

第十七条　职工发生事故伤害或者按照职业病防治法规定被诊断、鉴定为职业病,所在单位应当自事故伤害发生之日或者被诊断、鉴定为职业病之日起 30 日内,向统筹地区社会保险行政部门提出工伤认定申请。遇有特殊情况,经报社会保险行政部门同意,申请时限可以适当延长。

用人单位未按前款规定提出工伤认定申请的,工伤职工或者其近亲属、工会组织在事故伤害发生之日或者被诊断、鉴定为职业病之日起1年内,可以直接向用人单位所在地统筹地区社会保险行政部门提出工伤认定申请。

用人单位未在本条第一款规定的时限内提交工伤认定申请,在此期间发生符合本条例规定的工伤待遇等有关费用由该用人单位负担。

95. 怀孕期间能否调岗降薪,该做法是否合法合理?

怀孕生子是大多数女性必须经历的事情,现在有用人单位为了自身利益而给女职工进行调岗降薪处理。李某入职某公司2年,工作需要经常出差。她发现自己怀孕了,便向公司说明情况,希望公司考虑。公司回复称可以调动到无须出差的岗位,但工资要降低一半。请问公司的做法是否合理?

该公司如此调整李某的岗位违反法律规定。根据法律规定,劳动者的岗位属于劳动合同的重要内容,《劳动合同法》第35条规定,用人单位与劳动者协商一致,可以变更劳动合同约定的内容,并应采用书面形式。但现实中,由于用人单位生产经营管理的需要,调整劳动者工作岗位的情况时有发生;如果将该法条内容机械地理解,则很多用人单位正常的生产可能也无法进行下去。为此,目前在司法实践中,对于用人单位将劳动者工作岗位的调整是否合理的问题,主要把握以下几点进行判断:(1)调整劳动者工作岗位是用人单位生产经营的需要;(2)调整工作岗位后劳动者的工资水平与原岗位基本相当;(3)不具有侮辱性和惩罚性;(4)无其他违反法律法规的情形。

综合李某怀孕的事实,其自身与公司在客观上均有将岗位予以调整的必要性,但公司在调岗时将其工资下降至仅有原来的一半,是违反法律规定的;而且对于这一点,李某也并未与公司达成一致,公司如果单方面强行调整,则违反法律规定。李某可依法提起劳动仲裁,运用法律武器维护自身的合法权益。

【法规依据】

《劳动合同法》

第三十五条 用人单位与劳动者协商一致,可以变更劳动合同约定的内容。变更劳动合同,应当采用书面。

《妇女权益保障法》

第四十七条 用人单位应当根据妇女的特点,依法保护妇女在工作和劳动时的安全、健康以及休息的权利。

妇女在经期、孕期、产期、哺乳期受特殊保护。

第四十八条　用人单位不得因结婚、怀孕、产假、哺乳等情形，降低女职工的工资和福利待遇，限制女职工晋职、晋级、评聘专业技术职称和职务，辞退女职工，单方解除劳动（聘用）合同或者服务协议。

女职工在怀孕以及依法享受产假期间，劳动（聘用）合同或者服务协议期满的，劳动（聘用）合同或者服务协议期限自动延续至产假结束。但是，用人单位依法解除、终止劳动（聘用）合同、服务协议，或者女职工依法要求解除、终止劳动（聘用）合同、服务协议的除外。

用人单位在执行国家退休制度时，不得以性别为由歧视妇女。

《女职工劳动保护特别规定》

第五条　用人单位不得因女职工怀孕、生育、哺乳降低其工资、予以辞退、与其解除劳动或者聘用合同。

第十三节　其他权益

96. 劳动维权逾期，是否会因此不被支持？

小霍于2005年4月入职一家电子公司，入职后曾签订过一份劳动合同，合同期限为2009年1月1日至2009年12月31日，合同期满后，双方未再续签劳动合同。小霍在这家公司工作到2012年1月。

2012年4月，小霍申请劳动仲裁，要求该电子公司支付其工作期间各项加班费、未休年休假工资及未签订劳动合同期间的二倍工资差额9万余元。劳动争议仲裁委员会未支持小霍的请求，他不服，起诉至法院。法院审理认为，劳动争议申请仲裁的时效期间为1年。劳动关系存续期间因拖欠劳动报酬发生争议的，劳动者申请仲裁不受1年仲裁时效期间的限制；但是，劳动关系终止的，应当自劳动关系终止之日起1年内提出。小霍最后工作至2012年1月15日，于2012年4月16日申请仲裁，因此他关于加班费、未休年休假工资的请求未超过仲裁时效。但他主张支付 2011 年之前未签订劳动合同 2 倍工资差额的请求,超过 1 年的仲裁时效,不予支持。

劳动者可以在劳动关系终止之日起 1 年内主张劳动关系存续期间拖欠的加班费和未休年假工资等劳动报酬。用人单位与劳动者未签订劳动合同而应支付的 2 倍工资中的超出一倍部分属于惩罚性赔偿,不属于劳动报酬,不应适用《劳动争议调解仲裁法》第 27 条第 4 款的规定,劳动者应自知道或者应当知道其权利被侵害之日起 1 年内主张权利。

【法规依据】

《劳动法》

第四十四条　有下列情形之一的,用人单位应当按照下列标准支付高于劳动者正常工作时间工资的工资报酬:

(一)安排劳动者延长工作时间的,支付不低于工资的百分之一百五十的工资报酬;

(二)休息日安排劳动者工作又不能安排补休的,支付不低于工资的百分之二百的工资报酬;

(三)法定休假日安排劳动者工作的,支付不低于工资的百分之三百的工资报酬。

第四十五条　国家实行带薪年休假制度。

劳动者连续工作一年以上的,享受带薪年休假。具体办法由国务院规定。

《劳动合同法》

第三十一条　用人单位应当严格执行劳动定额标准,不得强迫或者变相强迫劳动者加班。用人单位安排加班的,应当按照国家有关规定向劳动者支付加班费。

《劳动争议调解仲裁法》

第二十七条　劳动争议申请仲裁的时效期间为一年。仲裁时效期间从当事人知道或者应当知道其权利被侵害之日起计算。

前款规定的仲裁时效,因当事人一方向对方当事人主张权利,或者向有关部门请求权利救济,或者对方当事人同意履行义务而中断。从中断时起,仲裁时效期间重新计算。

因不可抗力或者有其他正当理由,当事人不能在本条第一款规定的仲裁时效期间申请仲裁的,仲裁时效中止。从中止时效的原因消除之日起,仲裁时效期间继续计算。

劳动关系存续期间因拖欠劳动报酬发生争议的，劳动者申请仲裁不受本条第一款规定的仲裁时效期间的限制；但是，劳动关系终止的，应当自劳动关系终止之日起一年内提出。

《职工带薪年休假条例》

第三条　职工累计工作已满1年不满10年的，年休假5天；已满10年不满20年的，年休假10天；已满20年的，年休假15天。

国家法定休假日、休息日不计入年休假的假期。

第五条　单位根据生产、工作的具体情况，并考虑职工本人意愿，统筹安排职工年休假。

年休假在1个年度内可以集中安排，也可以分段安排，一般不跨年度安排。单位因生产、工作特点确有必要跨年度安排职工年休假的，可以跨1个年度安排。

单位确因工作需要不能安排职工休年休假的，经职工本人同意，可以不安排职工休年休假。对职工应休未休的年休假天数，单位应当按照该职工日工资收入的300%支付年休假工资报酬。

《企业职工带薪年休假实施办法》

第十条　用人单位经职工同意不安排年休假或者安排职工休假天数少于应休年休假天数的，应当在本年度内对职工应休未休年休假天数，按照其日工资收入的300%支付未休年休假工资报酬，其中包含用人单位支付职工正常工作期间的工资收入。

97. 部分公民放假的节日出差或者工作，应否支付加班工资？

章某是某用人单位的一名职工，2012年3月6日至9日因工作需要被用人单位派到外地出差，出差期间恰逢国际劳动妇女节。章某认为，用人单位应该支付国际劳动妇女节半天的加班费，然后向用人单位提出了异议，而用人单位却认为，国际劳动妇女节属于部分公民的法定假日，只需要支付正常的劳动报酬。双方为此产生矛盾，章某以用人单位不支付加班费为由提起劳动争议仲裁。章某的请求没有得到劳动争议仲裁委员会支持。

章某在3月8日国际劳动妇女节出差不能获得加班费。根据国务院《全国年节及纪念日放假办法》和原劳动和社会保障部办公厅《关于部分公民放假有关工资问题的函》的规定,妇女节、青年节等部分公民放假的规定,在部分公民放假的节日期间,对参加社会或者单位组织的庆祝活动和照常工作的职工,单位应当支付工资报酬,但不支付加班费。如果该节日恰逢星期六、星期日,单位安排加班工作,则应当支付加班工资。因此,用人单位无须支付章某在3月8日国际劳动妇女节出差的加班费,只需支付正常的劳动报酬。

【法规依据】

《全国年节及纪念日放假办法》

第三条 部分公民放假的节日及纪念日:

(一)妇女节(3月8日),妇女放假半天;

(二)青年节(5月4日),14周岁以上的青年放假半天;

(三)儿童节(6月1日),不满14周岁的少年儿童放假1天;

(四)中国人民解放军建军纪念日(8月1日),现役军人放假半天。

第六条 全体公民放假的假日,如果适逢星期六、星期日,应当在工作日补假。部分公民放假的假日,如果适逢星期六、星期日,则不补假。

原劳动和社会保障部办公厅《关于部分公民放假有关工资问题的函》

上海市劳动和社会保障局:

你局《关于部分公民放假有关问题的请示》收悉。经研究,答复如下:

关于部分公民放假的节日期间,用人单位安排职工工作,如何计发职工工资报酬问题。按照国务院《全国年节及纪念日放假办法》(国务院令第270号)中关于妇女节、青年节等部分公民放假的规定,在部分公民放假的节日期间,对参加社会或单位组织庆祝活动和照常工作的职工,单位应支付工资报酬,但不支付加班工资。如果该节日恰逢星期六、星期日,单位安排职工加班工作,则应当依法支付休息日的加班工资。

98. 女大学生应聘文案岗位被拒绝,算不算歧视?

女大学生郭晶去企业应聘文案岗位,企业称只要男性而将其拒绝,这算不算歧视?"浙江就业性别歧视第一案"有了结果。杭州市西湖区人民法院判定,被告东方烹饪学校侵犯了女生郭某的平等就业权,赔偿其2000元精神损害抚慰金。

招工要男不要女,就业遭遇性别歧视,现实中比比皆是,司空见惯。对此,绝大多数人选择了沉默,熟视无睹。可女大学生郭某偏不信这个邪,非但如此,还将招聘单位诉至法庭,用法律武器为自己维权,力争讨个"说法"。而法院的判决,虽然没有直接判定郭某获得应聘的文案职位,但判定企业侵权,并因此需赔偿 2000 元精神损害抚慰金,则明确表明女性的平等就业权不可侵犯。

此前,不但鲜见就业性别歧视维权的诉讼,更鲜见维护平等就业权的司法判例,尤其是罕见对就业性别歧视侵权判令赔偿精神损害抚慰金。显然,女大学生郭某性别歧视维权胜诉的司法案例,具有鲜明的典型意义和示范意义。尽管我国不是判例法国家,但积小步而至千里,通过个案,可以点滴推动司法和法治的进步,不但对现实中大量存在的性别等各种就业歧视现象具有警示意义,也为就业歧视维权指明了可以借鉴的法律方向。

虽然,《劳动法》《就业促进法》《妇女权益保障法》等都明文反对就业歧视,保护女性享受与男性平等的就业权,但都没有明确规定用人单位违法时,应承担何种行政和民事责任,也没有规定具体的执法机关。法律没有罚则,犹如老虎没有牙齿,威慑力大打折扣,对就业歧视起不到任何实质的制约作用。其一,没有明确的违法成本,多数违规企业有恃无恐,就业性别歧视我行我素,泛滥不绝;其二,违法却没有明确的法律后果,不但受害者难以提出诉讼主张、依法维权,法院也势必遭遇"判决难";其三,相关行政监管部门也怠于行使职权,难以采取积极有效的措施保护弱势女性。

因而,浙江就业性别歧视第一案胜诉,还具有特别的法律价值和意义,虽然最相关的法律没有制定具体罚则,但法院遵循法律公平、正义的精神和理念,援引《民法通则》《侵权责任法》(均已废止)的规定,判令性别歧视单位因其性别歧视的侵权行为而承担精神损害赔偿金。这不但从法律上对就业性别歧视说"不",更科以法律制裁,让违法行为付出代价,从而维护了法律的尊严。

司法判决具有创新性和指引精神,但也凸显目前反就业歧视层面法律后劲不足的弊端,不符合依法治国的时代主题需要。男女公平就业,更不能只靠女性的个案维权和法院的个案裁判。如何弥补法律短板,修订完善现行法律,或出台反就业性别歧视的专门法律,从制度和操作层面严格规范企业用工,明确法律责任,给予女性就业全面呵护,才是治本之策。

同时,在制度的设计上,考虑用工企业减负的实际,可以从税收方面进行调节,对积极使用女工、保护女工正当权益的用工单位给予一定优惠、减免,以减少其招工的后顾之忧,促进女性平等就业。如此,公平就业的春天才会尽快到来。

【法规依据】

《就业促进法》

第三条　劳动者依法享有平等就业和自主择业的权利。

劳动者就业,不因民族、种族、性别、宗教信仰等不同而受歧视。

第二十七条　国家保障妇女享有与男子平等的劳动权利。

用人单位招用人员,除国家规定的不适合妇女的工种或者岗位外,不得以性别为由拒绝录用妇女或者提高对妇女的录用标准。

用人单位录用女职工,不得在劳动合同中规定限制女职工结婚、生育的内容。

《妇女权益保障法》

第四十一条　国家保障妇女享有与男子平等的劳动权利和社会保障权利。

第四十三条　用人单位在招录(聘)过程中,除国家另有规定外,不得实施下列行为:

(一)限定为男性或者规定男性优先;

(二)除个人基本信息外,进一步询问或者调查女性求职者的婚育情况;

(三)将妊娠测试作为入职体检项目;

(四)将限制结婚、生育或者婚姻、生育状况作为录(聘)用条件;

(五)其他以性别为由拒绝录(聘)用妇女或者差别化地提高对妇女录(聘)用标准的行为。

第四十四条　用人单位在录(聘)用女职工时,应当依法与其签订劳动(聘用)合同或者服务协议,劳动(聘用)合同或者服务协议中应当具备女职工特殊保护条款,并不得规定限制女职工结婚、生育等内容。

职工一方与用人单位订立的集体合同中应当包含男女平等和女职工权益保护相关内容,也可以就相关内容制定专章、附件或者单独订立女职工权益保护专项集体合同。

第四十七条　用人单位应当根据妇女的特点,依法保护妇女在工作和劳动时的安全、健康以及休息的权利。

妇女在经期、孕期、产期、哺乳期受特殊保护。

第四十八条　用人单位不得因结婚、怀孕、产假、哺乳等情形,降低女职工的工资和福利待遇,限制女职工晋职、晋级、评聘专业技术职称和职务,辞退女职工,单方解除劳动(聘用)合同或者服务协议。

女职工在怀孕以及依法享受产假期间，劳动（聘用）合同或者服务协议期满的，劳动（聘用）合同或者服务协议期限自动延续至产假结束。但是，用人单位依法解除、终止劳动（聘用）合同、服务协议，或者女职工依法要求解除、终止劳动（聘用）合同、服务协议的除外。

用人单位在执行国家退休制度时，不得以性别为由歧视妇女。

99. 用人单位发生分立、合并、转让的，原劳动合同效力及工伤保险责任如何处理？

用人单位分立、合并、转让不影响劳动合同效力，原劳动合同继续有效，承继的用人单位承继原用人单位权利、义务。

用人单位分立、合并、转让不影响职工工伤权益。承继单位承担原用人单位的工伤保险责任，原用人单位已经参加工伤保险的由承继单位到当地社会保险经办机构办理工伤保险变更登记。

劳动者与这类单位发生争议，应该“告”谁呢？用人单位与其他单位合并的，合并前发生的劳动争议，合并后的单位为当事人；用人单位分立为若干单位的，其分立前发生的劳动争议，分立后的实际用人单位为当事人；用人单位分立为若干单位后，对承继劳动权利义务的单位不明确的，分立后的单位均为当事人。

【法规依据】

《劳动合同法》

第三十三条　用人单位变更名称、法定代表人、主要负责人或者投资人等事项，不影响劳动合同的履行。

第三十四条　用人单位发生合并或者分立等情况，原劳动合同继续有效，劳动合同由承继其权利和义务的用人单位继续履行。

《工伤保险条例》

第四十三条第一款　用人单位分立、合并、转让的，承继单位应当承担原用人单位的工伤保险责任；原用人单位已经参加工伤保险的，承继单位应当到当地经办机构办理工伤保险变更登记。

最高人民法院《关于审理劳动争议案件适用法律问题的解释（一）》

第二十六条　用人单位与其他单位合并的，合并前发生的劳动争议，由合并后的单位为当事人；用人单位分立为若干单位的，其分立前发生的劳动争议，由分立后的实际用人单位为当事人。

用人单位分立为若干单位后，具体承受劳动权利义务的单位不明确的，分立后的单位均为当事人。

100. 用人单位解散或者破产，清算组是否应当在清算时以用人单位财产优先支付职工的工资、社会保险费用和法定补偿金？

公司解散应当成立清算组进行清算，制订清算方案，公司财产优先支付职工的工资、社会保险费用和法定补偿金。

假如公司在清算时没有依法支付职工的工伤保险费用，职工可以要求清算组成员承担赔偿责任。

劳动者与这类单位发生争议，应该“告”谁呢？用人单位解散、歇业，不能承担相关责任的，应当将用人单位和其出资人、开办单位或者主管部门作为共同当事人。

用人单位破产的，在破产清算时依法拨付应当由单位支付的工伤保险待遇费用。

【法规依据】

《公司法》

第一百八十三条　公司因本法第一百八十条第（一）项、第（二）项、第（四）项、第（五）项规定而解散的，应当在解散事由出现之日起十五日内成立清算组，开始清算。有限责任公司的清算组由股东组成，股份有限公司的清算组由董事或者股东大会确定的人员组成。逾期不成立清算组进行清算的，债权人可以申请人民法院指定有关人员组成清算组进行清算。人民法院应当受理该申请，并及时组织清算组进行清算。

第一百八十六条　清算组在清理公司财产、编制资产负债表和财产清单后，应当制定清算方案，并报股东会、股东大会或者人民法院确认。公司财产在分别支付清算费用、职工的工资、社会保险费用和法定补偿金，缴纳所欠税款，清偿公司债务后的剩余财产，有限责任公司按照股东的出资比例分配，股份有限公司按照股东持有的股份比例分配。

第一百八十九条第三款　清算组成员因故意或者重大过失给公司或者债权人造成损失的，应当承担赔偿责任。

《劳动人事争议仲裁办案规则》

第六条　发生争议的用人单位未办理营业执照、被吊销营业执照、营业执照到期继续经营、被责令关闭、被撤销以及用人单位解散、歇业，不能承担相关责任的，应当将用人单位和其出资人、开办单位或者主管部门作为共同当事人。

《工伤保险条例》

第四十三条第四款　企业破产的，在破产清算时依法拨付应当由单位支付的工伤保险待遇费用。

《企业破产法》

第六条　人民法院审理破产案件，应当依法保障企业职工的合法权益，依法追究破产企业经营管理人员的法律责任。

第一百一十三条第一、二款　破产财产在优先清偿破产费用和共益债务后，依照下列顺序清偿：

（一）破产人所欠职工的工资和医疗、伤残补助、抚恤费用，所欠的应当划入职工个人账户的基本养老保险、基本医疗保险费用，以及法律、行政法规规定应当支付给职工的补偿金；

（二）破产人欠缴的除前项规定以外的社会保险费用和破产人所欠税款；

（三）普通破产债权。

破产财产不足以清偿同一顺序的清偿要求的，按照比例分配。

第三章 企业劳动用工典型案例

人力资源社会保障部、最高人民法院联合发布的劳动人事争议典型案例(第二批)①

案例1. 劳动者拒绝违法超时加班安排,用人单位能否解除劳动合同

基本案情

张某于2020年6月入职某快递公司,双方订立的劳动合同约定试用期为3个月,试用期月工资为8000元,工作时间执行某快递公司规章制度相关规定。某快递公司规章制度规定,工作时间为早9时至晚9时,每周工作6天。2个月后,张某以工作时间严重超过法律规定上限为由拒绝超时加班安排,某快递公司即以张某在试用期间被证明不符合录用条件为由与其解除劳动合同。张某向劳动人事争议仲裁委员会(简称仲裁委员会)申请仲裁。

申请人请求

请求裁决某快递公司支付违法解除劳动合同赔偿金8000元。

处理结果

仲裁委员会裁决某快递公司支付张某违法解除劳动合同赔偿金8000元(裁决为终局裁决)。仲裁委员会将案件情况通报劳动保障监察机构,劳动保障监察机构对某快递公司规章制度违反法律、法规规定的情形责令其改正,给予警告。

案例分析

本案的争议焦点是张某拒绝违法超时加班安排,某快递公司能否与其解除

① 此部分案例均摘自最高人民法院官网,https://www.court.gov.cn/zixun-xiangqing-319151.html,最后访问日期:2023年1月5日。

劳动合同。

《中华人民共和国劳动法》第四十一条规定:“用人单位由于生产经营需要,经与工会和劳动者协商后可以延长工作时间,一般每日不得超过一小时;因特殊原因需要延长工作时间的,在保障劳动者身体健康的条件下延长工作时间每日不得超过三小时,但是每月不得超过三十六小时。”第四十三条规定:“用人单位不得违反本法规定延长劳动者的工作时间。”《中华人民共和国劳动合同法》第二十六条规定:“下列劳动合同无效或者部分无效:……(三)违反法律、行政法规强制性规定的。”为确保劳动者休息权的实现,我国法律对延长工作时间的上限予以明确规定。用人单位制定违反法律规定的加班制度,在劳动合同中与劳动者约定违反法律规定的加班条款,均应认定为无效。

本案中,某快递公司规章制度中“工作时间为早 9 时至晚 9 时,每周工作 6 天”的内容,严重违反法律关于延长工作时间上限的规定,应认定为无效。张某拒绝违法超时加班安排,系维护自己合法权益,不能据此认定其在试用期间被证明不符合录用条件。故仲裁委员会依法裁决某快递公司支付张某违法解除劳动合同赔偿金。

典型意义

《中华人民共和国劳动法》第四条规定:“用人单位应当依法建立和完善规章制度,保障劳动者享有劳动权利和履行劳动义务。”法律在支持用人单位依法行使管理职权的同时,也明确其必须履行保障劳动者权利的义务。用人单位的规章制度以及相应工作安排必须符合法律、行政法规的规定,否则既要承担违法后果,也不利于构建和谐稳定的劳动关系、促进自身健康发展。

案例 2. 劳动者与用人单位订立放弃加班费协议,能否主张加班费

基本案情

张某于 2020 年 6 月入职某科技公司,月工资 20000 元。某科技公司在与张某订立劳动合同时,要求其订立一份协议作为合同附件,协议内容包括“我自愿申请加入公司奋斗者计划,放弃加班费”。半年后,张某因个人原因提出解除劳动合同,并要求支付加班费。某科技公司认可张某加班事实,但以其自愿订立放弃加班费协议为由拒绝支付。张某向劳动人事争议仲裁委员会(简称仲裁委员会)申请仲裁。

申请人请求

请求裁决某科技公司支付2020年6月至12月加班费24000元。

处理结果

仲裁委员会裁决某科技公司支付张某2020年6月至12月加班费24000元。

案例分析

本案的争议焦点是张某订立放弃加班费协议后,还能否主张加班费。

《中华人民共和国劳动合同法》第二十六条规定:“下列劳动合同无效或者部分无效:……(二)用人单位免除自己的法定责任、排除劳动者权利的”。《最高人民法院关于审理劳动争议案件适用法律问题的解释(一)》(法释〔2020〕26号)第三十五条规定:“劳动者与用人单位就解除或者终止劳动合同办理相关手续、支付工资报酬、加班费、经济补偿或者赔偿金等达成的协议,不违反法律、行政法规的强制性规定,且不存在欺诈、胁迫或者乘人之危情形的,应当认定有效。前款协议存在重大误解或者显失公平情形,当事人请求撤销的,人民法院应予支持。”加班费是劳动者延长工作时间的工资报酬,《中华人民共和国劳动法》第四十四条、《中华人民共和国劳动合同法》第三十一条明确规定了用人单位支付劳动者加班费的责任。约定放弃加班费的协议免除了用人单位的法定责任、排除了劳动者权利,显失公平,应认定无效。

本案中,某科技公司利用在订立劳动合同时的主导地位,要求张某在其单方制定的格式条款上签字放弃加班费,既违反法律规定,也违背公平原则,侵害了张某工资报酬权益。故仲裁委员会依法裁决某科技公司支付张某加班费。

典型意义

崇尚奋斗无可厚非,但不能成为用人单位规避法定责任的挡箭牌。谋求企业发展、塑造企业文化都必须守住不违反法律规定、不侵害劳动者合法权益的底线,应在坚持按劳分配原则的基础上,通过科学合理的措施激发劳动者的主观能动性和创造性,统筹促进企业发展与维护劳动者权益。

案例3.用人单位未按规章制度履行加班审批手续,能否认定劳动者加班事实

基本案情

吴某于2019年12月入职某医药公司,月工资为18000元。某医药公司加班管理制度规定:“加班需提交加班申请单,按程序审批。未经审批的,不认定

为加班,不支付加班费。”吴某入职后,按照某医药公司安排实际执行每天早 9 时至晚 9 时,每周工作 6 天的工作制度。其按照某医药公司加班管理制度提交了加班申请单,但某医药公司未实际履行审批手续。2020 年 11 月,吴某与某医药公司协商解除劳动合同,要求某医药公司支付加班费,并出具了考勤记录、与部门领导及同事的微信聊天记录、工作会议纪要等。某医药公司虽认可上述证据的真实性但以无公司审批手续为由拒绝支付。吴某向劳动人事争议仲裁委员会(简称仲裁委员会)申请仲裁。

申请人请求

请求裁决某医药公司支付 2019 年 12 月至 2020 年 11 月加班费 50000 元。

处理结果

仲裁委员会裁决某医药公司支付吴某 2019 年 12 月至 2020 年 11 月加班费 50000 元。某医药公司不服仲裁裁决起诉,一审法院判决与仲裁裁决一致,某医药公司未上诉,一审判决已生效。

案例分析

本案的争议焦点是某医药公司能否以无公司审批手续为由拒绝支付吴某加班费。

《中华人民共和国劳动法》第四十四条规定:“有下列情形之一的,用人单位应当按照下列标准支付高于劳动者正常工作时间工资的工资报酬:(一)安排劳动者延长工作时间的,支付不低于工资的百分之一百五十的工资报酬;(二)休息日安排劳动者工作又不能安排补休的,支付不低于工资的百分之二百的工资报酬。”《工资支付暂行规定》(劳部发〔1994〕489 号)第十三条规定:“用人单位在劳动者完成劳动定额或规定的工作任务后,根据实际需要安排劳动者在法定标准工作时间以外工作的,应按以下标准支付工资:……”从上述条款可知,符合“用人单位安排”“法定标准工作时间以外工作”情形的,用人单位应当依法支付劳动者加班费。

本案中,吴某提交的考勤记录、与部门领导及同事的微信聊天记录、工作会议纪要等证据形成了相对完整的证据链,某医药公司亦认可上述证据的真实性。某医药公司未实际履行加班审批手续,并不影响对“用人单位安排”加班这一事实的认定。故仲裁委员会依法裁决某医药公司支付吴某加班费。

典型意义

劳动规章制度对用人单位和劳动者都具有约束力。一方面,用人单位应严格按照规章制度的规定实施管理行为，不得滥用优势地位，侵害劳动者合法权益；另一方面，劳动者在合法权益受到侵害时，要注意保留相关证据，为维权提供依据。仲裁委员会、人民法院应准确把握加班事实认定标准，纠正用人单位规避法定责任、侵害劳动者合法权益的行为。

案例4. 用人单位与劳动者约定实行包薪制，是否需要依法支付加班费

基本案情

周某于2020年7月入职某汽车服务公司，双方订立的劳动合同约定月工资为4000元（含加班费）。2021年2月，周某因个人原因提出解除劳动合同，并认为即使按照当地最低工资标准认定其法定标准工作时间工资，某汽车服务公司亦未足额支付加班费，要求支付差额。某汽车服务公司认可周某加班事实，但以劳动合同中约定的月工资中已含加班费为由拒绝支付。周某向劳动人事争议仲裁委员会（简称仲裁委员会）申请仲裁。

申请人请求

请求裁决某汽车服务公司支付加班费差额17000元。

处理结果

仲裁委员会裁决某汽车服务公司支付周某加班费差额17000元（裁决为终局裁决），并就有关问题向某汽车服务公司发出仲裁建议书。

案例分析

本案的争议焦点是某汽车服务公司与周某约定实行包薪制，是否还需要依法支付周某加班费差额。

《中华人民共和国劳动法》第四十七条规定："用人单位根据本单位的生产经营特点和经济效益，依法自主确定本单位的工资分配方式和工资水平。"第四十八条规定："国家实行最低工资保障制度。"《最低工资规定》（劳动和社会保障部令第21号）第三条规定："本规定所称最低工资标准，是指劳动者在法定工作时间或依法签订的劳动合同约定的工作时间内提供了正常劳动的前提下，用人单位依法应支付的最低劳动报酬。"从上述条款可知，用人单位可以依法自主确定本单位的工资分配方式和工资水平，并与劳动者进行相应约定，但不得违反法律关于最低工资保障、加班费支付标准的规定。

本案中，根据周某实际工作时间折算，即使按照当地最低工资标准认定周某法定标准工作时间工资，并以此为基数核算加班费，也超出了4000元的约定

工资,表明某汽车服务公司未依法足额支付周某加班费。故仲裁委员会依法裁决某汽车服务公司支付周某加班费差额。

典型意义

包薪制,是指在劳动合同中打包约定法定标准工作时间工资和加班费的一种工资分配方式,在部分加班安排较多且时间相对固定的行业中比较普遍。虽然用人单位有依法制定内部薪酬分配制度的自主权,但内部薪酬分配制度的制定和执行须符合相关法律的规定。实践中,部分用人单位存在以实行包薪制规避或者减少承担支付加班费法定责任的情况。实行包薪制的用人单位应严格按照不低于最低工资标准支付劳动者法定标准工作时间的工资,同时按照国家关于加班费的有关法律规定足额支付加班费。

案例 5. 用人单位未与劳动者协商一致增加工作任务,劳动者是否有权拒绝

基本案情

张某于 2018 年 9 月入职某报刊公司从事投递员工作,每天工作 6 小时,每周工作 6 天,月工资 3500 元。2020 年 6 月,因同区域另一名投递员离职,某报刊公司在未与张某协商的情况下,安排其在第三季度承担该投递员的工作任务。张某认为,要完成加倍的工作量,其每天工作时间至少需延长 4 小时以上,故拒绝上述安排。某报刊公司依据员工奖惩制度,以张某不服从工作安排为由与其解除劳动合同。张某向劳动人事争议仲裁委员会(简称仲裁委员会)申请仲裁。

申请人请求

请求裁决某报刊公司支付违法解除劳动合同赔偿金 14000 元。

处理结果

仲裁委员会裁决某报刊公司支付张某违法解除劳动合同赔偿金 14000 元(裁决为终局裁决)。

案例分析

本案的争议焦点是某报刊公司未与张某协商一致增加其工作任务,张某是否有权拒绝。

《中华人民共和国劳动合同法》第三十一条规定:“用人单位应当严格执行劳动定额标准,不得强迫或者变相强迫劳动者加班。”第三十五条规定:“用人单位与劳动者协商一致,可以变更劳动合同约定的内容。”劳动合同是明确用人单位和劳动者权利义务的书面协议,未经变更,双方均应严格按照约定履行,特别是涉及工作时间等劳动定额标准的内容。

本案中,某报刊公司超出合理限度大幅增加张某的工作任务,应视为变更劳动合同约定的内容,违反了关于“协商一致”变更劳动合同的法律规定,已构成变相强迫劳动者加班。因此,张某有权依法拒绝上述安排。某报刊公司以张某不服从工作安排为由与其解除劳动合同不符合法律规定。故仲裁委员会依法裁决某报刊公司支付张某违法解除劳动合同赔偿金。

典型意义

允许用人单位与劳动者协商一致变更劳动合同,有利于保障用人单位根据生产经营需要合理调整用工安排的权利。但需要注意的是,变更劳动合同要遵循合法、公平、平等自愿、协商一致、诚实信用的原则。工作量、工作时间的变更直接影响劳动者休息权的实现,用人单位对此进行大幅调整,应与劳动者充分协商,而不应采取强迫或者变相强迫的方式,更不得违反相关法律规定。

案例6. 处理加班费争议,如何分配举证责任

基本案情

林某于2020年1月入职某教育咨询公司,月工资为6000元。2020年7月,林某因个人原因提出解除劳动合同,并向劳动人事争议仲裁委员会(简称仲裁委员会)申请仲裁。林某主张其工作期间每周工作6天,并提交了某打卡App打卡记录(显示林某及某教育咨询公司均实名认证,林某每周一至周六打卡;每天打卡两次,第一次打卡时间为早9时左右,第二次打卡时间为下午6时左右;打卡地点均为某教育咨询公司所在位置,存在个别日期未打卡情形)、工资支付记录打印件(显示曾因事假扣发工资,扣发日期及天数与打卡记录一致,未显示加班费支付情况)。某教育咨询公司不认可上述证据的真实性,主张林某每周工作5天,但未提交考勤记录、工资支付记录。

申请人请求

请求裁决某教育咨询公司支付加班费10000元。

处理结果

仲裁委员会裁决某教育咨询公司支付林某加班费10000元(裁决为终局裁决)。

案例分析

本案的争议焦点是如何分配林某与某教育咨询公司的举证责任。

《中华人民共和国劳动争议调解仲裁法》第六条规定:“发生劳动争议,当事人对自己提出的主张,有责任提供证据。与争议事项有关的证据属于用人单位掌握管理的,用人单位应当提供;用人单位不提供的,应当承担不利后果。”《最高人民法院关于审理劳动争议案件适用法律问题的解释(一)》(法释〔2020〕26号)第四十二条规定:“劳动者主张加班费的,应当就加班事实的存在承担举证责任。但劳动者有证据证明用人单位掌握加班事实存在的证据,用人单位不提供的,由用人单位承担不利后果。”从上述条款可知,主张加班费的劳动者有责任按照“谁主张谁举证”的原则,就加班事实的存在提供证据,或者就相关证据属于用人单位掌握管理提供证据。用人单位应当提供而不提供有关证据的,可以推定劳动者加班事实存在。

本案中,虽然林某提交的工资支付记录为打印件,但与实名认证的 App 打卡记录互相印证,能够证明某教育咨询公司掌握加班事实存在的证据。某教育咨询公司虽然不认可上述证据的真实性,但未提交反证或者作出合理解释,应承担不利后果。故仲裁委员会依法裁决某教育咨询公司支付林某加班费。

典型意义

我国劳动法律将保护劳动者的合法权益作为立法宗旨之一,在实体和程序方面都作出了相应规定。在加班费争议处理中,要充分考虑劳动者举证能力不足的实际情况,根据“谁主张谁举证”原则、证明妨碍规则,结合具体案情合理分配用人单位与劳动者的举证责任。

案例 7. 劳动者超时加班发生工伤,用工单位、劳务派遣单位是否承担连带赔偿责任

基本案情

2017 年 8 月,某服务公司(已依法取得劳务派遣行政许可)与某传媒公司签订劳务派遣协议,约定某服务公司为某传媒公司提供派遣人员,每天工作 11 小时,每人每月最低保底工时 286 小时。2017 年 9 月,某服务公司招用李某并派遣至某传媒公司工作,未为李某缴纳工伤保险。2018 年 8 月、9 月、11 月,李某月工时分别为 319 小时、293 小时、322.5 小时,每月休息日不超过 3 日。2018 年 11 月 30 日,李某工作时间为当日晚 8 时 30 分至 12 月 1 日上午 8 时 30 分。李某于 12 月 1 日凌晨 5 时 30 分晕倒在单位卫生间,经抢救无效于当日死亡,死亡原因为心肌梗死等。2018 年 12 月,某传媒公司与李某近亲属惠某等签订赔

偿协议,约定某传媒公司支付惠某等工亡待遇42万元,惠某等不得再就李某工亡赔偿事宜或在派遣工作期间享有的权利,向某传媒公司提出任何形式的赔偿要求。上述协议签订后,某传媒公司实际支付惠某等各项费用计423497.80元。此后,李某所受伤害被社会保险行政部门认定为工伤。某服务公司、惠某等不服仲裁裁决,诉至人民法院。

原告诉讼请求

惠某等请求判决某服务公司与某传媒公司连带支付医疗费、一次性工亡补助金、丧葬补助金、供养亲属抚恤金,共计1193821元。

某服务公司请求判决不应支付供养亲属抚恤金;应支付的各项赔偿中应扣除某传媒公司已支付款项;某传媒公司承担连带责任。

裁判结果

一审法院判决:按照《工伤保险条例》,因用人单位未为李某参加工伤保险,其工亡待遇由用人单位全部赔偿。某服务公司和某传媒公司连带赔偿惠某等医疗费、一次性工亡补助金、丧葬补助金、供养亲属抚恤金合计766911.55元。某传媒公司不服,提起上诉。二审法院判决:驳回上诉,维持原判。

案例分析

本案的争议焦点是李某超时加班发生工伤,用工单位与劳务派遣单位是否应承担连带赔偿责任。

《中华人民共和国劳动法》第三十八条规定:"用人单位应当保证劳动者每周至少休息一日。"第四十一条规定:"用人单位由于生产经营需要,经与工会和劳动者协商后可以延长工作时间,一般每日不得超过一小时;因特殊原因需要延长工作时间的,在保障劳动者身体健康的条件下延长工作时间每日不得超过三小时,但是每月不得超过三十六小时。"《中华人民共和国劳动合同法》第九十二条规定:"用工单位给被派遣劳动者造成损害的,劳务派遣单位与用工单位承担连带赔偿责任。"《国务院关于职工工作时间的规定》(国务院令第174号)第三条规定:"职工每日工作8小时、每周工作40小时。"休息权是劳动者的基本劳动权利,即使在支付劳动者加班费的情况下,劳动者的工作时间仍然受到法定延长工作时间上限的制约。劳务派遣用工中,劳动者超时加班发生工伤,用工单位和劳务派遣单位对劳动者的损失均负有责任,应承担连带赔偿责任。劳动者与用工单位、劳务派遣单位达成赔偿协议的,当赔偿协议存在违反法律、行政法规的强制性规定、欺诈、胁迫或者乘人之危情形时,不应认定赔偿协议有效;当赔偿协议存在重大误解或者显失公平情形时,应当支持劳动者依法行使撤销权。

本案中,某服务公司和某传媒公司协议约定的被派遣劳动者每天工作时间及每月工作保底工时,均严重超过法定标准。李某工亡前每月休息时间不超过3日,每日工作时间基本超过11小时,每月延长工作时间超过36小时数倍,其依法享有的休息权受到严重侵害。某传媒公司作为用工单位长期安排李某超时加班,存在过错,对李某在工作期间突发疾病死亡负有不可推卸的责任。惠某等主张某传媒公司与某服务公司就李某工伤的相关待遇承担连带赔偿责任,应予支持。惠某等虽与某传媒公司达成了赔偿协议,但赔偿协议是在劳动者未经社会保险行政部门认定工伤的情形下签订的,且赔偿协议约定的补偿数额明显低于法定工伤保险待遇标准,某服务公司和某传媒公司应对差额部分予以补足。

典型意义

面对激烈的市场竞争环境,个别用人单位为降低用工成本、追求利润最大化,长期安排劳动者超时加班,对劳动者的身心健康、家庭和睦、参与社会生活等造成了严重影响,极端情况下会威胁劳动者的生命安全。本案系劳动者超时加班发生工伤而引发的工伤保险待遇纠纷,是超时劳动严重损害劳动者健康权的缩影。本案裁判明确了此种情况下用工单位、劳务派遣单位承担连带赔偿责任,可以有效避免劳务派遣用工中出现责任真空的现象,实现对劳动者合法权益的充分保障。同时,用人单位应依法为职工参加工伤保险,保障职工的工伤权益,也能分散自身风险。如用人单位未为职工参加工伤保险,工伤职工工伤保险待遇全部由用人单位支付。

案例8.用人单位以规章制度形式否认劳动者加班事实是否有效

基本案情

常某于2016年4月入职某网络公司。入职之初,某网络公司通过电子邮件告知常某,公司采取指纹打卡考勤。员工手册规定:“21:00之后起算加班时间;加班需由员工提出申请,部门负责人审批。”常某于2016年5月至2017年1月期间,通过工作系统累计申请加班126小时。某网络公司以公司规章制度中明确21:00之后方起算加班时间,21:00之前的不应计入加班时间为由,拒绝支付常某加班费差额。常某向劳动人事争议仲裁委员会(简称仲裁委员会)申请仲裁,请求裁决某网络公司支付其加班费差额。某网络公司不服仲裁裁决,诉至人民法院。

原告诉讼请求

请求判决不支付常某加班费差额。

裁判结果

一审法院判决:某网络公司支付常某加班费差额 32000 元。双方不服,均提起上诉。二审法院判决:驳回上诉,维持原判。

案例分析

本案的争议焦点是某网络公司以规章制度形式否认常某加班事实是否有效。

《中华人民共和国劳动合同法》第四条规定:“用人单位应当依法建立和完善劳动规章制度,保障劳动者享有劳动权利、履行劳动义务。用人单位在制定、修改或者决定有关劳动报酬、工作时间、休息休假、劳动安全卫生、保险福利、职工培训、劳动纪律以及劳动定额管理等直接涉及劳动者切身利益的规章制度或者重大事项时,应当经职工代表大会或者全体职工讨论,提出方案和意见,与工会或者职工代表平等协商确定。……用人单位应当将直接涉及劳动者切身利益的规章制度和重大事项决定公示,或者告知劳动者。”通过民主程序制定的规章制度,不违反国家法律、行政法规及政策规定,并已向劳动者公示的,可以作为确定双方权利义务的依据。

本案中,一方面,某网络公司的员工手册规定有加班申请审批制度,该规定并不违反法律规定,且具有合理性,在劳动者明知此规定的情况下,可以作为确定双方权利义务的依据。另一方面,某网络公司的员工手册规定 21:00 之后起算加班时间,并主张 18:00 至 21:00 是员工晚餐和休息时间,故自 21:00 起算加班。鉴于 18:00 至 21:00 时间长达 3 个小时,远超过合理用餐时间,且在下班 3 个小时后再加班,不具有合理性。在某网络公司不能举证证实该段时间为员工晚餐和休息时间的情况下,其规章制度中的该项规定不具有合理性,人民法院依法否定了其效力。人民法院结合考勤记录、工作系统记录等证据,确定了常某的加班事实,判决某网络公司支付常某加班费差额。

典型意义

劳动争议案件的处理,既要保护劳动者的合法权益,亦应促进企业有序发展。合法的规章制度既能规范用人单位用工自主权的行使,又能保障劳动者参与用人单位民主管理,实现构建和谐劳动关系的目的。不合理的规章制度则会导致用人单位的社会声誉差、认同感低,最终引发人才流失,不利于用人单位的长远发展。用人单位制定的合理合法的规章制度,可以作为确定用人单位、劳动者权利义务的依据。一旦用人单位以规章制度形式规避应当承担的用工成本,侵害劳动者的合法权益,仲裁委员会、人民法院应当依法予以审查,充分保护劳动者的合法权益。用人单位应当根据单位实际,制定更为人性化的规章制度,增强劳动者对规章制度的认同感,激发劳动者的工作积极性,从而进一步减少劳动纠纷,为构建和谐劳动关系做出贡献。

案例 9. 劳动者在离职文件上签字确认加班费已结清,是否有权请求支付欠付的加班费

基本案情

2017 年 7 月,肖某与某科技公司(已依法取得劳务派遣行政许可)订立劳动合同,被派遣至某快递公司担任配送员,月工资为基本工资加提成。肖某主张某快递公司在用工期间安排其双休日及法定节假日加班,并提交了工资表。工资表加盖有某科技公司公章,某科技公司和某快递公司均认可其真实性。该工资表显示,2017 年 7 月至 2019 年 10 月期间肖某存在不同程度的双休日加班及法定节假日加班,但仅获得少则 46.15 元、多则 115.40 元的出勤补款或节假日补助。2019 年 11 月,肖某向某科技公司提出离职,当日双方签署离职申请交接表。该表"员工离职原因"一栏显示:"公司未上社会保险,工作压力大、没给加班费。""员工确认"一栏显示:"经说明,我已知悉《劳动合同法》上的权利和义务,现单位已经将我的工资、加班费、经济补偿结清,我与单位无其他任何争议。本人承诺不再以任何理由向某科技公司及用工单位主张权利。"员工签名处有肖某本人签名。肖某对离职申请交接表的真实性认可,但认为表中"员工确认"一栏虽系其本人签字,但并非其真实意思,若不签字,某科技公司就不让其办理工作交接,该栏内容系某科技公司逃避法律责任的一种方法。肖某不服仲裁裁决,诉至人民法院。

原告诉讼请求

请求判决某科技公司与某快递公司支付加班费 82261 元。

裁判结果

一审法院判决:驳回肖某加班费的诉讼请求。肖某不服,提起上诉。二审

法院改判：某科技公司与某快递公司连带支付肖某加班费 24404.89 元。

案例分析

本案的争议焦点是肖某是否与用人单位就支付加班费达成合法有效的协议。

《最高人民法院关于审理劳动争议案件适用法律问题的解释(一)》(法释〔2020〕26 号)第三十五条规定："劳动者与用人单位就解除或者终止劳动合同办理相关手续、支付工资报酬、加班费、经济补偿或者赔偿金等达成的协议，不违反法律、行政法规的强制性规定，且不存在欺诈、胁迫或者乘人之危情形的，应当认定有效。"司法实践中，既应尊重和保障双方基于真实自愿合法原则签订的终止或解除劳动合同的协议，也应对劳动者明确持有异议的、涉及劳动者基本权益保护的协议真实性予以审查，依法保护劳动者的合法权益。

本案中，肖某认为离职申请交接表"员工确认"一栏不是其真实意思表示，上面记载的内容也与事实不符。该表中"员工离职原因"与"员工确认"两处表述确实存在矛盾。两家公司均未提供与肖某就加班费等款项达成的协议及已向肖某支付上述款项的证据，且肖某否认双方就上述款项已达成一致并已给付。因此，离职申请交接表中员工确认的"现单位已将我的工资、加班费、经济补偿结清，我与单位无其他任何争议"与事实不符，不能认定为肖某的真实意思表示。本案情形并不符合《最高人民法院关于审理劳动争议案件适用法律问题的解释(一)》第三十五条之规定，故二审法院依法支持肖某关于加班费的诉讼请求。

典型意义

实践中，有的用人单位在终止或解除劳动合同时，会与劳动者就加班费、经济补偿或赔偿金等达成协议。部分用人单位利用其在后续工资发放、离职证明开具、档案和社会保险关系转移等方面的优势地位，借机变相迫使劳动者在用人单位提供的格式文本上签字，放弃包括加班费在内的权利，或者在未足额支付加班费的情况下让劳动者签字确认加班费已经付清的事实。劳动者往往事后反悔，提起劳动争议仲裁与诉讼。本案中，人民法院最终依法支持劳动者关于加班费的诉讼请求，既维护了劳动者合法权益，对用人单位日后诚信协商、依法保护劳动者劳动报酬权亦有良好引导作用，有助于构建和谐稳定的劳动关系。劳动者在签署相关协议时，亦应熟悉相关条款含义，审慎签订协议，通过合法途径维护自身权益。

案例 10. 加班费的仲裁时效应当如何认定

基本案情

张某于 2016 年 7 月入职某建筑公司从事施工管理工作,2019 年 2 月离职。工作期间,张某存在加班情形,但某建筑公司未支付其加班费。2019 年 12 月,张某向劳动人事争议仲裁委员会申请仲裁,请求裁决某建筑公司依法支付其加班费,某建筑公司以张某的请求超过仲裁时效为由抗辩。张某不服仲裁裁决,诉至人民法院。

原告诉讼请求

请求判决某建筑公司支付加班费 46293 元。

裁判结果

一审法院判决:某建筑公司支付张某加班费 18120 元。张某与某建筑公司均未提起上诉,一审判决已生效。

案例分析

本案的争议焦点是张某关于加班费的请求是否超过仲裁时效。

《中华人民共和国劳动争议调解仲裁法》第二十七条规定:“劳动争议申请仲裁的时效期间为一年。仲裁时效期间从当事人知道或者应当知道其权利被侵害之日起计算。……劳动关系存续期间因拖欠劳动报酬发生争议的,劳动者申请仲裁不受本条第一款规定的仲裁时效期间的限制;但是,劳动关系终止的,应当自劳动关系终止之日起一年内提出。”《中华人民共和国劳动法》第四十四条规定:“有下列情形之一的,用人单位应当按照下列标准支付高于劳动者正常工作时间工资的工资报酬……”《关于工资总额组成的规定》(国家统计局令第 1 号)第四条规定:“工资总额由下列六个部分组成:……(五)加班加点工资。”仲裁时效分为普通仲裁时效和特别仲裁时效,在劳动关系存续期间因拖欠劳动报酬发生劳动争议的,应当适用特别仲裁时效,即劳动关系存续期间的拖欠劳动报酬仲裁时效不受“知道或者应当知道权利被侵害之日起一年”的限制,但是劳动关系终止的,应当自劳动关系终止之日起一年内提出。加班费属于劳动报酬,相关争议处理中应当适用特别仲裁时效。

本案中,某建筑公司主张张某加班费的请求已经超过了一年的仲裁时效,不应予以支持。人民法院认为,张某与某建筑公司的劳动合同于 2019 年 2 月解除,其支付加班费的请求应自劳动合同解除之日起一年内提出,张某于 2019 年 12 月提出仲裁申请,其请求并未超过仲裁时效。根据劳动保障监察机构在执法中调取的工资表上的考勤记录,人民法院认定张某存在加班的事实,判决某建筑公司支付张某加班费。

典型意义

时效是指权利人不行使权利的事实状态持续经过法定期间,其权利即发生效力减损的制度。作为权利行使尤其是救济权行使期间的一种,时效既与当事人的实体权利密切相关,又与当事人通过相应的程序救济其权益密不可分。获取劳动报酬权是劳动权益中最基本、最重要的权益,考虑劳动者在劳动关系存续期间的弱势地位,法律对于拖欠劳动报酬争议设置了特别仲裁时效,对于有效保护劳动者权益具有重要意义。

最高人民法院发布的第 32 批指导性案例

指导案例 179 号:聂某兰诉北京林氏兄弟文化有限公司确认劳动关系案

裁判要点

1. 劳动关系适格主体以"合作经营"等为名订立协议,但协议约定的双方权利义务内容、实际履行情况等符合劳动关系认定标准,劳动者主张与用人单位存在劳动关系的,人民法院应予支持。

2. 用人单位与劳动者签订的书面协议中包含工作内容、劳动报酬、劳动合同期限等符合劳动合同法第十七条规定的劳动合同条款,劳动者以用人单位未订立书面劳动合同为由要求支付第二倍工资的,人民法院不予支持。

相关法条

《中华人民共和国劳动合同法》第 10 条、第 17 条、第 82 条

基本案情

2016 年 4 月 8 日,聂某兰与北京林氏兄弟文化有限公司(以下简称林氏兄弟公司)签订了《合作设立茶叶经营项目的协议》,内容为:"第一条:双方约定,甲方出资进行茶叶项目投资,聘任乙方为茶叶经营项目经理,乙方负责公司的管理与经营。第二条:待项目启动后,双方相机共同设立公司,乙方可享有管理股份。第三条:利益分配:在公司设立之前,乙方按基本工资加业绩方式取酬。公司设立之后,按双方的持股比例进行分配。乙方负责管理和经营,取酬方式:

基本工资 + 业绩、奖励 + 股份分红。第四条：双方在运营过程中，未尽事宜由双方友好协商解决。第五条：本合同正本一式两份，公司股东各执一份。”

协议签订后，聂某兰到该项目上工作，工作内容为负责《中国书画》艺术茶社的经营管理，主要负责接待、茶叶销售等工作。林氏兄弟公司的法定代表人林德汤按照每月基本工资 10000 元的标准，每月 15 日通过银行转账向聂某兰发放上一自然月工资。聂某兰请假需经林德汤批准，且实际出勤天数影响工资的实发数额。2017 年 5 月 6 日林氏兄弟公司通知聂某兰终止合作协议。聂某兰实际工作至 2017 年 5 月 8 日。

聂某兰申请劳动仲裁，认为双方系劳动关系并要求林氏兄弟公司支付未签订书面劳动合同二倍工资差额，林氏兄弟公司主张双方系合作关系。北京市海淀区劳动人事争议仲裁委员会作出京海劳人仲字（2017）第 9691 号裁决：驳回聂某兰的全部仲裁请求。聂某兰不服仲裁裁决，于法定期限内向北京市海淀区人民法院提起诉讼。

裁判结果

北京市海淀区人民法院于 2018 年 4 月 17 日作出（2017）京 0108 民初 45496 号民事判决：一、确认林氏兄弟公司与聂某兰于 2016 年 4 月 8 日至 2017 年 5 月 8 日期间存在劳动关系；二、林氏兄弟公司于判决生效后七日内支付聂某兰 2017 年 3 月 1 日至 2017 年 5 月 8 日期间工资 22758.62 元；三、林氏兄弟公司于判决生效后七日内支付聂某兰 2016 年 5 月 8 日至 2017 年 4 月 7 日期间未签订劳动合同二倍工资差额 103144.9 元；四、林氏兄弟公司于判决生效后七日内支付聂某兰违法解除劳动关系赔偿金 27711.51 元；五、驳回聂某兰的其他诉讼请求。林氏兄弟公司不服一审判决，提出上诉。北京市第一中级人民法院于 2018 年 9 月 26 日作出（2018）京 01 民终 5911 号民事判决：一、维持北京市海淀区人民法院（2017）京 0108 民初 45496 号民事判决第一项、第二项、第四项；二、撤销北京市海淀区人民法院（2017）京 0108 民初 45496 号民事判决第三项、第五项；三、驳回聂某兰的其他诉讼请求。林氏兄弟公司不服二审判决，向北京市高级人民法院申请再审。北京市高级人民法院于 2019 年 4 月 30 日作出（2019）京民申 986 号民事裁定：驳回林氏兄弟公司的再审申请。

裁判理由

法院生效裁判认为：申请人林氏兄弟公司与被申请人聂某兰签订的《合作设立茶叶经营项目的协议》系自愿签订的，不违反强制性法律、法规规定，属有效合同。对于合同性质的认定,应当根据合同内容所涉及的法律关系,即合同双方所设立的权利义务来进行认定。双方签订的协议第一条明确约定聘任聂某兰为茶叶经营项目经理,"聘任"一词一般表明当事人有雇用劳动者为其提供劳动之意;协议第三条约定了聂某兰的取酬方式,无论在双方设定的目标公司成立之前还是之后,聂某兰均可获得"基本工资""业绩"等报酬,与合作经营中的收益分配明显不符。合作经营合同的典型特征是共同出资,共担风险,本案合同中既未约定聂某兰出资比例,也未约定共担风险,与合作经营合同不符。从本案相关证据上看,聂某兰接受林氏兄弟公司的管理,按月汇报员工的考勤、款项分配、开支、销售、工作计划、备用金的申请等情况,且所发工资与出勤天数密切相关。双方在履行合同过程中形成的关系,符合劳动合同中人格从属性和经济从属性的双重特征。故原判认定申请人与被申请人之间存在劳动关系并无不当。双方签订的合作协议还可视为书面劳动合同,虽缺少一些必备条款,但并不影响已约定的条款及效力,仍可起到固定双方劳动关系、权利义务的作用,二审法院据此依法改判是正确的。林氏兄弟公司于2017年5月6日向聂某兰出具了《终止合作协议通知》,告知聂某兰终止双方的合作,具有解除双方之间劳动关系的意思表示,根据《最高人民法院关于民事诉讼证据的若干规定》第六条的规定,在劳动争议纠纷案件中,因用人单位作出的开除、除名、辞退、解除劳动合同等决定而发生的劳动争议,由用人单位负举证责任,林氏兄弟公司未能提供解除劳动关系原因的相关证据,应当承担不利后果。二审法院根据本案具体情况和相关证据所作的判决,并无不当。

指导案例180号:孙某锋诉淮安西区人力资源开发有限公司劳动合同纠纷案

裁判要点

人民法院在判断用人单位单方解除劳动合同行为的合法性时,应当以用人单位向劳动者发出的解除通知的内容为认定依据。在案件审理过程中,用人单位超出解除劳动合同通知中载明的依据及事由,另行提出劳动者在履行劳动合同期间存在其他严重违反用人单位规章制度的情形,并据此主张符合解除劳动合同条件的,人民法院不予支持。

相关法条

《中华人民共和国劳动合同法》第39条

基本案情

2016 年 7 月 1 日,孙某锋(乙方)与淮安西区人力资源开发有限公司(以下简称西区公司)(甲方)签订劳动合同,约定:劳动合同期限为自 2016 年 7 月 1 日起至2019 年6 月 30 日止;乙方工作地点为连云港,从事邮件收派与司机岗位工作;乙方严重违反甲方的劳动纪律、规章制度的,甲方可以立即解除本合同且不承担任何经济补偿;甲方违约解除或者终止劳动合同的,应当按照法律规定和本合同约定向乙方支付经济补偿金或赔偿金;甲方依法制定并通过公示的各项规章制度,如《员工手册》《奖励与处罚管理规定》《员工考勤管理规定》等文件作为本合同的附件,与本合同具有同等效力。之后,孙某锋根据西区公司安排,负责江苏省灌南县堆沟港镇区域的顺丰快递收派邮件工作。西区公司自 2016 年 8 月 25 日起每月向孙某锋银行账户结算工资,截至 2017 年 9 月 25 日,孙某锋前 12 个月的平均工资为 6329. 82 元。2017 年 9 月 12 日、10 月 3 日、10 月 16 日,孙某锋先后存在工作时间未穿工作服、代他人刷考勤卡、在单位公共平台留言辱骂公司主管等违纪行为。事后,西区公司依据《奖励与处罚管理规定》,由用人部门负责人、建议部门负责人、工会负责人、人力资源部负责人共同签署确认,对孙某锋上述违纪行为分别给予扣2 分、扣10 分、扣10 分处罚,但具体扣分处罚时间难以认定。

2017 年 10 月 17 日,孙某锋被所在单位用人部门以未及时上交履职期间的营业款项为由安排停工。次日,孙某锋至所在单位刷卡考勤,显示刷卡信息无法录入。10 月 25 日,西区公司出具离职证明,载明孙某锋自 2017 年 10 月 21 日从西区公司正式离职,已办理完毕手续,即日起与公司无任何劳动关系。10 月 30 日,西区公司又出具解除劳动合同通知书,载明孙某锋在未履行请假手续也未经任何领导批准情况下,自 2017 年 10 月 20 日起无故旷工 3 天以上,依据国家的相关法律法规及单位规章制度,经单位研究决定自 2017 年10 月20 日起与孙某锋解除劳动关系,限于 2017 年 11 月 15 日前办理相关手续,逾期未办理,后果自负。之后,孙某锋向江苏省灌南县劳动人事争议仲裁委员会申请仲裁,仲裁裁决后孙某锋不服,遂诉至法院,要求西区公司支付违法解除劳动合同赔偿金共计 68,500 元。

西区公司在案件审理过程中提出,孙某锋在职期间存在未按规定着工作服、代人打卡、谩骂主管以及未按照公司规章制度及时上交营业款项等违纪行为,严重违反用人单位规章制度;自 2017 年 10 月 20 日起,孙某锋在未履行请假手续且未经批准的情况下无故旷工多日，依法自2017年10月20日起与孙某锋解除劳动关系，符合法律规定。

裁判结果

江苏省灌南县人民法院于2018年11月15日作出（2018）苏0724民初2732号民事判决：一、被告西区公司于本判决发生法律效力之日起十日内支付原告孙某锋经济赔偿金18989.46元。二、驳回原告孙某锋的其他诉讼请求。西区公司不服，提起上诉。江苏省连云港市中级人民法院于2019年4月22日作出（2019）苏07民终658号民事判决：驳回上诉，维持原判。

裁判理由

法院生效裁判认为：用人单位单方解除劳动合同是根据劳动者存在违法违纪、违反劳动合同的行为，对其合法性的评价也应以作出解除劳动合同决定时的事实、证据和相关法律规定为依据。用人单位向劳动者送达的解除劳动合同通知书，是用人单位向劳动者作出解除劳动合同的意思表示，对用人单位具有法律约束力。解除劳动合同通知书明确载明解除劳动合同的依据及事由，人民法院审理解除劳动合同纠纷案件时应以该决定作出时的事实、证据和法律为标准进行审查，不宜超出解除劳动合同通知书所载明的内容和范围。否则，将偏离劳资双方所争议的解除劳动合同行为的合法性审查内容，导致法院裁判与当事人诉讼请求以及争议焦点不一致；同时，也违背民事主体从事民事活动所应当秉持的诚实信用这一基本原则，造成劳资双方权益保障的失衡。

本案中，孙某锋与西区公司签订的劳动合同系双方真实意思表示，合法有效。劳动合同附件《奖励与处罚管理规定》作为用人单位的管理规章制度，不违反法律、行政法规的强制性规定，合法有效，对双方当事人均具有约束力。根据《奖励与处罚管理规定》，员工连续旷工3天（含）以上的，公司有权对其处以第五类处罚责任，即解除合同、永不录用。西区公司向孙某锋送达的解除劳动合同通知书明确载明解除劳动合同的事由为孙某锋无故旷工达3天以上，孙某锋诉请法院审查的内容也是西区公司以其无故旷工达3天以上而解除劳动合同行为的合法性，故法院对西区公司解除劳动合同的合法性审查也应以解除劳动合同通知书载明的内容为限，而不能超越该诉争范围。虽然西区公司在庭审中另提出孙某锋在工作期间存在不及时上交营业款、未穿工服、代他人刷考勤卡、在单位公共平台留言辱骂公司主管等其他违纪行为，也是严重违反用人单位规章制度，公司仍有权解除劳动合同，但是根据在案证据及西区公司的陈述，西区公司在已知孙某锋存在上述行为的情况下,没有提出解除劳动合同,而是主动提出重新安排孙某锋从事其他工作,在向孙某锋出具解除劳动合同通知书时也没有将上述行为作为解除劳动合同的理由。对于西区公司在诉讼期间提出的上述主张,法院不予支持。

西区公司以孙某锋无故旷工达 3 天以上为由解除劳动合同,应对孙某锋无故旷工达 3 天以上的事实承担举证证明责任。但西区公司仅提供了本单位出具的员工考勤表为证,该考勤表未经孙某锋签字确认,孙某锋对此亦不予认可,认为是单位领导安排停工并提供刷卡失败视频为证。因孙某锋在工作期间被安排停工,西区公司之后是否通知孙某锋到公司报到、如何通知、通知时间等事实,西区公司均没有提供证据加以证明,故孙某锋无故旷工 3 天以上的事实不清,西区公司应对此承担举证不能的不利后果,其以孙某锋旷工违反公司规章制度为由解除劳动合同,缺少事实依据,属于违法解除劳动合同。

指导案例 181 号:郑某诉霍尼韦尔自动化控制(中国)有限公司劳动合同纠纷案

裁判要点

用人单位的管理人员对被性骚扰员工的投诉,应采取合理措施进行处置。管理人员未采取合理措施或者存在纵容性骚扰行为、干扰对性骚扰行为调查等情形,用人单位以管理人员未尽岗位职责,严重违反规章制度为由解除劳动合同,管理人员主张解除劳动合同违法的,人民法院不予支持。

相关法条

《中华人民共和国劳动合同法》第 39 条

基本案情

郑某于 2012 年 7 月入职霍尼韦尔自动化控制(中国)有限公司(以下简称霍尼韦尔公司),担任渠道销售经理。霍尼韦尔公司建立有工作场所性骚扰防范培训机制,郑某接受过相关培训。霍尼韦尔公司《商业行为准则》规定经理和主管“应确保下属能畅所欲言且无须担心遭到报复,所有担忧或问题都能专业并及时地得以解决”,不允许任何报复行为。2017 年版《员工手册》规定:对他人实施性骚扰、违反公司《商业行为准则》、在公司内部调查中做虚假陈述的行为均属于会导致立即辞退的违纪行为。上述规章制度在实施前经过该公司工会沟通会议讨论。

郑某与霍尼韦尔公司签订的劳动合同约定郑某确认并同意公司现有的《员工手册》及《商业行为准则》等规章制度作为本合同的组成部分。《员工手册》修改后，郑某再次签署确认书，表示已阅读、明白并愿接受2017年版《员工手册》内容，愿恪守公司政策作为在霍尼韦尔公司工作的前提条件。

2018年8月30日，郑某因认为下属女职工任某与郑某上级邓某（已婚）之间的关系有点僵，为“疏解”二人关系而找任某谈话。郑某提到昨天观察到邓某跟任某说了一句话，而任某没有回答，其还专门跑到任某处帮忙打圆场。任某提及其在刚入职时曾向郑某出示过间接上级邓某发送的性骚扰微信记录截屏，郑某当时对此答复“我就是不想掺和这个事”“我往后不想再回答你后面的事情”“我是觉得有点怪，我也不敢问”。谈话中，任某强调邓某是在对其进行性骚扰，邓某要求与其发展男女关系，并在其拒绝后继续不停骚扰，郑某不应责怪其不搭理邓某，也不要替邓某来对其进行敲打。郑某则表示“你如果这样干工作的话，让我很难过”“你越端着，他越觉得我要把你怎么样”“他这么直接，要是我的话，先靠近你，摸摸看，然后聊聊天”。

后至2018年11月，郑某以任某不合群等为由向霍尼韦尔公司人事部提出与任某解除劳动合同，但未能说明解除任某劳动合同的合理依据。人事部为此找任某了解情况。任某告知人事部其被间接上级邓某骚扰，郑某有意无意撮合其和邓某，其因拒绝骚扰行为而受到打击报复。霍尼韦尔公司为此展开调查。

2019年1月15日，霍尼韦尔公司对郑某进行调查，并制作了调查笔录。郑某未在调查笔录上签字，但对笔录记载的其对公司询问所做答复做了诸多修改。对于调查笔录中有无女员工向郑某反映邓某跟其说过一些不合适的话、对其进行性骚扰的提问所记录的“没有”的答复，郑某未作修改。

2019年1月31日，霍尼韦尔公司出具《单方面解除函》，以郑某未尽经理职责，在下属反映遭受间接上级骚扰后没有采取任何措施帮助下属不再继续遭受骚扰，反而对下属进行打击报复，在调查过程中就上述事实做虚假陈述为由，与郑某解除劳动合同。

2019年7月22日，郑某向上海市劳动争议仲裁委员会申请仲裁，要求霍尼韦尔公司支付违法解除劳动合同赔偿金368130元。该请求未得到仲裁裁决支持。郑某不服，以相同请求诉至上海市浦东新区人民法院。

裁判结果

上海市浦东新区人民法院于2020年11月30日作出（2020）沪0115民初

10454 号民事判决:驳回郑某的诉讼请求。郑某不服一审判决,提起上诉。上海市第一中级人民法院于 2021 年 4 月 22 日作出(2021)沪 01 民终 2032 号民事判决:驳回上诉,维持原判。

裁判理由

法院生效裁判认为,本案的争议焦点在于:一、霍尼韦尔公司据以解除郑某劳动合同的《员工手册》和《商业行为准则》对郑某有无约束力;二、郑某是否存在足以解除劳动合同的严重违纪行为。

关于争议焦点一,霍尼韦尔公司据以解除郑某劳动合同的《员工手册》和《商业行为准则》对郑某有无约束力。在案证据显示,郑某持有异议的霍尼韦尔公司 2017 年版《员工手册》《商业行为准则》分别于 2017 年 9 月、2014 年 12 月经霍尼韦尔公司工会沟通会议进行讨论。郑某与霍尼韦尔公司签订的劳动合同明确约定《员工手册》《商业行为准则》属于劳动合同的组成部分,郑某已阅读并理解和接受上述制度。在《员工手册》修订后,郑某亦再次签署确认书,确认已阅读、明白并愿接受 2017 年版《员工手册》,愿恪守公司政策作为在霍尼韦尔公司工作的前提条件。在此情况下,霍尼韦尔公司的《员工手册》《商业行为准则》应对郑某具有约束力。

关于争议焦点二,郑某是否存在足以解除劳动合同的严重违纪行为。一则,在案证据显示霍尼韦尔公司建立有工作场所性骚扰防范培训机制,郑某亦接受过相关培训。霍尼韦尔公司《商业行为准则》要求经理、主管等管理人员在下属提出担忧或问题时能够专业并及时帮助解决,不能进行打击报复。霍尼韦尔公司 2017 年版《员工手册》还将违反公司《商业行为准则》的行为列为会导致立即辞退的严重违纪行为范围。现郑某虽称相关女职工未提供受到骚扰的切实证据,其无法判断骚扰行为的真伪、对错,但从郑某在 2018 年 8 月 30 日谈话录音中对相关女职工初入职时向其出示的微信截屏所做的"我是觉得有点怪,我也不敢问""我就是不想掺和这个事"的评述看,郑某本人亦不认为相关微信内容系同事间的正常交流,且郑某在相关女职工反复强调间接上级一直对她进行骚扰时,未见郑某积极应对帮助解决,反而说"他这么直接,要是我的话,先靠近你,摸摸看,然后聊聊天"。所为皆为积极促成自己的下级与上级发展不正当关系。郑某的行为显然有悖其作为霍尼韦尔公司部门主管应尽之职责,其相关答复内容亦有违公序良俗。此外,依据郑某自述,其在 2018 年 8 月 30 日谈话后应已明确知晓相关女职工与间接上级关系不好的原因,但郑某不仅未采取积极措施,反而认为相关女职工处理不当。在任某明确表示对邓某性骚扰的抗拒后,郑某于 2018 年 11 月中旬向人事经理提出任某性格不合群,希望公司能解除与任某的劳动合同,据此霍尼韦尔公司主张郑某对相关女职工进行打击报复,亦属合理推断。二则,霍尼韦尔公司 2017 年版《员工手册》明确规定在公司内部调查中做虚假陈述的行为属于会导致立即辞退的严重违纪行为。霍尼韦尔公司提供的 2019 年 1 月 15 日调查笔录显示郑某在调查过程中存在虚假陈述情况。郑某虽称该调查笔录没有按照其所述内容记录,其不被允许修改很多内容,但此主张与郑某对该调查笔录中诸多问题的答复都进行过修改的事实相矛盾,法院对此不予采信。该调查笔录可以作为认定郑某存在虚假陈述的判断依据。

综上,郑某提出的各项上诉理由难以成为其上诉主张成立的依据。霍尼韦尔公司主张郑某存在严重违纪行为,依据充分,不构成违法解除劳动合同。对郑某要求霍尼韦尔公司支付违法解除劳动合同赔偿金 368130 元的上诉请求,不予支持。

指导案例 182 号:彭某翔诉南京市城市建设开发(集团)有限责任公司追索劳动报酬纠纷案

裁判要点

用人单位规定劳动者在完成一定绩效后可以获得奖金,其无正当理由拒绝履行审批义务,符合奖励条件的劳动者主张获奖条件成就,用人单位应当按照规定发放奖金的,人民法院应予支持。

相关法条

《中华人民共和国劳动法》第 4 条、《中华人民共和国劳动合同法》第 3 条

基本案情

南京市城市建设开发(集团)有限责任公司(以下简称城开公司)于 2016 年 8 月制定《南京城开集团关于引进投资项目的奖励暂行办法》(以下简称《奖励办法》),规定成功引进商品房项目的,城开公司将综合考虑项目规模、年化平均利润值合并表等综合因素,以项目审定的预期利润或收益为奖励基数,按照 0.1% ~0.5% 确定奖励总额。该奖励由投资开发部拟定各部门或其他人员的具体奖励构成后提出申请,经集团领导审议、审批后发放。2017 年 2 月,彭某翔入职城开公司担任投资开发部经理。2017 年 6 月,投资开发部形成《会议纪

要》,确定部门内部的奖励分配方案为总经理占部门奖金的 75%、其余项目参与人员占部门奖金的 25%。

彭某翔履职期间,其所主导的投资开发部成功引进无锡红梅新天地、扬州 GZ051 地块、如皋约克小镇、徐州焦庄、高邮鸿基万和城、徐州彭城机械六项目,后针对上述六项目投资开发部先后向城开公司提交了六份奖励申请。

直至彭某翔自城开公司离职,城开公司未发放上述奖励。彭某翔经劳动仲裁程序后,于法定期限内诉至法院,要求城开公司支付奖励 1689083 元。

案件审理过程中,城开公司认可案涉六项目初步符合《奖励办法》规定的受奖条件,但以无锡等三项目的奖励总额虽经审批但具体的奖金分配明细未经审批,及徐州等三项目的奖励申请未经审批为由,主张彭某翔要求其支付奖金的请求不能成立。对于法院"如彭某翔现阶段就上述项目继续提出奖励申请,城开公司是否启动审核程序"的询问,城开公司明确表示拒绝,并表示此后也不会再启动六项目的审批程序。此外,城开公司还主张,彭某翔在无锡红梅新天地项目、如皋约克小镇项目中存在严重失职行为,二项目存在严重亏损,城开公司已就拿地业绩突出向彭某翔发放过奖励,但均未提交充分的证据予以证明。

裁判结果

南京市秦淮区人民法院于 2018 年 9 月 11 日作出(2018)苏 0104 民初 6032 号民事判决:驳回彭某翔的诉讼请求。彭某翔不服,提起上诉。江苏省南京市中级人民法院于 2020 年 1 月 3 日作出(2018)苏 01 民终 10066 号民事判决:一、撤销南京市秦淮区人民法院(2018)苏 0104 民初 6032 号民事判决;二、城开公司于本判决生效之日起十五日内支付彭某翔奖励 1259564.4 元。

裁判理由

法院生效裁判认为:本案的争议焦点是城开公司应否依据《奖励办法》向彭某翔所在的投资开发部发放无锡红梅新天地等六项目奖励。

首先,从《奖励办法》设置的奖励对象来看,投资开发部以引进项目为主要职责,且在城开公司引进各类项目中起主导作用,故其系该文适格的被奖主体;从《奖励办法》设置的奖励条件来看,投资开发部已成功为城开公司引进符合城开公司战略发展目标的无锡红梅新天地、扬州 GZ051 地块、如皋约克小镇、徐州焦庄、高邮鸿基万和城、徐州彭城机械六项目,符合该文规定的受奖条件。故就案涉六项目而言,彭某翔所在的投资开发部形式上已满足用人单位规定的奖励申领条件。城开公司不同意发放相应的奖励,应当说明理由并对此举证证明。

但本案中城开公司无法证明无锡红梅新天地项目、如皋约克小镇项目存在亏损,也不能证明彭某翔在二项目中确实存在失职行为,其关于彭某翔不应重复获奖的主张亦因欠缺相应依据而无法成立。故而,城开公司主张彭某翔所在的投资开发部实质不符合依据《奖励办法》获得奖励的理由法院不予采纳。

其次,案涉六项目奖励申请未经审核或审批程序尚未完成,不能成为城开公司拒绝支付彭某翔项目奖金的理由。城开公司作为奖金的设立者,有权设定相应的考核标准、考核或审批流程。其中,考核标准系员工能否获奖的实质性评价因素,考核流程则属于城开公司为实现其考核权所设置的程序性流程。在无特殊规定的前提下,因流程本身并不涉及奖励评判标准,故而是否经过审批流程不能成为员工能否获得奖金的实质评价要素。城开公司也不应以六项目的审批流程未启动或未完成为由,试图阻却彭某翔获取奖金的实体权利的实现。此外,对劳动者的奖励申请进行实体审批,不仅是用人单位的权利,也是用人单位的义务。本案中,《奖励办法》所设立的奖励系城开公司为鼓励员工进行创造性劳动所承诺给员工的超额劳动报酬,其性质上属于《国家统计局关于工资总额组成的规定》第 7 条规定中的"其他奖金",此时《奖励办法》不仅应视为城开公司基于用工自主权而对员工行使的单方激励行为,还应视为城开公司与包括彭某翔在内的不特定员工就该项奖励的获取形成的约定。现彭某翔通过努力达到《奖励办法》所设奖励的获取条件,其向城开公司提出申请要求兑现该超额劳动报酬,无论是基于诚实信用原则,还是基于按劳取酬原则,城开公司皆有义务启动审核程序对该奖励申请进行核查,以确定彭某翔关于奖金的权利能否实现。如城开公司拒绝审核,应说明合理理由。本案中,城开公司关于彭某翔存在失职行为及案涉项目存在亏损的主张因欠缺事实依据不能成立,该公司也不能对不予审核的行为作出合理解释,其拒绝履行审批义务的行为已损害彭某翔的合法权益,对此应承担相应的不利后果。

综上,法院认定案涉六项目奖励的条件成就,城开公司应当依据《奖励办法》向彭某翔所在的投资开发部发放奖励。

指导案例 183 号:房某诉中美联泰大都会人寿保险有限公司劳动合同纠纷案

裁判要点

年终奖发放前离职的劳动者主张用人单位支付年终奖的,人民法院应当结合劳动者的离职原因、离职时间、工作表现以及对单位的贡献程度等因素进行综合考量。用人单位的规章制度规定年终奖发放前离职的劳动者不能享有年终奖,但劳动合同的解除非因劳动者单方过失或主动辞职所导致,且劳动者已经完成年度工作任务,用人单位不能证明劳动者的工作业绩及表现不符合年终奖发放标准,年终奖发放前离职的劳动者主张用人单位支付年终奖的,人民法院应予支持。

相关法条

《中华人民共和国劳动合同法》第 40 条

基本案情

房某于 2011 年 1 月至中美联泰大都会人寿保险有限公司(以下简称大都会公司)工作,双方之间签订的最后一份劳动合同履行日期为 2015 年 7 月 1 日至 2017 年 6 月 30 日,约定房某担任战略部高级经理一职。2017 年 10 月,大都会公司对其组织架构进行调整,决定撤销战略部,房某所任职的岗位因此被取消。双方就变更劳动合同等事宜展开了近两个月的协商,未果。12 月 29 日,大都会公司以客观情况发生重大变化、双方未能就变更劳动合同协商达成一致,向房某发出《解除劳动合同通知书》。房某对解除决定不服,经劳动仲裁程序后起诉要求恢复与大都会公司之间的劳动关系并诉求 2017 年 8—12 月未签劳动合同二倍工资差额、2017 年度奖金等。大都会公司《员工手册》规定:年终奖金根据公司政策,按公司业绩、员工表现计发,前提是该员工在当年度 10 月 1 日前已入职,若员工在奖金发放月或之前离职,则不能享有。据查,大都会公司每年度年终奖会在次年 3 月左右发放。

裁判结果

上海市黄浦区人民法院于 2018 年 10 月 29 日作出(2018)沪 0101 民初 10726 号民事判决:一、大都会公司于判决生效之日起七日内向原告房某支付 2017 年 8—12 月期间未签劳动合同双倍工资差额人民币 192500 元;二、房某的其他诉讼请求均不予支持。房某不服,上诉至上海市第二中级人民法院。上海市第二中级人民法院于 2019 年 3 月 4 日作出(2018)沪 02 民终 11292 号民事判决:一、维持上海市黄浦区人民法院(2018)沪 0101 民初 10726 号民事判决第一项;二、撤销上海市黄浦区人民法院(2018)沪 0101 民初 10726 号民事判决第二项;三、大都会公司于判决生效之日起七日内支付上诉人房某 2017 年度年终奖税前人民币 138600 元;四、房某的其他请求不予支持。

裁判理由

法院生效裁判认为,本案的争议焦点系用人单位以客观情况发生重大变化为依据解除劳动合同,导致劳动者不符合员工手册规定的年终奖发放条件时,劳动者是否可以获得相应的年终奖。对此,一审法院认为,大都会公司的《员工手册》明确规定了奖金发放情形,房某在大都会公司发放2017年度奖金之前已经离职,不符合奖金发放情形,故对房某要求2017年度奖金之请求不予支持。二审法院经过审理后认为,现行法律法规并没有强制规定年终奖应如何发放,用人单位有权根据本单位的经营状况、员工的业绩表现等,自主确定奖金发放与否、发放条件及发放标准,但是用人单位制定的发放规则仍应遵循公平合理原则,对于在年终奖发放之前已经离职的劳动者可否获得年终奖,应当结合劳动者离职的原因、时间、工作表现和对单位的贡献程度等多方面因素综合考量。本案中,大都会公司对其组织架构进行调整,双方未能就劳动合同的变更达成一致,导致劳动合同被解除。房某在大都会公司工作至2017年12月29日,此后两日系双休日,表明房某在2017年度已在大都会公司工作满一年;在大都会公司未举证房某的2017年度工作业绩、表现等方面不符合规定的情况下,可以认定房某在该年度为大都会公司付出了一整年的劳动且正常履行了职责,为大都会公司做出了应有的贡献。基于上述理由,大都会公司关于房某在年终奖发放月之前已离职而不能享有该笔奖金的主张缺乏合理性。故对房某诉求大都会公司支付2017年度年终奖,应予支持。

指导案例184号:马某楠诉北京搜狐新动力信息技术有限公司竞业限制纠纷案

裁判要点

用人单位与劳动者在竞业限制条款中约定,因履行竞业限制条款发生争议申请仲裁和提起诉讼的期间不计入竞业限制期限的,属于劳动合同法第二十六条第一款第二项规定的"用人单位免除自己的法定责任、排除劳动者权利"的情形,应当认定为无效。

相关法条

《中华人民共和国劳动合同法》第23条第2款、第24条、第26条第1款

基本案情

马某楠于2005年9月28日入职北京搜狐新动力信息技术有限公司(以下

简称搜狐新动力公司),双方最后一份劳动合同期限自 2014 年 2 月 1 日起至 2017 年 2 月 28 日止,马某楠担任高级总监。2014 年 2 月 1 日,搜狐新动力公司(甲方)与马某楠(乙方)签订《不竞争协议》,其中第 3.3 款约定:“竞业限制期限从乙方离职之日开始计算,最长不超过 12 个月,具体的月数根据甲方向乙方实际支付的竞业限制补偿费计算得出。但如因履行本协议发生争议而提起仲裁或诉讼时,则上述竞业限制期限应将仲裁和诉讼的审理期限扣除;即乙方应履行竞业限制义务的期限,在扣除仲裁和诉讼审理的期限后,不应短于上述约定的竞业限制月数。”2017 年 2 月 28 日劳动合同到期,双方劳动关系终止。2017 年 3 月 24 日,搜狐新动力公司向马某楠发出《关于要求履行竞业限制义务和领取竞业限制经济补偿费的告知函》,要求其遵守《不竞争协议》,全面并适当履行竞业限制义务。马某楠自搜狐新动力公司离职后,于 2017 年 3 月中旬与优酷公司开展合作关系,后于 2017 年 4 月底离开优酷公司,违反了《不竞争协议》。搜狐新动力公司以要求确认马某楠违反竞业限制义务并双倍返还竞业限制补偿金、继续履行竞业限制义务、赔偿损失并支付律师费为由向北京市劳动人事争议仲裁委员会申请仲裁,仲裁委员会作出京劳人仲字(2017)第 339 号裁决:一、马某楠一次性双倍返还搜狐新动力公司 2017 年 3 月、4 月竞业限制补偿金共计 177900 元;二、马某楠继续履行对搜狐新动力公司的竞业限制义务;三、驳回搜狐新动力公司的其他仲裁请求。马某楠不服,于法定期限内向北京市海淀区人民法院提起诉讼。

裁判结果

北京市海淀区人民法院于 2018 年 3 月 15 日作出(2017)京 0108 民初 45728 号民事判决:一、马某楠于判决生效之日起七日内向搜狐新动力公司双倍返还 2017 年 3 月、4 月竞业限制补偿金共计 177892 元;二、确认马某楠无须继续履行对搜狐新动力公司的竞业限制义务。搜狐新动力公司不服一审判决,提起上诉。北京市第一中级人民法院于 2018 年 8 月 22 日作出(2018)京 01 民终 5826 号民事判决:驳回上诉,维持原判。

裁判理由

法院生效裁判认为:本案的争议焦点为《不竞争协议》第 3.3 款约定的竞业限制期限的法律适用问题。搜狐新动力公司上诉主张该协议第 3.3 款约定有效,马某楠的竞业限制期限为本案仲裁和诉讼的实际审理期限加上 12 个月,以实际发生时间为准且不超过 2 年,但本院对其该项主张不予采信。

一、竞业限制协议的审查

法律虽然允许用人单位可以与劳动者约定竞业限制义务，但同时对双方约定竞业限制义务的内容作出了强制性规定，即以效力性规范的方式对竞业限制义务所适用的人员范围、竞业领域、限制期限均作出明确限制，且要求竞业限制约定不得违反法律、法规的规定，以期在保护用人单位商业秘密、维护公平竞争市场秩序的同时，亦防止用人单位不当运用竞业限制制度对劳动者的择业自由权造成过度损害。

二、“扣除仲裁和诉讼审理期限”约定的效力

本案中，搜狐新动力公司在《不竞争协议》第3.3款约定马某楠的竞业限制期限应扣除仲裁和诉讼的审理期限，该约定实际上要求马某楠履行竞业限制义务的期限为：仲裁和诉讼程序的审理期限+实际支付竞业限制补偿金的月数（最长不超过12个月）。从劳动者择业自由权角度来看，虽然法律对于仲裁及诉讼程序的审理期限均有法定限制，但就具体案件而言该期限并非具体确定的期间，将该期间作为竞业限制期限的约定内容，不符合竞业限制条款应具体明确的立法目的。加之劳动争议案件的特殊性，相当数量的案件需要经过“一裁两审”程序，上述约定使劳动者一旦与用人单位发生争议，则其竞业限制期限将被延长至不可预期且相当长的一段期间，乃至达到2年。这实质上造成了劳动者的择业自由权在一定期间内处于待定状态。另外，从劳动者司法救济权角度来看，对于劳动者一方，如果其因履行《不竞争协议》与搜狐新动力公司发生争议并提起仲裁和诉讼，依照该协议第3.3款约定，仲裁及诉讼审理期间劳动者仍需履行竞业限制义务，即出现其竞业限制期限被延长的结果。如此便使劳动者陷入“寻求司法救济则其竞业限制期限被延长”“不寻求司法救济则其权益受损害”的两难境地，在一定程度上限制了劳动者的司法救济权利；而对于用人单位一方，该协议第3.3款使搜狐新动力公司无须与劳动者进行协商，即可通过提起仲裁和诉讼的方式单方地、变相地延长劳动者的竞业限制期限，一定程度上免除了其法定责任。综上，法院认为，《不竞争协议》第3.3款中关于竞业限制期限应将仲裁和诉讼的审理期限扣除的约定，即“但如因履行本协议发生争议而提起仲裁或诉讼时……乙方应履行竞业限制义务的期限，在扣除仲裁和诉讼审理的期限后，不应短于上述约定的竞业限制月数”的部分，属于劳动合同法第二十六条第一款第二项规定的“用人单位免除自己的法定责任、排除劳动者权利”的情形，应属无效。而根据该法第二十七条规定，劳动合同部分无效，不

影响其他部分效力的,其他部分仍然有效。

三、本案竞业限制期限的确定

据此,依据《不竞争协议》第 3. 3 款仍有效部分的约定,马某楠的竞业限制期限应依据搜狐新动力公司向其支付竞业限制补偿金的月数确定且最长不超过 12 个月。鉴于搜狐新动力公司已向马某楠支付 2017 年 3 月至 2018 年 2 月期间共计 12 个月的竞业限制补偿金,马某楠的竞业限制期限已经届满,其无须继续履行对搜狐新动力公司的竞业限制义务。

指导案例 185 号:闫某琳诉浙江喜来登度假村有限公司平等就业权纠纷案

裁判要点

用人单位在招用人员时,基于地域、性别等与"工作内在要求"无必然联系的因素,对劳动者进行无正当理由的差别对待的,构成就业歧视,劳动者以平等就业权受到侵害,请求用人单位承担相应法律责任的,人民法院应予支持。

相关法条

《中华人民共和国就业促进法》第 3 条、第 26 条

基本案情

2019 年 7 月,浙江喜来登度假村有限公司(以下简称喜来登公司)通过智联招聘平台向社会发布了一批公司人员招聘信息,其中包含"法务专员""董事长助理"两个岗位。2019 年 7 月 3 日,闫某琳通过智联招聘手机 App 软件针对喜来登公司发布的前述两个岗位分别投递了求职简历。闫某琳投递的求职简历中,包含姓名、性别、出生年月、户口所在地、现居住城市等个人基本信息,其中户口所在地填写为"河南南阳",现居住城市填写为"浙江杭州西湖区"。据杭州市杭州互联网公证处出具的公证书记载,公证人员使用闫某琳的账户、密码登录智联招聘 App 客户端,显示闫某琳投递的前述"董事长助理"岗位在 2019 年 7 月 4 日 14 时 28 分被查看,28 分时给出岗位不合适的结论,"不合适原因:河南人";"法务专员"岗位在同日 14 时 28 分被查看,29 分时给出岗位不合适的结论,"不合适原因:河南人"。闫某琳因案涉公证事宜,支出公证费用 1000 元。闫某琳向杭州互联网法院提起诉讼,请求判令喜来登公司赔礼道歉、支付精神抚慰金以及承担诉讼相关费用。

裁判结果

杭州互联网法院于 2019 年 11 月 26 日作出(2019)浙 0192 民初 6405 号民

事判决：一、被告喜来登公司于本判决生效之日起十日内赔偿原告闫某琳精神抚慰金及合理维权费用损失共计10000元。二、被告喜来登公司于本判决生效之日起十日内，向原告闫某琳进行口头道歉并在《法制日报》公开登报赔礼道歉（道歉声明的内容须经本院审核）；逾期不履行，本院将在国家级媒体刊登判决书主要内容，所需费用由被告喜来登公司承担。三、驳回原告闫某琳其他诉讼请求。宣判后，闫某琳、喜来登公司均提起上诉。杭州市中级人民法院于2020年5月15日作出（2020）浙01民终736号民事判决：驳回上诉，维持原判。

裁判理由

法院生效裁判认为：平等就业权是劳动者依法享有的一项基本权利，既具有社会权利的属性，亦具有民法上的私权属性，劳动者享有平等就业权是其人格独立和意志自由的表现，侵害平等就业权在民法领域侵害的是一般人格权的核心内容——人格尊严，人格尊严重要的方面就是要求平等对待，就业歧视往往会使人产生一种严重的受侮辱感，对人的精神健康甚至身体健康造成损害。据此，劳动者可以在其平等就业权受到侵害时向人民法院提起民事诉讼，寻求民事侵权救济。

闫某琳向喜来登公司两次投递求职简历，均被喜来登公司以"河南人"不合适为由予以拒绝，显然在针对闫某琳的案涉招聘过程中，喜来登公司使用了主体来源的地域空间这一标准对人群进行归类，并根据这一归类标准而给予闫某琳低于正常情况下应当给予其他人的待遇，即拒绝录用，可以认定喜来登公司因"河南人"这一地域事由要素对闫某琳进行了差别对待。

《中华人民共和国就业促进法》第三条在明确规定民族、种族、性别、宗教信仰四种法定禁止区分事由时使用"等"字结尾，表明该条款是一个不完全列举的开放性条款，即法律除认为前述四种事由构成不合理差别对待的禁止性事由外，还存在与前述事由性质一致的其他不合理事由，亦为法律所禁止。何种事由属于前述条款中"等"的范畴，一个重要的判断标准是，用人单位是根据劳动者的专业、学历、工作经验、工作技能以及职业资格等与"工作内在要求"密切相关的"自获因素"进行选择，还是基于劳动者的性别、户籍、身份、地域、年龄、外貌、民族、种族、宗教等与"工作内在要求"没有必然联系的"先赋因素"进行选择，后者构成为法律禁止的不合理就业歧视。劳动者的"先赋因素"，是指人们出生伊始所具有的人力难以选择和控制的因素，法律作为一种社会评价和调节机制，不应该基于人力难以选择和控制的因素给劳动者设置不平等条件；反之，应消除这些因素给劳动者带来的现实上的不平等，将与“工作内在要求”没有任何关联性的“先赋因素”作为就业区别对待的标准，根本违背了公平正义的一般原则，不具有正当性。

本案中，喜来登公司以地域事由要素对闫某琳的求职申请进行区别对待，而地域事由属于闫某琳乃至任何人都无法自主选择、控制的与生俱来的“先赋因素”，在喜来登公司无法提供客观有效的证据证明，地域要素与闫某琳申请的工作岗位之间存在必然的内在关联或存在其他的合法目的的情况下，喜来登公司的区分标准不具有合理性，构成法定禁止事由。故喜来登公司在案涉招聘活动中提出与职业没有必然联系的地域事由对闫某琳进行区别对待，构成对闫某琳的就业歧视，损害了闫某琳平等地获得就业机会和就业待遇的权益，主观上具有过错，构成对闫某琳平等就业权的侵害，依法应承担公开赔礼道歉并赔偿精神抚慰金及合理维权费用的民事责任。

最高人民检察院发布的企业合规改革试点典型案例[①]

案例一：张家港市 L 公司、张某甲等人污染环境案

（一）基本案情

江苏省张家港市 L 化机有限公司（以下简称 L 公司）系从事不锈钢产品研发和生产的省级高科技民营企业，张某甲、张某乙、陆某某分别系该公司的总经理、副总经理、行政主管。

2018 年下半年，L 公司在未取得生态环境部门环境评价的情况下建设酸洗池，并于 2019 年 2 月私设暗管，将含有镍、铬等重金属的酸洗废水排放至生活污水管，造成严重环境污染。苏州市张家港生态环境局现场检测，L 公司排放井内积存水样中总镍浓度为 29.4mg/L、总铬浓度为 29.2mg/L，分别超过《污水综合排放标准》的 29.4 倍和 19.5 倍。2020 年 6 月，张某甲、张某乙、陆某某主动向张家港市公安局投案，如实供述犯罪事实，自愿认罪认罚。

2020 年 8 月，张家港市公安局以 L 公司及张某甲等人涉嫌污染环境罪向张

① 此部分案例均摘自最高人民检察院官网，https://www.spp.gov.cn/spp/xwfbh/wsfbh/202106/t20210603_520232.shtml，最后访问日期：2023 年 1 月 5 日。

家港市检察院移送审查起诉。张家港市检察院进行办案影响评估并听取L公司合规意愿后，指导该公司开展合规建设。

（二）企业合规整改情况及处理结果

检察机关经审查认为，L公司及张某甲等人虽涉嫌污染环境罪，但排放污水量较小，尚未造成实质性危害后果，可以进行合规考察监督并参考考察情况依法决定是否适用不起诉。同时经调查，L公司系省级高科技民营企业，年均纳税400余万元、企业员工90余名、拥有专利20余件，部分产品突破国外垄断。如果公司及其主要经营管理人员被判刑，对国内相关技术领域将造成较大影响。有鉴于此，2020年10月，检察机关向L公司送达《企业刑事合规告知书》，该公司在第一时间提交了书面合规承诺以及行业地位、科研力量、纳税贡献、承担社会责任等证明材料。

检察机关在认真审查调查报告、听取行政机关意见以及综合审查企业书面承诺的基础上，对L公司作出合规考察决定。随后，L公司聘请律师对合规建设进行初评，全面排查企业合规风险，制订详细合规计划，检察机关委托税务、生态环境、应急管理等部门对合规计划进行专业评估。L公司每月向检察机关书面汇报合规计划实施情况。2020年12月，组建以生态环境部门专业人员为组长的评估小组，对L公司整改情况及合规建设情况进行评估，经评估合格，通过合规考察。同月，检察机关邀请人民监督员、相关行政主管部门、工商联等各界代表，召开公开听证会，参会人员一致建议对L公司作不起诉处理。检察机关经审查认为，符合刑事诉讼法相关规定，当场公开宣告不起诉决定，并依法向生态环境部门提出对该公司给予行政处罚的检察意见。2021年3月，苏州市生态环境局根据《水污染防治法》有关规定，对L公司作出行政处罚决定。

通过开展合规建设，L公司实现了快速转型发展，逐步建立起完备的生产经营、财务管理、合规内控的管理体系，改变了野蛮粗放的发展运营模式，企业家和员工的责任感明显提高，企业抵御和防控经济风险的能力得到进一步增强。2021年L公司一季度销售收入同比增长275%，缴纳税收同比增长333%，成为所在地区增幅最大的企业。

（三）典型意义

一是检察机关积极主动发挥合规主导责任。本案中，检察机关在办理涉企犯罪案件时，主动审查是否符合企业合规试点适用条件，并及时征询涉案企业、个人的意见，做好合规前期准备。在企业合规建设过程中，检察机关会同有关部门,对涉案企业合规计划及实施情况进行检查、评估、考察,引导涉案企业实质化合规整改,取得明显成效。

二是检察机关推动企业合规与检察听证、刑行衔接相结合。本案中,检察机关召开公开听证会,听取各方面意见后对涉案企业依法作出不起诉决定,以公开促公正,提升司法公信力。同时,检察机关结合企业合规情况,主动做好刑行衔接工作,提出检察意见移送有关主管机关处理,防止不起诉后一放了之。

案例二:上海市 A 公司、B 公司、关某某虚开增值税专用发票案

(一)基本案情

被告单位上海 A 医疗科技股份有限公司(以下简称 A 公司)、上海 B 科技有限公司(以下简称 B 公司),被告人关某某系 A、B 两家公司实际控制人。

2016 年至 2018 年,关某某在经营 A 公司、B 公司业务期间,在无真实货物交易的情况下,通过他人介绍,采用支付开票费的方式,让他人为两家公司虚开增值税专用发票共 219 份,价税合计 2887 余万元,其中税款 419 余万元已申报抵扣。2019 年 10 月,关某某到案后如实供述上述犯罪事实并补缴涉案税款。

2020 年 6 月,公安机关以 A 公司、B 公司、关某某涉嫌虚开增值税专用发票罪移送检察机关审查起诉。上海市宝山区检察院受理案件后,走访涉案企业及有关方面了解情况,督促企业作出合规承诺并开展合规建设。

(二)企业合规整改情况及处理结果

检察机关走访涉案企业了解经营情况,并向当地政府了解其纳税及容纳就业情况。经调查,涉案企业系我国某技术领域的领军企业、上海市高新技术企业,科技实力雄厚,对地方经济发展和增进就业有很大贡献。公司管理人员及员工学历普遍较高,对合规管理的接受度高、执行力强,企业合规具有可行性,检察机关遂督促企业作出合规承诺并开展合规建设。同时,检察机关先后赴多地税务机关对企业提供的纳税材料及涉案税额补缴情况进行核实,并针对关某某在审查起诉阶段提出的立功线索自行补充侦查,认为其具有立功情节。

2020 年 11 月,检察机关以 A 公司、B 公司、关某某涉嫌虚开增值税专用发票罪对其提起公诉并适用认罪认罚从宽制度。12 月,上海市宝山区人民法院采纳检察机关全部量刑建议,以虚开增值税专用发票罪分别判处被告单位 A 公司罚金 15 万元,B 公司罚金 6 万元,被告人关某某有期徒刑 3 年,缓刑 5 年。

法院判决后,检察机关联合税务机关上门回访,发现涉案企业的合规建设

仍需进一步完善，遂向其制发检察建议并公开宣告，建议进一步强化合法合规经营意识，严格业务监督流程，提升税收筹划和控制成本能力。检察机关在收到涉案企业对检察建议的回复后，又及时组织合规建设回头看。经了解，涉案企业已经逐步建立合规审计、内部调查、合规举报等有效合规制度，聘请专业人士进行税收筹划，大幅节约生产经营成本，提高市场占有份额。

（三）典型意义

一是检察机关推动企业合规与适用认罪认罚从宽制度相结合。本案中，检察机关在督促企业作出合规承诺并开展合规建设的同时，通过适用认罪认罚从宽制度，坚持和落实能不判实刑的提出判缓刑的量刑建议等司法政策，努力让企业"活下来""留得住""经营得好"，取得更好的司法办案效果。

二是检察机关推动企业合规与检察建议相结合。本案中，检察机关会同税务机关在回访过程中，发现涉案企业在预防违法犯罪方面制度不健全、不落实，管理不完善，存在违法犯罪隐患，需要及时消除的，结合合规整改情况，向涉案企业制发检察建议，推动其深化实化合规建设，避免合规整改走过场、流于形式。

案例三：王某某、林某某、刘某乙对非国家工作人员行贿案

（一）基本案情

深圳 Y 科技股份有限公司（以下简称 Y 公司）系深圳 H 智能技术有限公司（以下简称 H 公司）的音响设备供货商。Y 公司业务员王某某，为了在 H 公司音响设备选型中获得照顾，向 H 公司采购员刘某甲陆续支付好处费 25 万元，并在刘某甲的暗示下向 H 公司技术总监陈某行贿 24 万余元。由王某某通过公司采购流程与深圳市 A 数码科技有限公司（以下简称 A 公司）签订采购合同，将资金转入至 A 公司账户，A 公司将相关费用扣除后，将剩余的资金转入至陈某指定的账户中。Y 公司副总裁刘某乙、财务总监林某某，对相关款项进行审核后，王某某从公司领取行贿款项实施行贿。

2019 年 10 月，H 公司向深圳市公安局南山分局报案，王某某、林某某、刘某乙及刘某甲、陈某相继到案。2020 年 3 月，深圳市公安局南山分局以王某某、林某某、刘某乙涉嫌对非国家工作人员行贿罪，刘某甲、陈某涉嫌非国家工作人员受贿罪向深圳市南山区检察院移送审查起诉。

2020 年 4 月，检察机关对王某某依据《刑事诉讼法》第 177 条第 2 款作出不

起诉决定,对林某某、刘某乙依据《刑事诉讼法》第 177 条第 1 款作出不起诉决定,以陈某、刘某甲涉嫌非国家工作人员受贿罪向深圳市南山区法院提起公诉。同月,深圳市南山区法院以非国家工作人员受贿罪判处被告人刘某甲有期徒刑 6 个月,判处被告人陈某拘役 5 个月。法院判决后,检察机关于 2020 年 7 月与 Y 公司签署合规监管协议,协助企业开展合规建设。

(二)企业合规整改情况及处理结果

检察机关在司法办案过程中了解到,Y 公司属于深圳市南山区拟上市的重点企业,该公司在专业音响领域处于国内领先地位,已经在开展上市前辅导,但本案暴露出 Y 公司在制度建设和日常管理中存在较大漏洞。检察机关与 Y 公司签署合规监管协议后,围绕与商业贿赂犯罪有密切联系的企业内部治理结构、规章制度、人员管理等方面存在的问题,制定可行的合规管理规范,构建有效的合规组织体系,健全合规风险防范报告机制,弥补企业制度建设和监督管理漏洞,防止再次发生相同或者类似的违法犯罪。Y 公司对内部架构和人员进行了重整,着手制定企业内部反舞弊和防止商业贿赂指引等一系列规章制度,增加企业合规的专门人员。检察机关通过回访 Y 公司合规建设情况,针对企业可能涉及的知识产权等合规问题进一步提出指导意见,推动企业查漏补缺并重启了上市申报程序。

(三)典型意义

本案中,检察机关积极推动企业合规与依法适用不起诉相结合。依法对涉案企业负责人作出不起诉决定,不是简单一放了之,而是通过对企业提出整改意见,推动企业合规建设,进行合规考察等后续工作,让涉案企业既为违法犯罪付出代价,又吸取教训建立健全防范再犯的合规制度,维护正常经济秩序。

案例四:新泰市 J 公司等建筑企业串通投标系列案件

(一)基本案情

2013 年以来,山东省新泰市 J 工程有限公司(以下简称 J 公司)等 6 家建筑企业,迫于张某黑社会性质组织的影响力,被要挟参与该涉黑组织骨干成员李某某(新城建筑工程公司经理,犯串通投标罪被判处有期徒刑 1 年零 6 个月)组织的串通投标。李某某暗箱操作统一制作标书、统一控制报价,导致新泰市涉及管道节能改造、道路维修、楼房建设等全市 13 个建设工程项目被新城建筑工程公司中标。由张某黑社会性质组织案带出的 5 起串通投标案件,涉及该市 1

家民营企业、2 家国有企业、3 家集体企业，均为当地建筑业龙头企业，牵扯面大，社会关注度高。

2020 年 3 月、4 月，公安机关将上述 5 起串通投标案件移送新泰市检察院审查起诉。检察机关受理案件后，通过自行补充侦查进一步查清案件事实，同时深入企业开展调查，于 2020 年 5 月召开公开听证会，对 J 公司等 6 家企业作出不起诉决定。

（二）企业合规整改情况及处理结果

检察机关通过自行补充侦查，查清 J 公司等 6 家企业被胁迫陪标的案件事实。6 家企业案发时均受到涉黑组织骨干成员李某某的要挟，处于张某黑社会性质组织控制范围内，被迫出借建筑资质参与陪标，且没有获得任何非法利益。同时，检察机关实地到 6 家企业走访调查，掌握企业疫情防控常态化下复工复产情况及存在的困难问题；多次到住建部门座谈，了解到 6 家企业常年承接全市重点工程项目，年创税均达 1000 万元以上，其中 1 家企业年创税 1 亿余元，在繁荣地方经济、城乡建设、劳动力就业等方面做出了突出贡献。如作出起诉决定，6 家企业 3 年内将无法参加任何招投标工程，并被列入银行贷款黑名单，将对企业发展、劳动力就业和全市经济社会稳定造成一定的影响。

2020 年 5 月，泰安市两级检察机关邀请人民监督员等各界代表召开公开听证会，参会人员一致同意对 J 公司等 6 家企业及其负责人作不起诉处理。检察机关当场公开宣告不起诉决定，并依法向住建部门提出对 6 家企业给予行政处罚的检察意见，同时建议对近年来建筑行业的招投标情况进行全面细致摸排自查，净化建筑业招投标环境。听证会结束后，检察机关组织当地 10 家建筑企业、连同 6 家涉案企业负责人召开专题座谈会，宣讲企业合规知识，用身边案例警醒企业依法规范经营，从而实现了“办理一案、教育一片、治理社会面”的目的。

检察机关还向 6 家涉案企业发出检察建议，要求企业围绕所涉罪名及相关领域开展合规建设，并对合规建设情况进行跟踪监督，最后举办检察建议落实情况公开回复会，对合规建设情况进行验收，从源头上避免再发生类似违法犯罪问题。在合规建设过程中，6 家涉案企业缴纳 171 万余元行政罚款，并对公司监事会作出人事调整，完善公司重大法务风险防控机制。此后 6 家被不起诉企业积极扩大就业规模，安置就业人数 2000 余人，先后中标 20 余项重大民生工程，中标工程总造价 20 余亿元。

（三）典型意义

本案中，检察机关充分履行自行补充侦查职权，全面查清案件事实，开展社会调查，为适用企业合规提供充分依据。同时，检察机关推动企业合规与不起诉决定、检察听证、检察意见、检察建议等相关工作紧密结合，既推动对企业违法犯罪行为依法处罚、教育、矫治，使企业能够改过自新、合规守法经营，又能减少和预防企业再犯罪，使企业更主动地承担社会责任，同时推动当地建筑行业深层次问题的解决，为企业合规建设提供了生动的检察实践。

最高人民检察院发布的企业合规典型案例（第二批）①

案例一：上海 J 公司、朱某某假冒注册商标案

——依托长三角一体化协作平台，对涉案企业异地适用第三方监督评估机制

一、基本案情

上海市 J 智能电器有限公司（以下简称 J 公司）注册成立于 2016 年 1 月，住所地位于浙江省嘉兴市秀洲区，公司以生产智能家居电器为主，拥有专利数百件，有效注册商标 3 件，近年来先后被评定为浙江省科技型中小企业、国家高新技术企业。公司有员工 2000 余人，年纳税总额 1 亿余元，被不起诉人朱某某系该公司股东及实际控制人。

2018 年 8 月，上海 T 智能科技有限公司（以下简称 T 公司）与 J 公司洽谈委托代加工事宜，约定由 J 公司为 T 公司代为加工智能垃圾桶，后因试产样品未达质量标准，且无法按时交货等原因，双方于 2018 年 12 月终止合作。为了挽回前期投资损失，2018 年 12 月至 2019 年 11 月，朱某某在未获得商标权利人 T 公司许可的情况下，组织公司员工生产假冒 T 公司注册商标的智能垃圾桶、垃圾盒，并对外销售获利，涉案金额达 560 万余元。2020 年 9 月 11 日，朱某某主动投案后被取保候审。案发后，J 公司认罪认罚，赔偿权利人 700 万元并取得谅解。2020 年 12 月 14 日，上海市公安局浦东分局以犯罪嫌疑单位 J 公司、犯罪嫌疑人朱某某涉嫌假冒注册商标罪移送浦东新区检察院审查起诉。

---

① 此部分案例均摘自最高人民检察院官网，https://www.spp.gov.cn/xwfbh/wsfbt/202112/t20211215_538815.shtml#2，最后访问日期：2023 年 1 月 5 日。

二、企业合规整改情况及效果

一是认真审查，对符合适用条件的企业开展合规试点。浦东新区检察院经审查认为，J公司是一家高新技术企业，但公司管理层及员工法律意识淡薄，尤其对涉及商业秘密、专利权、商标权等民事侵权及刑事犯罪认识淡薄，在合同审核、财务审批、采购销售等环节均存在管理不善问题。鉴于J公司具有良好发展前景，犯罪嫌疑人朱某某有自首情节，并认罪认罚赔偿了T公司的损失，且该公司有合规建设意愿，具备启动第三方机制的基本条件，考虑其注册地、生产经营地和犯罪地分离的情况，有必要启动跨区域合规考察。

二是三级联动，开启跨区域合规第三方机制"绿色通道"。2021年4月，浦东新区检察院根据沪浙苏皖四地检察院联合制定的《长三角区域检察协作工作办法》，向上海市检察院申请启动长三角跨区域协作机制，委托企业所在地的浙江省嘉兴市检察院、秀洲区检察院协助开展企业合规社会调查及第三方监督考察。两地检察机关签订《第三方监督评估委托函》，明确委托事项及各方职责，确立了"委托方发起""受托方协助""第三方执行"的合规考察异地协作模式，由秀洲区检察院根据最高检等九部门联合下发的《关于建立涉案企业合规第三方监督评估机制的指导意见(试行)》成立第三方监督评估组织。随后，秀洲区检察院成立了由律师、区市场监督管理局、区科技局熟悉知识产权工作的专业人员组成的第三方监督评估组织，并邀请人大代表、政协委员对涉案企业同步开展监督考察。

三是有的放矢，确保合规计划"治标更治本"。浦东新区检察院结合办案中发现的经营管理不善情况，向J公司制发《合规风险告知书》，从合规风险排查、合规制度建设、合规运行体系及合规文化养成等方面提出整改建议，引导J公司作出合规承诺。第三方组织结合风险告知内容指导企业制订合规计划，明确合规计划的政策性和程序性规定，从责任分配、培训方案到奖惩制度，确保合规计划的针对性和实效性。同时，督促企业对合规计划涉及的组织体系、政策体系、程序体系和风险防控体系等主题进行分解，保证计划的可行性和有效性。J公司制定了包括制定合规章程、健全基层党组织、建立合规组织体系、制定知识产权专项合规政策体系、打造合规程序体系、提升企业合规意识等方面的递进式合规计划，并严格按照时间表扎实推进。

四是找准定位，动态衔接实现异地监管"客观有效"。监督考察期间，第三方组织通过问询谈话、走访调查，深入了解案件背景，帮助企业梳理合规、风控方面的管理漏洞，督促制定专项整改措施。根据第三方组织建议，J 公司成立合规工作领导小组，修改公司章程，强化管理职责，先后制定知识产权管理、合同审批、保密管理、员工培训、风险控制等多项合规专项制度，设立合规专岗，实行管理、销售分离，建立合规举报途径，连续开展刑事合规、民事合规及知识产权保护专项培训，外聘合规专业团队定期对企业进行法律风险全面体检，并且每半个月提交一次阶段性书面报告。第三方组织通过书面审查、实地走访、听取汇报等形式，对合规阶段性成效进行监督检查。同时，浦东新区检察院为确保异地合规监管的有效性，制作了《企业合规监督考察反馈意见表》，实时动态跟进监督评估进度，对第三方组织成员组成、合规计划执行、企业定期书面报告、申诉控告处理等提出意见建议。

五是充分评估，确保监督考察及处理结果"公平公正"。考察期限届满，第三方组织评估认为，经过合规管理，J 公司提升合规意识，完善组织架构，设立合规专岗，开展专项检查，建立制度指引，强化流程管理，健全风控机制，加强学习培训，完成了从合规组织体系建立到合规政策制定，从合规程序完善到合规文化建设等一系列整改，评定 J 公司合规整改合格。浦东新区检察院联合嘉兴市检察院、秀洲区检察院通过听取汇报、现场验收、公开评议等方式对监督考察结果的客观性充分论证。2021 年 9 月 10 日，浦东新区检察院邀请人民监督员、侦查机关、异地检察机关代表等进行公开听证。经评议，参与听证各方一致同意对涉案企业及个人作出不起诉决定。

三、典型意义

1. 积极探索，为企业合规异地适用第三方机制开拓实践思路。针对涉案企业注册地、生产经营地和犯罪地分离的情况，上海、浙江检察机关依托长三角区域检察协作平台，通过个案办理探索建立企业合规异地协作工作机制，确立了"委托方发起""受托方协助""第三方执行"的合规考察异地协作模式，合力破解异地社会调查、监督考察、行刑衔接等难题，降低司法办案成本，提升办案质效，为推动区域行业现代化治理提供了实践样本。

2. 有序推进，切实防止社会调查"一托了之"。本案中，检察机关采取层层递进的工作方式，确保社会调查重点明确、调查结果全面客观。一是事前细化调查提纲。重点围绕涉案企业社会贡献度、企业发展前景、社会综合评价等开展协助调查，一并考察企业家的一贯表现，确保社会调查结果全面客观。二是事中加强沟通协调。浦东新区检察院多次赴浙江会商，就调查方式、调查内容及相关要求达成共识,形成办案合力。秀洲区检察院协调区市场监管、人社、税务、科技、工商联及行业协会,对涉案公司及个人开展全面调查。三是事后进行专项研讨。检察机关深入审查全部协查材料,研究认为涉案企业符合企业合规改革试点适用条件,并层报上级机关审核备案。

3. 完善机制,提升监督评估实际效果。本案中,秀洲区检察院联合当地13个部门出台规范性文件,探索构建企业合规"双组六机制"工作模式。"双组",即检察机关牵头成立"合规监管考察组"和"合规指导组"两个工作组;"六机制",即联席会议、合规培育、提前介入、会商通报、指导帮扶、审查监管等六个协作机制。合规考察中,由合规监管考察组和合规指导组共同研究形成专业意见,并邀请人大代表、政协委员全程参与,提高监管考察的透明度和公信力。

4. 标本兼治,有效防治企业违法犯罪。从司法实践看,涉企经济犯罪成因复杂,许多涉及经济社会系统性、深层次矛盾问题,单靠刑事法律的"孤军作战",难以取得良好的社会治理效果。本案中,检察机关开展企业合规改革以推动源头治理为着力点,针对办案发现的企业经营管理中的突出问题,通过第三方监督评估机制对涉案企业开展扎实有效的合规整改,促进企业依法合规经营发展,对于完善制度机制、形成治理合力具有积极意义。

案例二:张家港S公司、睢某某销售假冒注册商标的商品案

——介入侦查认定"挂案"性质,积极引导涉案小微企业开展合规建设

一、基本案情

张家港市S五交化贸易有限公司(以下简称S公司)2015年6月注册成立,注册资本200万元,在职员工3人,睢某某系该公司法定代表人、实际控制人。

2018年11月22日,张家港市市场监督管理局在对S公司进行检查时,发现该公司疑似销售假冒"SKF"商标的轴承,并在其门店及仓库内查获标注"SKF"商标的各种型号轴承27829个,金额共计68万余元。2018年12月17日,张家港市市场监督管理局将该案移送至张家港市公安局。2019年2月14日,斯凯孚(中国)有限公司出具书面的鉴别报告,认为所查获的标有"SKF"商标的轴承产品均为侵犯该公司注册商标专用权的产品。2019年2月15日,张家港市公安局对本案立案侦查。

二、企业合规整改情况及效果

一是应公安机关邀请介入侦查。2021年5月初,张家港市检察院应张家港

市公安局邀请,派员介入听取案件情况。梳理在案证据,本案侦查工作的主要情况如下:第一,睢某某辩称涉案的轴承部分是从山东威海一旧货调剂市场打包购买,部分是从广州 H 公司、上海 J 公司购买,认为自己购进的都应该是正品。第二,公安机关经与广州 H 公司、上海 J 公司核实,上海 J 公司系授权的一级代理商,主要经营 SKF 等品牌轴承。广州 H 公司从上海 J 公司进购 SKF 轴承后进行销售,曾 3 次通过上海 J 公司直接发货给 S 公司,共计 54 万元。同时,公安机关对山东威海的旧货调剂市场进行了现场调查,发现该市场确实是二手交易市场,无法追溯货品源头。第三,斯凯孚(中国)有限公司出具书面鉴别报告时,未对查获的轴承及包装的真伪进行现场勘查,仅根据清点明细材料出具了鉴别说明和比对示例,且不愿再重新鉴定。此外,该案立案距今超过两年,已属“挂案”状态。

二是及时启动社会调查。检察机关向 S 公司、睢某某告知企业合规相关政策后,该公司分别向检察机关、公安机关递交了《提请开展刑事合规监督考察的申请书》。随后承办检察官走访企业和市场监督管理局、税务局等行政部门,实地查看公司经营现状、指导填写合规承诺、撰写调查报告。走访调查了解到,该公司系已实际经营六年的小微民营企业,因涉嫌犯罪被立案,一定程度上影响经营,资金周转困难,公司面临危机。该公司规章制度不健全,内部管理不完善,尤其是企业采购程序不规范,对供货商资质和货品来源审查不严,单据留存不全,还曾因接受虚开的增值税发票被税务机关行政处罚。检察机关经综合考虑,鉴于 S 公司有整改行为和较强的合规愿望,认为可以开展企业合规监督考察。

三是深入会商达成共识。检察机关认为,该案证明 S 公司及睢某某犯罪故意的证据不确实、不充分,公安机关也难以再查明轴承及包装的来源是否合法,案件久拖不决已处于“挂案”状态,亟待清理。检察机关与公安机关共同分析了相关情况,并就该案下一步处理进行会商,双方就企业合规、“挂案”清理工作达成共识。公安机关明确表示,如该公司通过企业合规监督考察时还没有新的证据进展,将作出撤案处理。

四是扎实推进合规考察。经向上级检察机关请示并向张家港市企业合规监管委员会报告后,张家港市检察院联合公安机关对 S 公司启动合规监督考察程序,确定 6 个月的整改考察期。同时,张家港市企业合规监管委员会根据第三方监督评估机制,从第三方监管人员库中随机抽取组建监督评估小组,跟踪 S

公司整改、评估合规计划落实情况。按照合规计划，S 公司梳理企业风险点，制定《财务管理合规建设制度》《发票制发流程》《货物销售采购流程》等内部制度，并形成规范的公司合同模板。在税务方面，公司从以往直接与代账会计单线联系，转变为与会计所在单位签订合同，对财务人员应尽责任、单位管理职责进行书面约定。在知识产权方面，公司明确渠道商应提供品牌授权证明并备案，每笔发货都注明产品明细，做到采购来路明晰、底数清晰。合规整改期间，检察机关会同第三方监督评估小组，每月通过座谈会议、电话联系、查阅资料、实地检查等方式，特别是通过“不打招呼”的随机方式，检查企业合规建设情况。同时，检察机关还向公安机关通报企业合规建设进展情况，邀请参与合规检查，并认真吸收公安机关对合规制度完善提出的意见。2021 年 8 月 5 日，鉴于该公司员工数少、业务单一、合规建设相对简易的情况，第三方监督评估小组提出缩短合规监督考察期限的建议。检察机关听取市场监督管理部门、税务部门意见后，决定将合规监督考察期限缩短至 3 个月。2021 年 8 月 16 日至 18 日，第三方监督评估小组对该公司合规有效性进行评估，出具了合规建设合格有效的评估报告。

五是参考考察结果作出处理。2021 年 8 月 20 日，张家港市检察院组织公开听证，综合考虑企业合规整改效果，就是否建议公安机关撤销案件听取意见，听证与会人员一致同意检察机关制发相关检察建议。当日，检察机关向公安机关发出检察建议，公安机关根据检察建议及时作出撤案处理，并移送市场监督管理部门作行政处罚。检察机关两个月后回访发现，S 公司各项经营已步入正轨，因为合规建设，两家大型企业看中 S 公司合规资质与其建立了长期合作关系，业务预期翻几番，发展势头强劲。

三、典型意义

1. 对尚未进入检察环节的涉企“挂案”进行排查，采取与企业合规改革试点结合等方式能动清理。检察机关推进涉企“挂案”清理过程中，除依托统一业务应用系统中排除出相关数据外，还可以通过控告申诉、日常走访、服务企业平台等了解“挂案”线索。对尚未进入检察环节的案件，可采取介入侦查的形式，积极与公安机关开展个案会商。通过听取案件情况、审查在案证据、实地走访调查等工作，与公安机关共同分析是否属于“挂案”、“挂案”原因、“挂案”影响以及侦查取证方向、可行性等因素，分类施策、妥善处理。对符合合规监督考察的条件的案件，积极引导涉案企业开展合规整改，促进涉企“挂案”清理，最大限度降低“挂案”对企业生产经营的影响。

2. 严格把握企业合规监督考察条件、标准和工作程序,规范清理涉企“挂案”。通过企业合规促进“挂案”清理,在具体操作中应该重点把握三点:一是要通过走访调查,深入了解犯罪嫌疑人认罪悔罪态度、企业经营状况、社会贡献、合规意愿以及违法犯罪既往历史等情况,评估涉案企业是否符合开展合规监督考察的条件。二是要加强对外沟通,向公安机关讲清企业合规政策和涉企“挂案”清理意义,争取理解和支持。三是要依托第三方监督评估机制,客观公正地跟踪指导企业合规建设、评估合规有效性,以第三方监督评估结论为主要依据,听取行政机关以及公开听证等多方意见,做到“阳光”清理、规范清理。本案中,检察机关按照申请、调查、会商、考察等程序,规范推进企业合规,同时引入第三方组织对企业合规建设进行全程监督,值得肯定。

3. 与公安机关等有关部门积极配合,多措并举合力护航民营经济健康发展。为加强民营经济平等保护,2020 年 10 月以来,最高检与公安部联合部署开展涉民营企业刑事诉讼“挂案”专项清理工作。全国检察机关、公安机关强化协作、多措并举,一大批“挂案”得到有效清理,该撤案的及时撤案,该继续侦办的尽快突破,以实际行动服务“六稳”“六保”大局,受到社会各界的广泛好评。同时,检察机关正在深入开展涉案企业合规改革试点,落实少捕慎诉慎押刑事司法政策,依法保护涉案企业和企业家人身和财产合法权益,向涉案企业提出整改意见,督促涉案企业作出合规承诺并积极整改。在日常“挂案”清理工作中,检察机关要针对涉案企业暴露出的经营管理、法律风险方面的突出问题,自觉开展企业合规工作,积极适用第三方监督评估机制,会同公安机关等有关部门综合运用经济、行政、刑事等手段,既促进涉案企业合规守法经营,也警示潜在缺乏规制约束的企业遵纪守法发展,逐步建立长效机制,实现精准监督。

案例三:山东沂南县 Y 公司、姚某明等人串通投标案

——异地协作开展第三方监督评估,对第三方组织开展“飞行监管”,促进当地招投标领域行业治理

一、基本案情

山东省沂南县 Y 有限公司(以下简称 Y 公司)系专门从事家电销售及售后服务的有限责任公司,法定代表人姚某明。除 Y 公司外,姚某明还实际控制由其表哥姚某柱担任法定代表人的沂水县 H 电器有限公司(以下简称 H 公司)。

2016年9月、2018年3月、2020年6月，犯罪嫌疑人姚某明为让Y公司中标沂水县农村义务教育学校取暖空调设备采购、沂水县第一、第四中学教室空调等招标项目，安排犯罪嫌疑人徐某（Y公司员工）借用H公司等三家公司资质，通过暗箱操作统一制作标书、统一控制报价、协调专家评委等方式串通投标，后分别中标，中标金额共计1134万余元。2021年1月，沂水县公安局以Y公司、姚某明等人涉嫌串通投标罪移送沂水县检察院审查起诉。

二、企业合规整改情况及效果

一是综合审查，确定案件纳入企业合规考察范围。沂水县检察院经审查认为，虽然该案中标金额较大，但Y公司姚某明等人有自首情节，主动认罪认罚，Y公司正处于快速发展阶段，在沂南县、沂水县空调销售市场占据较大份额，疫情期间带头捐款捐物，综合考虑企业社会贡献度、发展前景、社会综合评价、企业负责人一贯表现等情况，以及该企业在法律意识、商业伦理、人员管理、财务管理等方面存在的问题，决定对该案适用企业合规试点工作。2021年6月，沂水县检察院经征询涉案企业、个人同意，层报山东省检察院审核批准，对该案正式启动企业合规考察。

二是探索异地协作，对涉案企业开展第三方监督评估。结合涉案企业Y公司所在地为沂南县、犯罪地为沂水县的实际，沂水县检察院多次与两地第三方机制管委会及沂南县检察院沟通交流，共同签订《企业合规异地协作协议》，并由沂南、沂水两地第三方机制管委会从专业人员名录库中抽取律师、市场监管、工商联人员5人组建第三方组织，对Y公司合规建设开展监督评估。第三方组织多次深入企业实地走访、考察，主动约谈企业负责人，全面了解企业情况，诊断出Y公司在风险防控、日常管理方面存在缺乏招投标管理制度，内部审批不严，账簿登记不实，守法意识不强，工资发放不规范等诸多问题，指导企业制定覆盖生产经营全过程、各环节和管理层级的合规计划，确定3个月的考察期。整改过程中，第三方组织每月将合规计划执行情况通报双方检察机关及第三方机制管委会，四方会商后对合规计划及执行情况提出修改完善意见建议，定期跟踪调度，并于考察期满后出具对涉案企业的合规考察报告。同时，沂水县检察院积极建议县工商联、县市场监管局指派专人，参照Y公司合规计划，一并督促做好关联企业H公司的合规整改。

三是组建巡回检查小组，对第三方组织履职情况开展“飞行监管”。沂水县第三方机制管委会制定《沂水县企业合规改革试点巡回检查小组工作方案》，结合本案案情，选取6名熟悉企业经营和法律知识的人大代表、政协委员、人民监督员组成巡回检查小组。巡回检查小组和办案检察官通过不预先告知的方式，深入两个企业进行实地座谈，现场抽查Y公司近期中标的招标项目，对第三方组织履职情况以及企业合规整改情况进行“飞行监管”。通过现场核查，认为涉案企业整改到位，未发现第三方组织不客观公正履职情况。

四是延伸检察职能，扩大办案效果。承办检察官在全面审查合规考察报告和案件情况的基础上，提出拟不起诉意见。为确保公开公正，检察机关邀请政协委员、人民监督员和第三方机制管委会成员等5人组成听证团，对该案进行合规验收听证，听证人员一致同意检察机关意见。2021年10月，沂水县检察院经综合评估案情、企业合规整改、公开听证等情况，认为Y公司、姚某明等人主动投案、认罪认罚，主观恶性较小，串通投标次数较少，且案发后有效进行企业合规整改，建立健全相关制度机制堵塞管理漏洞，依法合规经营不断创造利税，社会危害性较小，对Y公司、姚某明等人依法作出相对不起诉决定。同时，针对办案过程中发现的问题，沂水县检察院建议行政主管部门对Y公司及其他公司出借资质的行为依法处理；向财政、教育、市场监管三部门发出完善招投标管理、堵塞制度漏洞等检察建议，建议进一步严格落实行贿犯罪查询、政府采购活动中违法违规行为查询等制度规定，加强对招标代理公司管理。

当地市场监管等部门积极采纳检察建议，开展招投标领域专项整治，对2021年以来60余个招投标项目全面清查，发现标前审查不严格、招标代理机构管理不规范等问题21个，并针对问题逐项整改；举办行业管理人员、招标代理机构专题培训，建立健全投标单位标前承诺制度、违法违规行为强制查询制度，对专项整治以来中标项目进行动态跟踪，畅通违法行为举报途径、加大惩罚力度，强化行政监管，有效遏制了串标、围标等违法行为发生。

三、典型意义

1. 积极探索，对第三方组织开展“飞行监管”。该案中，为确保企业合规建设和第三方组织监督工作依法、规范、有序进行，第三方机制管委会组建巡回检查小组，探索建立“飞行监管”机制，对第三方组织及其组成人员的履职情况开展不预先告知的现场抽查和跟踪监督。实践中，第三方机制管委会可以牵头组建巡回检查小组，邀请人大代表、政协委员、人民监督员、退休法官、检察官以及会计、审计、法律、合规等相关领域的专家学者担任巡回检查小组成员开展巡回检查，并将检查情况及时报告第三方机制管委会及其联席会议，提出改进工作的意见建议。

2. 强化协作配合,促进关联企业共同整改。该案探索建立第三方监督评估异地协作模式,对涉案企业开展合规建设。同时由行政主管部门加强对关联企业合规整改的监督指导。经过共同监管,涉案企业及关联企业专门聘请法律顾问进行合规建设,同时建立每月述职谈合规、合规学习、员工管理、财务管理、举报制度等相关机制。整改期间,Y 公司参与了六个项目的招投标,依法合规承揽工程 2000 余万元,稳定持续提供就业岗位 200 余个。同时,各职能部门在各自管理环节落实"谁执法,谁普法",加强正面引导和反面警示,让招投标领域相关从业人员正确判断自己的行为性质,遵规守法,加强行业自律。

3. 注重行业治理,实现"办理一案、治理一片"效果。近年来,不法分子为经济利益所驱动,在工程建设、设备采购等多个领域大肆"串标""围标",不仅严重扰乱市场经济秩序,侵害其他招投标当事人合法利益,还给工程质量、安全管理带来隐患,各方务必高度重视,采取有力措施加以解决。该案中,检察机关积极延伸办案职能,主动作为,注重加强与相关行政主管部门的沟通协作,用好公开听证、检察意见、检察建议组合拳,促进从个案合规提升为行业合规,助力在招投标领域形成合规建设的法治氛围,努力实现"办理一起案件、扶助一批企业、规范一个行业"的良好示范效应。

案例四:随州市 Z 公司康某某等人重大责任事故案

——在涉企危害生产安全犯罪案件中适用企业合规推动当地企业强化安全生产意识

一、基本案情

湖北省随州市 Z 有限公司(以下简称 Z 公司)系当地重点引进的外资在华食品加工企业,康某某、周某某、朱某某分别系该公司行政总监、安环部责任人、行政部负责人。

2020 年 4 月 15 日,Z 公司与随州市高新区某保洁经营部法定代表人曹某某签订污水沟清理协议,将食品厂洗衣房至污水站下水道、污水沟内垃圾、污泥的清理工作交由曹某某承包。2020 年 4 月 23 日,曹某某与其同事刘某某违规进入未将盖板挖开的污水沟内作业时,有硫化氢等有毒气体溢出,导致二人与前来救助的吴某某先后中毒身亡。随州市政府事故调查组经调查后认定该事故为一起生产安全责任事故。曹某某作为清污工程的承包方,不具备有限空间作业的安全生产条件,在未为作业人员配备应急救援装备及物资,未对作业人员进行安全培训的情况下,违规从事污水沟清淤作业,导致事故发生,对事故负有直接责任。康某某、周某某、朱某某作为 Z 公司分管和负责安全生产的责任人,在与曹某某签订合同以及曹某某实施清污工程期间把关不严,未认真履行相关工作职责,未及时发现事故隐患,导致发生较大生产安全事故。案发后,康某某、周某某、朱某某先后被公安机关采取取保候审措施,Z 公司分别对曹某某等三人的家属进行赔偿,取得了谅解。2021 年 1 月 22 日,随州市公安局曾都区分局以康某某、周某某、朱某某涉嫌重大责任事故罪移送随州市曾都区检察院审查起诉。

二、企业合规整改情况及效果

一是审查启动企业合规考察。曾都区检察院经审查认为,康某某等人涉嫌重大责任事故罪,属于企业人员在生产经营履职过程中的过失犯罪,同时反映出涉案企业存在安全生产管理制度不健全、操作规程执行不到位等问题。事故报告认定被害人曹某某对事故负有直接责任,结合三名犯罪嫌疑人的相应管理职责,应当属于次要责任。三人认罪认罚,有自首情节,依法可以从宽、减轻处罚。Z 公司系外资在华企业,是当地引进的重点企业,每年依法纳税,并解决 2500 余人的就业问题,对当地经济助力很大。且 Z 公司所属集团正在积极准备上市,如果公司管理人员被判刑,对公司发展将造成较大影响。2021 年 5 月,检察机关征询 Z 公司意见后,Z 公司提交了开展企业合规的申请书、书面合规承诺以及企业经营状况、纳税就业、社会贡献度等证明材料,检察机关经审查对 Z 公司作出合规考察决定。

二是精心组织第三方监督评估。检察机关委托当地应急管理局、市场监督管理局、工商联等第三方监督评估机制管委会成员单位以及安全生产协会,共同组成了第三方监督评估组织。第三方组织指导涉案企业结合事故调查报告和整改要求,按照合规管理体系的标准格式制订、完善合规计划;建立以法定代表人为负责人、企业部门全覆盖的合规组织架构;健全企业经营管理需接受合规审查和评估的审查监督、风险预警机制;完善安全生产管理制度和定期检查排查机制,从制度上预防安全事故再发生,初步形成安全生产领域“合规模板”。Z 公司在合规监管过程中积极整改并向第三方组织书面汇报合规计划实施情况。2021 年 8 月,第三方组织对 Z 公司合规整改及合规建设情况进行评估,并报第三方机制管委会审核,Z 公司通过企业合规考察。

三是公开听证依法作出不起诉决定。检察机关在收到评估报告和审核意见后组织召开公开听证会，邀请省人大代表、省政协委员、人民监督员、公安机关和行政监管部门代表、工商联代表以及第三方组织代表参加听证，参会人员一致同意检察机关对康某某等三人作不起诉处理。2021 年 8 月 24 日，检察机关依法对康某某、周某某、朱某某作出不起诉决定。

Z 公司通过开展合规建设，逐步建立起完备的生产经营、安全防范、合规内控的管理体系，企业管理人员和员工的安全生产意识和责任感明显增强，生产效益得到进一步提升。

三、典型意义

1. 检察机关积极稳妥在涉企危害生产安全犯罪案件中适用企业合规，推动当地企业强化安全生产意识。检察机关为遏制本地生产安全事故多发频发势头，保护人民群众生命财产安全，教育警示相关企业建立健全安全生产管理制度，积极稳妥选择在安全生产领域开展企业合规改革试点。涉企危害生产安全犯罪具有不同于涉企经济犯罪、职务犯罪的特点，检察机关需要更加深入细致开展社会调查，对涉企危害生产安全犯罪的社会危害性以及合规整改的必要性、可行性进行全面评估，确保涉案企业"真整改""真合规"，切实防止"边整改""边违规"。

2. 检察机关在企业合规试点中注意"因罪施救""因案明规"。在合规整改期间，检察机关针对危害生产安全犯罪的特点，建议第三方组织对企业合规整改情况定期或不定期进行检查，确保企业合规整改措施落实落细。同时，第三方组织还根据检察机关建议，要求企业定期组织安全生产全面排查和专项检查，组织作业人员学习生产安全操作规程，加强施工承包方安全资质审查，配备生产作业防护设备，聘请专家对企业人员进行专项安全教育培训并考试考核。涉案企业通过合规整改，提高了安全生产隐患排查和事故防范能力，有效防止再次发生危害生产安全违法行为。

3. 检察机关积极适用第三方机制，确保监督评估的专业性。本案中，检察机关紧密结合涉企危害生产安全犯罪特点，有针对性加强与第三方机制管委会沟通协调，由安全生产领域相关行政执法机关、行业协会人员组成第三方组织，应急管理部门相关人员担任牵头人，提升监督评估专业性。第三方组织围绕本案中造成生产安全责任事故的重要因素，如未认真核验承包方作业人员劳动防护用品、应急救援物资配备等情况，未及时发现承包方劳动防护用品配备不到位等问题,指导涉案企业及其相关人员结合履行合规计划,认真落实安全生产职责,细致排查消除安全生产隐患,确保合规整改取得实效。

案例五:深圳 X 公司走私普通货物案

——持续开展合规引导,做好刑事司法与行政管理行业治理的衔接贯通

一、基本案情

X 股份有限公司(以下简称 X 公司)系国内水果行业的龙头企业。2018 年开始,X 公司从其收购的 T 公司进口榴莲销售给国内客户。张某某为 T 公司总经理,负责在泰国采购榴莲并包装、报关运输至香港;曲某某为 X 公司副总裁,分管公司进口业务;李某、程某分别为 X 公司业务经理,负责具体对接榴莲进口报关、财务记账、货款支付等。

X 公司进口榴莲海运主要委托深圳、珠海两地的 S 公司(另案处理)代理报关。在报关过程中,由 S 公司每月发布虚假"指导价",X 公司根据指导价制作虚假采购合同及发票用于报关,报关价格低于实际成本价格。2018 年至 2019 年,X 公司多次要求以实际成本价报关,均被 S 公司以统一报价容易快速通关等行业惯例为由拒绝。2019 年 4 月后,经双方商议最终决定以实际成本价报关。

2019 年 12 月 12 日,张某某、曲某某、李某、程某被抓获归案。经深圳海关计核,2018 年 3 月至 2019 年 4 月,X 公司通过 S 公司低报价格进口榴莲 415 柜,偷逃税款合计 397 万余元。案发后,X 公司规范了报关行为,主动补缴了税款。2020 年 1 月 17 日,深圳市检察院以走私普通货物罪对张某某、曲某某批准逮捕,以无新的社会危险性为由对程某、李某作出不批准逮捕决定。2020 年 3 月 3 日,为支持疫情期间企业复工复产,根据深圳市检察院建议,张某某、曲某某变更强制措施为取保候审。2020 年 6 月 17 日,深圳海关缉私局以 X 公司、张某某、曲某某、李某、程某涉嫌走私普通货物罪移送深圳市检察院审查起诉。

二、企业合规整改情况及效果

一是精准问诊,指导涉案企业扎实开展合规建设。2020 年 3 月,在深圳市检察院的建议下,X 公司开始启动为期一年的进口业务合规整改工作。X 公司制订的合规计划主要针对与走私犯罪有密切联系的企业内部治理结构、规章制度、人员管理等方面存在的问题,制定可行的合规管理规范,构建有效的合规组织体系,完善相关业务管理流程,健全合规风险防范报告机制,弥补企业制度建

设和监督管理漏洞,防止再次发生类似违法犯罪。经过前期合规整改,X 公司在集团层面设立了合规管理委员会,合规部、内控部与审计部形成合规风险管理的三道防线。加强代理报关公司合规管理,明确在合同履行时的责任划分。聘请进口合规领域的律师事务所、会计师事务所对重点法律风险及其防范措施提供专业意见,完善业务流程和内控制度。建立合规风险识别、合规培训、合规举报调查、合规绩效考核等合规体系运行机制,积极开展合规文化建设。X 公司还制定专项预算,为企业合规体系建设和维护提供持续的人力和资金保障。合规建设期间,X 公司被宝安区促进企业合规建设委员会(以下简称"宝安区合规委")列为首批合规建设示范企业。鉴于该公司积极开展企业合规整改,建立了较为完善的合规管理体系,实现合规管理对所有业务及流程的全覆盖,取得阶段性良好效果,为进一步支持民营企业复工复产,深圳市检察院于 2020 年 9 月 9 日对 X 公司及涉案人员作出相对不起诉处理,X 公司被不起诉后继续进行合规整改。

二是认真开展第三方监督评估,确保企业合规整改效果。为检验合规整改效果,避免"纸面合规""形式合规",深圳市宝安区检察院受深圳市检察院委托,于 2021 年 6 月向宝安区合规委提出申请,宝安区合规委组织成立了企业合规第三方监督评估工作组,对 X 公司合规整改情况进行评估验收和回访考察。第三方工作组通过查阅资料、现场检查、听取汇报、针对性提问、调查问卷等方式进行考察评估并形成考察意见。工作组经考察认为,X 集团的合规整改取得了明显效果,制定了可行的合规管理规范,在合规组织体系、制度体系、运行机制、合规文化建设等方面搭建起了基本有效的合规管理体系,弥补了企业违法违规行为的管理漏洞,从而能够有效防范企业再次发生相同或者类似的违法犯罪。通过合规互认的方式,相关考察意见将作为深圳海关对 X 公司作出行政处理决定的重要参考。为了确保合规整改的持续性,考察结束后,第三方工作组继续对 X 集团进行为期一年的回访考察。

三是强化合规引导,做好刑事司法与行政管理、行业治理的衔接贯通。深圳市检察院在该案办理过程中,在合规整改结果互认、合规从宽处理等方面加强与深圳海关的沟通协作,形成治理合力,共同指导 X 公司做好合规整改,发挥龙头企业在行业治理的示范作用。整改期间,X 公司积极推动行业生态良性发展,不仅主动配合海关总署关税司工作,不定期提供公司进口水果的采购价格,作为海关总署出具验估价格参数的参照标准,还参与行业协会调研、探讨开展定期价格审查评估与监督机制。针对案件办理过程中发现的行政监管漏洞、价格低报等行业普遍性问题,深圳市检察院依法向深圳海关发出《检察建议书》并得到采纳。深圳海关已就完善进口水果价格管理机制向海关总署提出合理化建议,并对报关行业开展规范化管理以及加强普法宣讲,引导企业守法自律。

开展合规整改以来,X 集团在合法合规的基础上,实现了年营业收入 25%、年进口额 60% 的逆势同比增长。2021 年 8 月 10 日 X 集团被评为深圳市宝安区“3A”信用企业(3A:海关认证、纳税信用、公共信用),同年 9 月 9 日被评为诚信合规示范企业。

三、典型意义

1. 落实少捕慎诉慎押刑事司法政策,降低办案对企业正常生产经营的影响。该案中,鉴于 X 公司长期以正规报关为主,不是低报走私犯意的提起者,系共同犯罪的从犯,案发后积极与海关、银行合作,探索水果进口合规经营模式,深圳市检察院经过社会危险性量化评估,对重要业务人员李某、程某作出不捕决定。在跟踪侦查进展,深入了解涉案企业复工复产状况的基础上,深圳市检察院对两名高管张某某、曲某某启动捕后羁押必要性审查。经审查,深圳市检察院认为该案事实已经查清,主要证据已收集完毕,建议侦查机关将两名高管变更强制措施回归企业。后侦查机关根据建议及时对张某某、曲某某变更为取保候审,有效避免企业生产停顿带来的严重影响。

2. 坚守法定办案期限,探索合规考察不局限于办案期限的模式。企业合规改革试点要依法有序推进,不能随意突破法律。改革试点中,如何处理合规考察期限和办案期限的关系是亟须厘清的重要问题。根据案件采取强制措施方式的不同,至多存在 6 个半月或 1 年的不同办案期限。本案中,涉案企业作为大型民营企业,其涉案合规风险点及合规管理体系建设较为复杂,合规整改时间无法在案件办理期限内完成。作为企业合规改革第一批试点地区,深圳检察机关根据涉案企业阶段性的合规整改情况作出不起诉决定后,持续督促其进行合规整改,合规考察期限届满后通过第三方工作组开展合规监督评估,确保合规整改充分开展、取得实效。

3. 积极促成“合规互认”,彰显企业合规程序价值。检察机关对涉案企业作出不起诉决定后,行政执法机关仍需对涉案企业行政处罚的,检察机关可以提出检察意见。在企业合规整改期限较长的情况下,合规程序往往横跨多个法律程序,前一法律程序中已经开展的企业合规能否得到下一法律程序的认可,是改革试点实践中普遍存在的问题。本案中，深圳市检察机关对涉案企业开展第三方监督评估后，积极促成“合规互认”，将企业合规计划、定期书面报告、合规考察报告等移送深圳海关，作为海关作出处理决定的重要参考，彰显了企业合规的程序价值。

4. 设置考察回访程序，确保合规监管延续性。企业合规监督评估后，涉案企业合规体系是否能实现持续有效地运转，直接关系到合规整改的实效。本案中，第三方工作组针对涉案企业合规管理体系建设尚待完善之处，再进行为期一年的企业合规跟踪回访，助力企业通过持续、全面合规打造核心竞争力。

案例六：海南文昌市 S 公司、翁某某掩饰、隐瞒犯罪所得案

——非试点地区在法律框架内积极开展企业合规改革相关工作因地制宜推动第三方监督评估机制规范运行

一、基本案情

海南省文昌市 S 科技开发有限公司（以下简称 S 公司）系当地高新技术民营企业，翁某某系该公司厂长。

2015 年至 2016 年，张某某（另案处理）在海南省文昌市翁田镇某处实施非法采矿，经张某某雇请的王某某（另案处理）联系，将采挖的石英砂出售给 S 公司。S 公司厂长翁某某为解决生产原料来源问题，在明知石英砂为非法采挖的情况下，仍予以收购，共计 3.69 万吨。随后，翁某某安排公司财务部门通过公司员工陈某某及翁某某个人账户，将购砂款转账支付给王某某，王某某再将钱取出交给张某某。经审计，S 公司支付石英砂款共计 125 万余元。

2020 年 2 月，文昌市公安局在侦查张某某涉恶犯罪团伙案件时，发现翁某某涉嫌掩饰、隐瞒犯罪所得犯罪线索。2021 年 1 月，翁某某经公安机关传唤到案后，如实供述犯罪事实，自愿认罪认罚。2021 年 2 月，文昌市公安局以翁某某涉嫌掩饰、隐瞒犯罪所得罪移送文昌市检察院审查起诉。检察机关经审查，以涉嫌掩饰、隐瞒犯罪所得罪追加 S 公司为被告单位。

二、企业合规整改情况及效果

一是认真审查启动企业合规。检察机关经审查了解，S 公司、翁某某涉嫌掩饰、隐瞒犯罪所得罪，反映出该公司及其管理人员过度关注生产效益，片面追求经济利益，法律意识较为淡薄。S 公司系高新技术民营企业，生产的产品广泛应用于航天、新能源、芯片等领域，曾荣获全国优秀民营科技企业创新奖，现有员

工 80 余人，年产值 2000 余万元。2021 年 3 月，经 S 公司申请，检察机关启动合规整改程序，要求该公司对自身存在的管理漏洞进行全面自查并开展合规整改。2021 年 4 月，S 公司提交了合规整改承诺书，由公司董事会审核通过，并经检察机关审查同意，企业按照要求进行合规整改。

二是扎实开展第三方监督评估。2021 年 7 月，由文昌市自然资源和规划局、市场监督管理局、税务局、综合行政执法局、工商联等单位的相关人员以及人大代表、政协委员、律师代表等组成的第三方监督评估组织，对 S 公司合规整改情况进行评估验收。2021 年 8 月，第三方监督评估组织出具评估验收报告，认为 S 公司已经按照要求进行合规整改，建立了较为完善的内控制度和管理机制，可以对类似的刑事合规风险进行识别并有效预防违法犯罪。检察机关就 S 公司是否符合从宽处理条件及案发后合规整改评估情况举行公开听证会，充分听取人大代表、政协委员、律师代表和相关行政部门负责人的意见，还邀请人民监督员参加，全程接受监督。听证会上，听证员、人民监督员一致同意检察机关对 S 公司和翁某某的从宽处理意见，同时认可该企业的整改结果。

三是综合考虑提出轻缓量刑建议。2021 年 9 月，文昌市检察院根据案情，结合企业合规整改情况，以 S 公司、翁某某涉嫌掩饰、隐瞒犯罪所得罪依法提起公诉，并提出轻缓量刑建议。2021 年 11 月，文昌市法院采纳检察机关全部量刑建议，以掩饰、隐瞒犯罪所得罪分别判处被告单位 S 公司罚金 3 万元；被告人翁某某有期徒刑 1 年，缓刑 1 年 6 个月，并处罚金人民币 1 万元；退缴的赃款 125 万余元予以没收，上缴国库。判决已生效。

三、典型意义

1. 非试点地区在法律框架内积极开展企业合规改革相关工作。文昌市检察院充分认识开展涉案企业合规改革工作的重大意义，作为非试点地区积极主动作为，全面梳理排查 2020 年以来受理的涉企刑事案件，建立涉企案件台账，通过严把企业合规案件的条件和范围，精心选定开展企业合规改革工作的重点案件。

2. 结合案发原因，指导企业制订切实可行的合规计划。检察机关经审查认为，S 公司在合规经营方面主要存在两个方面的明显漏洞，首先是合同签订履行存在违法风险，其次是财务管理存在违规漏洞。鉴于此，有针对性地指导企业重点围绕建立健全内部监督管理制度进行整改，督促企业在业务审批流程中增加合规性审查环节，建立起业务流程审批—法律事务审核（合规性审查）—资金收支规范—集团公司审计等四个方面全流程监管体系，有效防控无书面合同交易、坐支现金等突出问题。

3. 根据本地实际，推动第三方监督评估机制规范运行。作为非试点地区，检察机关商请当地自然资源和规划局、市场监督管理局、税务局、综合行政执法局、工商联等单位的业务骨干以及人大代表、律师代表组成第三方组织对 S 公司合规整改情况进行评估验收，评估方式包括召开座谈会、查阅公司资料和台账、对经营场所检查走访等。各方面专业人员在此基础上结合各自职责范围出具评估验收报告，督促涉案企业履行合规承诺，促进企业合规经营。

4. 充分履行检察职能，确保合规工作取得实效。本案中，检察机关结合办案发现、研判企业管理制度上的漏洞，向涉案企业制发检察建议，有针对性地指出问题，提出整改建议要求，督促涉案企业履行合规承诺。同时，还派员不定期走访 S 公司及相关单位，持续对合规整改进行跟踪检查并提出意见建议。整改完成后，及时公开听证，做到“能听证、尽听证”。目前，S 公司在合规整改完成后，已妥善解决生产原料来源问题，经营状况良好。

最高人民检察院涉案企业合规典型案例（第三批）[①]

案例一：上海 Z 公司、陈某某等人非法获取计算机信息系统数据案

一、基本案情

上海 Z 网络科技有限公司（以下简称 Z 公司）成立于 2016 年 1 月，系一家为本地商户提供数字化转型服务的互联网大数据公司。Z 公司现有员工 1000 余人，年纳税总额 1000 余万元，已帮助 2 万余家商户完成数字化转型，拥有计算机软件著作权 10 余件，2020 年被评定为高新技术企业。被不起诉人陈某某、汤某某、王某某等人分别系该公司首席技术官、核心技术人员。

2019 年至 2020 年，在未经上海 E 信息科技有限公司（以下简称 E 公司，系国内特大型美食外卖平台企业）授权许可的情况下，Z 公司为了以提供超范围数据服务吸引更多的客户，由公司首席技术官陈某某指使汤某某等多名公司技

① 此部分案例均摘自最高人民检察院官网，https://www.spp.gov.cn/xwfbh/dxal/202208/t20220810_570419.shtml，最后访问日期：2023 年 1 月 5 日。

术人员，通过“外爬”“内爬”等爬虫程序（按照一定的规则，在网上自动抓取数据的程序），非法获取 E 公司运营的外卖平台（以下简称 E 平台）数据。其中，汤某某技术团队实施“外爬”，以非法技术手段，或利用 E 平台网页漏洞，突破、绕开 E 公司设置的 IP 限制、验证码验证等网络安全措施，通过爬虫程序大量获取 E 公司存储的店铺信息等数据。王某某技术团队实施“内爬”，利用掌握的登录 E 平台商户端的账号、密码及自行设计的浏览器插件，违反 E 平台商户端协议，通过爬虫程序大量获取 E 公司存储的订单信息等数据。上述行为造成 E 公司存储的具有巨大商业价值的海量商户信息被非法获取，同时造成 E 公司流量成本增加，直接经济损失人民币 4 万余元。

案发后，Z 公司、陈某某等人均认罪认罚，Z 公司积极赔偿被害单位经济损失并取得谅解。2020 年 8 月 14 日，上海市公安局普陀分局以陈某某等人涉嫌非法获取计算机信息系统数据罪提请上海市普陀区检察院审查逮捕。8 月 21 日，普陀区检察院经审查认为，陈某某等人不具有法律规定的社会危险性，依法决定不批准逮捕。2021 年 6 月 25 日，上海市公安局普陀分局以陈某某等人涉嫌非法获取计算机信息系统数据罪移送普陀区检察院审查起诉。2022 年 5 月，普陀区检察院依法对犯罪嫌疑单位 Z 公司、犯罪嫌疑人陈某某等 14 人作出不起诉决定。

二、企业合规整改情况及效果

一是介入侦查，把准案件定性。因本案罪名涉及专业领域、作案手法复杂，侦查之初，普陀区检察院即应公安机关邀请介入侦查，引导取证，明确鉴定方向。一方面，引导公安机关固定 Z 公司爬虫程序、云服务器电子数据，以查清爬虫的运行模式、被爬取的数据属性等关键事实并加以鉴定。同时，走访被害企业，深入核实被害企业数据防护措施、直接经济损失等，为认定案件事实补充完善证据链条。另一方面，引导公安机关在讯问时关注作案动机、Z 公司现状及发展前景等与企业合规相关的问题，督促 Z 公司积极赔偿被害企业损失，消除影响，同时会同执法司法机关、监管部门、专家学者，围绕爬虫的技术原理、合法性边界、法律适用及数据合规重点、难点，深入开展研讨交流，为案件定性、开展企业合规整改奠定工作基础。

二是认真审查，启动合规考察。案件移送审查起诉后，普陀区检察院经实地走访 Z 公司查看经营现状以及会同监管部门研商公司运营情况发现，Z 公司管理层及员工存在重技术开发、轻数据合规等问题，此次爬取数据出于自身拓展业务的动机，未进行二次售卖。考虑到 Z 公司系成长型科创企业，陈某某等 14 名涉案人员均认罪认罚，积极赔偿 E 公司经济损失并取得谅解，Z 公司合规整改意愿强烈，提交了《适用刑事合规不起诉申请书》及企业经营情况、社会贡献度等书面证明材料，检察机关经审查对 Z 公司作出合规考察决定。

三是因案制宜，围绕数据合规专项计划精准“开方”，对涉案企业开展专业第三方监督评估。经走访座谈、办案调研，普陀区检察院发现，Z 公司存在管理盲区、制度空白、技术滥用等合规风险，遂向 Z 公司制发《合规检察建议书》，从数据合规管理、数据风险识别、评估与处理、数据合规运行与保障等方面提出整改建议。Z 公司积极整改，并聘请法律顾问制订数据合规专项整改计划。同时，鉴于开展数据合规的专业性要求较高，本案第三方组织吸纳网信办、知名互联网安全企业、产业促进社会组织等的专家成员，通过询问谈话、走访调查、审查资料、召开培训会等形式，全程监督 Z 公司数据合规整改工作。第一，数据来源合规。Z 公司与 E 公司达成合规数据交互约定，彻底销毁相关爬虫程序及源代码，对非法获取的涉案数据进行无害化处理，并与 E 平台 API 数据接口直连，实现数据来源合法化。第二，数据安全合规。Z 公司设立数据安全官，专项负责数据安全及个人信息安全保护工作；构建数据安全管理体系，制定、落实《数据分类分级管理制度》《员工安全管理等级》；加入区级态势感知平台，提升安全威胁的识别、响应处置能力，分拆服务，提高云访问权限，数据及时脱敏、加密，增强网络攻击防护能力。第三，数据管理制度合规。Z 公司建立数据合规委员会，制定常态化合规管理制度，开展合规年度报告。

四是“云听证”，确保监督评估考察公正透明。3 个月考察期限届满，第三方组织评估认为，涉案企业与个人积极进行合规整改，建立合规组织、完善制度规范、提升技术能级，已完成数据合规建设的整改措施。2022 年 2 月，评定 Z 公司合规整改合格。普陀区检察院通过听取汇报、现场验收、公开评议等方式对监督考察结果予以充分审查。为保障涉案企业及时复工复产，同年 4 月 28 日，普陀区检察院因应疫情开展“云听证”，邀请全国人大代表、人民监督员、侦查机关、第三方组织、被害单位等线上参加或旁听。经评议，参与听证各方一致同意对涉案人员作出不起诉决定。同年 5 月 10 日，检察机关经审查后认为，因本案犯罪情节轻微，Z 公司及犯罪嫌疑人具有坦白、认罪认罚等法定从宽处罚情节，积极退赔被害企业损失并取得谅解，系初犯，主观恶性小，社会危害性不大，且 Z 公司合规整改经第三方考察评估合格，依法对 Z 公司、陈某某等人分别作出不起诉决定。

五是企业合规整改见实效、显长效。为确保企业将数据合规内化为长效机制,根据检察机关不定期回访工作了解,Z 公司认真落实合规整改,与 E 平台达成数据交互合作,通过 API 数据接口直连,合法合规获取平台数据。同时,Z 公司将其与 E 平台的合作模式进行复制、移植,与 3 家大型互联网企业达成数据合作。Z 公司通过扎实开展企业合规,建立健全数据合规长效机制,公司实现稳步发展,分支机构在全国覆盖面进一步扩大,员工人数比 2020 年年底增加 400 余人,2021 年度全年营收 2 亿余元,纳税总额 1700 余万元。

三、典型意义

1. 合规准备工作前移,积极推动侦查过程中合规准备工作,为审查起诉阶段的合规监督考察奠定基础。本案中检察机关积极利用提前介入侦查,引导公安机关收集合规信息与材料,为后续合规工作的高效开展奠定坚实基础。对于挽救企业而言,早合规优于晚合规,检察机关应当与侦查机关密切配合、相向而行,综合运用好介入侦查引导取证、审查逮捕、强制性措施适用等法定职权,把促进合规的工作做在前面,推动合规改革释放出最优效果。

2. 组建专业化第三方组织,提升涉案企业数据合规监督评估的有效性。检察机关立足区域内互联网产业集聚特点,推动设立涉互联网第三方专业人员名录库。针对涉及"网络爬虫"等数据合规专业领域情况,检察机关经社会调查认定涉案企业符合企业合规第三方机制适用条件,商请第三方机制管委会从专类名录库中抽取了由互联网行业管理部门、行业龙头企业和专业协会人员组成的第三方组织,为第三方机制运转提供专业性、公正性、协同性支撑。检察机关依托第三方组织的专业优势,以召开评估工作现场会的形式对涉案企业合规计划的可信性、有效性与全面性进行充分审查,围绕案件反映的数据获取问题开展"因罪施救""因案明规",督促涉案企业构建有效的数据合规整改体系,做到"真合身""真管用"。

3. 能动履职强化审查把关,多措并举保障企业有效推进合规整改。本案中,检察机关在依法适用第三方机制的基础上,一是强化主导责任,因案制宜加强合规考察的审查把关,主动听取第三方组织对企业合规整改的考察情况,协调有关行政机关将涉案企业纳入监测平台,统筹数据专项合规与全面合规,确保企业合规整改措施全方位落实落细,避免出现"纸面合规""形式合规"。二是延伸合规激励,秉持惩治与挽救并重,加强检企沟通对接,充分听取被害企业意见，积极推动双方企业实现和解，促成涉案企业与数据来源方达成合规数据交互协议，确保数据来源的合法化，最大限度维护涉案企业正常生产经营。三是深化科技赋能，立足疫情防控常态化下的办案要求，通过“云听证”审查方式兼顾办案公开与效率，召开由全国人大代表、第三方组织、涉案企业参加的线上座谈，听取各方意见，延伸办案效果，实现线上线下对接、场内场外联动，以公开促公正赢公信。

4. 由点及面推动行业治理，助力构建健康清朗的网络生态环境。推动网络空间法治化治理，促进互联网企业守法经营，是检察机关依法能动履职、促进诉源治理肩负的重要责任。数字化转型背景下衍生出的数据侵权、网络犯罪问题，亟须规范引导以保障数字经济高质量发展。本案中，涉案企业与被害企业均为大型互联网科创企业，普陀区检察院深化社会综合治理，依法打击网络灰黑产业链的同时，推动促进互联网行业建立数据合规经营体系。一方面，通过案件办理、检察建议、法治宣传等方式，深入涉案企业所在园区引导广大互联网企业树立数据合规意识，从源头防止再次发生类似违法犯罪。另一方面，以“我管”促“都管”助力营造企业合规文化，推动区政府相关部门、司法机关及 30 余家区内互联网企业深入落实《普陀区互联网企业合规共识框架》，发布《互联网企业常见刑事法律风险防控提示》，为企业风险防范、合规经营提供法律支持，努力实现“办理一个案件、形成一个合规标准、规范一个行业”的良好效果。

案例二：王某某泄露内幕信息、金某某内幕交易案

一、基本案情

广东 K 电子科技股份有限公司（以下简称 K 公司）长期从事汽车电子产品研发制造，连续多年获国家火炬计划重点高新技术企业称号，创设国家级驰名商标，取得 700 余项专利及软件著作权，2018 年开始打造占地 30 万平方米、可容纳 300 余家企业的产业园，已被认定为国家级科技企业孵化器。被告人王某某系 K 公司副总经理、董事会秘书。

2016 年 12 月，K 公司拟向深圳市 C 科技股份有限公司（以下简称 C 公司）出售全资子公司。2017 年 1 月 15 日，K 公司实际控制人卢某某与 C 公司时任总经理张某某达成合作意向。同年 2 月 9 日，双方正式签署《收购意向协议》，同日下午 C 公司向深交所进行报备，于次日开始停牌。同年 4 月 7 日，C 公司发布复牌公告，宣布与 K 公司终止资产重组。经中国证券监督管理委员会认

定，上述收购事项在公开前属于内幕信息，内幕信息敏感期为2017年1月15日至4月7日。被告人王某某作为K公司董事会秘书，自动议开始知悉重组计划，参与重组事项，系内幕信息的知情人员。

2016年12月和2017年2月9日，被告人王某某两次向其好友被告人金某某泄露重组计划和时间进程。被告人金某某获取内幕信息后，为非法获利，于2017年2月9日紧急筹集资金，使用本人证券账户买入C公司股票8.37万股，成交金额人民币411万余元，复牌后陆续卖出，金某某亏损合计人民币50余万元。

2021年8月10日，北京市公安局以王某某、金某某涉嫌内幕交易罪向北京市检察院第二分院（以下简称市检二分院）移送审查起诉。审查起诉期间，市检二分院对K公司开展企业合规工作，合规考察结束后结合犯罪事实和企业合规整改情况对被告人提出有期徒刑2年至2年半，适用缓刑，并处罚金的量刑建议，与二被告人签署认罪认罚具结书。2021年12月30日，市检二分院以泄露内幕信息罪、内幕交易罪分别对王某某、金某某提起公诉。2022年1月28日，北京市第二中级人民法院作出一审判决，认可检察机关指控事实和罪名，认为检察机关开展的合规工作有利于促进企业合法守规经营，优化营商环境，可在量刑时酌情考虑，采纳市检二分院提出的量刑建议，以泄露内幕信息罪判处王某某有期徒刑2年，缓刑2年，并处罚金人民币10万元，以内幕交易罪判处金某某有期徒刑2年，缓刑2年，并处罚金人民币20万元。

二、企业合规整改情况及效果

一是强化事先审查，确保个人犯罪中企业合规开展必要性。案件办理期间，K公司提出王某某被羁押造成公司业务陷入停滞，主动作出合规经营承诺。市检二分院向K公司负责人、投资人及合作伙伴多方核实，调取企业项目资质、决策会议记录等证明材料，了解到K公司正处于从生产制造模式向产融运营模式转型的关键阶段，王某某长期负责战略规划、投融资等工作，因其羁押已造成多个投融资和招商项目搁浅，导致涉10亿元投资的产业园项目停滞，王某某对企业当下正常经营和持续发展确有重要作用。市检二分院综合考虑犯罪情节、案件查证情况及王某某认罪认罚意愿，及时回应企业需求，变更王某某强制措施为取保候审。同时，鉴于K公司具有良好发展前景，且有合规建设意愿，检察机关经审查评估犯罪行为危害、个人态度、履职影响及整改必要性等因素，于2021年9月8日启动企业合规工作。

二是找准合规风险点，精准提出检察建议。市检二分院结合案件审查情况，在K公司保密制度缺失、人员保密意识淡薄等表象问题外，挖掘出治理结构风险、经营决策风险、制度运行漏洞以及外部关联公司风险等多项深层次合规风险，为制发精准有效的合规整改检察建议奠定基础。2021年10月11日，针对投资参股型企业经营特点，检察机关向K公司制发检察建议书，建议K公司及其必要的关联公司、子公司共同整改，同步建立资本运作信息保密专项制度，并通过调整治理结构、配备责任主体、规范工作程序、加强员工培训等管控措施保障制度落实。

三是及时启动第三方监督评估机制，监督引导企业进行专项整改。为进一步实现检察建议具体化、可行化和专业化落地，确保企业合规整改取得实效，市检二分院决定适用第三方监督评估机制，监督、引导涉案企业进行合规整改。第三方组织对照检察建议，在尽职调查基础上，根据股权控制关系、业务关联程度、管理层交叉任职情况等因素筛选出三家重要子公司同步参加整改，以合规风险自查清单形式引导企业逐员、逐部门排查合规风险点并作出具体整改承诺，以监管清单形式对企业合规计划提出专业性意见。在第三方组织监督、引导下，K公司制定了涵盖组织体系、保密对象、制度重建、运行保障、意识文化以及主体延伸等多个层面的信息保密专项合规计划，并聘请专业合规团队辅导公司逐项完成，规范配置经营决策权，建立体系化信息保密管理和考核制度，新设合规管理责任部门，实现合规管理流程全覆盖，组织开展了辐射内部员工、关联公司以及产业园区企业的专项培训。

四是注重多措并施，确保合规审查结果科学公正。2021年12月20日，经过两个月合规考察，第三方组织参照检察建议和相关合规指引对K公司整改情况进行评价。针对此次专项合规整改特点，量身定制了包括检察建议完成情况、合规方案、合规文化培育等12个模块65项评价要素的评价体系，将企业合规整改工作逐项拆解评分，再累加汇总，最终第三方组织认为K公司整改效果达到良好等级，并出具了合规考察报告。2021年12月23日，市检二分院邀请多位合规领域专家学者作为听证员举行听证会进行公开验收，听证员认真听取合规工作各参与主体介绍涉案企业整改情况，追问评估考察方式、合规责任主体、合规经费投入等细节问题，并在经过闭门评议后发表听证意见，一致同意通过K公司合规整改验收。

2022年5月，K公司完成整改以来，产业园项目已顺利竣工等待验收，王某某主导的约 2000 万元投资和基金项目均已按照新规章制度稳步推进。

三、典型意义

1. 积极稳妥探索可能判处较重刑罚案件适用合规改革的全流程办案机制。本案中犯罪嫌疑人可能判处 3 年以上有期徒刑，但在涉案企业的经营活动中具有难以替代的作用，简单化起诉、判刑不利于涉案企业正常经营发展，且企业具有强烈的合规意愿。检察机关在侦查、起诉与审判三个主要程序环节上均充分利用了合规工作的有效措施，通过在侦查程序中慎重采取强制措施、在审查起诉环节督促开展专项合规整改、起诉后基于合规整改情况提出宽缓的量刑建议，融通了三个主要程序环节中的合规工作，对可能判处较重刑罚案件如何适用合规改革作出有益探索。

2. 充分发挥检察职能优势，探索检察机关全流程主导的合规路径。检察机关多措并举进行合理安排、科学衔接、有效配置，积极实践“检察建议宏观把控 + 检察主导第三方考察 + 检察听证事后监督”的企业合规路径。一方面借助案件审查和检察建议调查程序，深入挖掘犯罪成因，避免“头痛医头，脚痛医脚”式合规；另一方面积极推动检察建议与第三方监督评估相互融通，并通过第三方组织《工作周报》《定期书面报告》等联系机制动态掌握整改进程，及时解决整改问题；此外，在整改结束后向第三方组织和专家学者借智借力，以第三方组织量化式评估验收确保评价体系公开透明，以公开听证展示合规依法公正。

3. 因案施治，依托专项合规推动民营企业完善法人治理结构。本案虽是针对泄露内幕信息和内幕交易犯罪案件开展的专项合规，但检察机关发现并通过第三方组织调查了解到，K 公司存在家族式治理、关键人控制、实际决策人与职权分离等民营企业常见的内控失调现象，如脱离个案的特殊情况片面开展专项合规势必不能取得良好效果。为此，检察机关决定以内幕信息保密合规为契机，推动涉案企业向现代企业法人治理结构积极转变，为企业的健康发展打牢法治根基。

4. 依托涉案企业合规改革试点，强化资本市场非上市公司内幕信息保密合规管理，涵养资本市场法治生态。资本市场是信息市场加信心市场，健全内幕信息保密合规管理，是提振投资信心的重要体现。但内幕交易案件暴露出，企业内幕信息保密管理缺失会引起内幕信息泄密风险，诱发内幕交易，在扰乱证券市场秩序的同时，侵害了广大投资者的合法权益。尤其是作为上市公司交易对方的非上市公司，在行政监管相对薄弱的情况下，更应该加强自身合规管理。

该案作为全国首例开展涉案企业合规工作的证券犯罪案件，检察机关坚持惩治犯罪与助力维护资本市场秩序并重，依托涉案企业合规改革积极推动资本市场非上市公司更新合规理念，对标上市公司健全自身合规管理体系，培养全链条合规意识，将外部监管类规定内化为自律合规要求，提高资本运作规范化水平，助力营造资本市场良好法治环境。

案例三：江苏F公司、严某某、王某某提供虚假证明文件案

一、基本案情

被告人严某某、王某某分别是江苏F土地房地产评估咨询有限公司（以下简称F公司）的估价师和总经理。

2019年1月，F公司接受委托为G工贸实业有限公司（以下简称G公司）协议搬迁项目进行征收估价，先是采取整体收益法形成了总价为2.23亿余元的评估报告初稿。为满足G公司要求，王某某要求严某某将涉案地块评估单价提高。严某某在无事实依据的情况下，通过随意调整评估报告中营业收益率，将单价自2.16万元提高至2.38万元，后又经王某某许可，通过加入丈量面积与证载面积差等方式，再次将单价提高到2.4万余元，最终形成的《房屋征收分户估价报告》将房屋评估总价定为2.49亿余元。后相关部门按此评估报告进行拆迁补偿，造成国家经济损失2576万余元。

2021年5月6日，江苏省南京市公安局江宁分局以F公司、严某某、王某某涉嫌提供虚假证明文件罪向南京市江宁区检察院移送审查起诉。2021年6月6日，江宁区检察院依法对严某某、王某某以提供虚假证明文件罪提起公诉。2021年9月17日，南京市江宁区法院以提供虚假证明文件罪判处严某某有期徒刑2年，罚金10万元；判处王某某有期徒刑1年6个月，缓刑2年，罚金8万元。2022年1月30日，江宁区检察院依法对F公司作出不起诉决定。

二、企业合规整改情况及效果

一是开展办案影响评估，充分论证合规必要性、可行性。受理案件后，江宁区检察院对涉案企业开展办案影响评估，调取涉案企业工商信息、纳税、就业等材料；到涉案企业了解行业资质、业务流程、监督管理制度设置；到城乡建设委员会、房屋征收指导中心、住房保障和房产局等行政主管机关，了解土地、房地产征迁谈判、评估、补偿相关规定。F公司从业人员39人，曾获评市优秀估价机构、诚信单位，涉案导致公司参与的多项招投标业务停滞，经营面临困难。江宁

区检察院评估后认为,涉案企业以往经营和纳税均正常,案发后企业和个人认罪认罚,且主动提交合规申请,承诺建立企业合规制度。鉴于此,江宁区检察院决定启动企业合规,确定为期6个月的合规考察期。

二是立足小微企业实际,发挥检察主导作用,探索开展简式合规。涉案企业属于小微企业,江宁区检察院决定对企业涉案的房地产估价业务开展简式合规。包括指导涉案企业开展风险自查,形成自查报告;结合案件办理中暴露出的问题,指导企业修订合规计划;围绕13个风险点,制发检察建议,督促企业查漏补缺。涉案企业依据指导设立合规部门、修订员工手册、制定《评估业务合规管理制度》、委托研发线上审批的OA系统、组织开展业务技术规范培训和合规管理制度培训。为降低合规成本、减轻企业经济负担,由江宁区检察院直接开展合规监管、评估,设置合规整改时间表,要求涉案企业明确整改节点、按时序推进。同时为确保合规监管评估的专业性和公平性,邀请三名专业人员协助检察机关开展合规监管、评估。经过6个月的合规整改,江宁区检察院组织公开听证,对合规整改进行评估验收。

三是区别对待,分别处理涉案民营企业和责任人。鉴于两名责任人严重违反职业道德、违法出具证明文件,造成国家经济损失巨大,江宁区检察院于2021年6月6日依法对严某某、王某某以提供虚假证明文件罪提起公诉。同时,对涉案企业开展合规工作和监管验收,经综合审查认定F公司通过评估验收。2022年1月30日,江宁区检察院依法对F公司作出不起诉决定。

三、典型意义

1. 量身定制,对符合条件的小微企业积极探索简式合规监管。检察机关开展企业合规要准确把握企业合规案件适用条件与企业适用范围,因案制宜,根据企业类型的不同开展具有针对性的企业合规工作。小微企业在治理模式、业务规模、员工数量、资金能力、风险防范等方面与大中型企业存在显著差异。检察机关应当结合小微企业的自身特点,积极探索适合小微企业的合规模式,在保证合规计划制订、实施、验收评估等基本环节的同时,通过简化程序、降低合规成本、制定与大中型企业不同的监管标准等简式合规管理,激发小微企业做实合规的积极性。

2. 有的放矢,检察机关在简式合规计划的审查、监管、评估过程中应发挥主导作用。针对小微企业的合规整改,未启动第三方机制的,可以根据《涉案企业合规建设、评估和审查办法(试行)》的规定,由检察机关对其提交的合规计划和整改报告进行审查，主导合规监管和验收评估。一是根据案件具体情况主动听取公安机关等部门的意见，建立合规监管互通机制；二是设置合规时间表，要求涉案企业明确整改节点、按时序推进；三是依据时间表，采取“定向 + 随机”的方式考察合规进展；四是选择专家学者、行政主管机关、侦查机关代表组成评估小组，同时组织公开听证对合规整改进行评估验收。

3. 区分责任，落细落实民营经济司法保护政策。检察机关在办理涉民营企业案件时，应当贯彻宽严相济刑事政策。一方面，对于确有重大过错的涉案企业责任人依法予以惩处；另一方面，对于涉案企业积极适用企业合规，针对与企业涉嫌犯罪有密切联系的企业内部治理结构、规章制度等问题开展合规整改，帮助企业弥补制度建设和监督管理方面的漏洞，从源头防止再次发生相同或类似违法犯罪。通过对合规考察合格的涉案企业依法作出不起诉决定，积极落实“六稳”“六保”。

案例四：广西陆川县 23 家矿山企业非法采矿案

一、基本案情

广西壮族自治区陆川县 Y 公司等 23 家涉案矿山企业系开采销售建筑用花岗岩、高岭土等持证矿山企业（全县当时有持证矿山企业 36 家）。23 家涉案矿山企业共有员工 2000 余人，年度纳税总额 6000 余万元。

2019 年至 2020 年，Y 公司等 23 家涉案矿山企业在各自矿区内超深度或超范围越界开采建筑用花岗岩、高岭土等原矿，涉案价值人民币 21.69 万元至 1447.68 万元不等。2021 年 5 月，陆川县公安局对该 23 家矿山企业以涉嫌非法采矿罪立案侦查，陆川县检察院派员提前介入引导侦查。2021 年 8 月开始，陆川县公安局陆续将该系列案件移送陆川县检察院审查起诉。案发后，涉案矿山企业陆续主动退缴违法所得、缴纳罚金，相关责任人也主动投案、认罪认罚、主动提出合规意愿。2021 年 10 月，陆川县检察院对 Y 公司等第一批 6 家涉案矿山企业启动合规工作，经第三方组织对 6 家涉案矿山企业合规整改情况进行评估合格后，依法对 Y 公司等 2 家矿山企业及其责任人、L 石场等 4 家矿山企业责任人作出不起诉决定。

2022 年 1 月，陆川县检察院对 D 公司等 17 家涉案矿山企业陆续启动合规工作，截至 2022 年 5 月底已有 3 家涉案企业通过第三方组织考察评估合格，拟对相关企业和责任人作不起诉处理。尚有 14 家涉案企业因配合全县“半边山”

整治进度正在进行整改中，由于有的涉案企业涉案金额较大，且因客观原因不能及时完成全部回填、复绿等环境修复义务，待合规考察结束后，将依据考察结果和案件具体情节依法作出处理决定。截至 2021 年 12 月，陆川县检察院依法对 2 家涉案企业和 6 名犯罪嫌疑人作出不起诉决定，其余案件正在参照已结案件的模式有序办理中。

二、企业合规整改情况及效果

一是综合审查，积极稳妥在非法采矿案件中适用企业合规。陆川县检察院经调查发现，全县持证矿山企业大部分于十多年前批准设立，由于当时生产技术条件、工艺和管理要求等历史原因，矿区设置普遍不科学、不合理，如矿区范围小，划界不合理，矿区大多设置在半山腰、半边山等，且涉案企业多为小型企业，普遍内部管理制度不完善，员工法律意识淡薄。如果就案办案对众多的涉案企业及相关人员予以追诉，将对全县矿产行业、地方经济造成严重影响，也直接影响 2000 多人就业。2021 年 10 月，陆川县检察院经综合研判，并层报上级检察院同意后，决定探索对非法采矿系列案适用企业合规。

二是依托“四化”模式，深入推进涉案企业合规改革。陆川县检察院主动向当地党委、政府汇报案件办理过程中遇到的问题和困难，积极争取支持，并促成县政府牵头成立了县矿山企业合规工作领导小组，协调各相关单位协同开展工作，实现企业合规工作推进“系统化”。通过矿山行业风险大排查，梳理矿山企业存在的高发易发风险点，解决矿山行业普遍性问题，推动矿山治理“行业化”。由检察长牵头、抽调刑事检察、公益诉讼检察和行政检察部门业务骨干组成工作专班，集中办理涉企业合规案件，确保办案团队“专业化”。利用检察大数据赋能企业合规，检察大数据同步接入全县矿山视频监控系统及部分行政机关执法数据系统，及时掌握矿山企业整改情况，并对合规计划确定、整改情况评估、拟作处理决定等关键环节举行公开听证，力求办案过程“透明化”。

三是建立以第三方组织为主，其他部门配合的监督考察机制。以第三方监督评估机制管理委员会选任的地质、安监、测绘等专业人员组成的第三方组织为主，相关行政机关参与，共同对全县矿山企业进行风险大排查。根据排查出的非法占用林地、环保污染、超载、爆破、安全用电、高陡边坡、职业病防治等 8 大类 38 项风险点，为矿山企业量身制定了《矿山行业企业合规管理计划编制提纲》。第三方组织实地考察企业合规整改情况时，办案检察官、行政机关代表共同参与。第三方组织形成考察评估报告后，检察机关向相关行政机关书面征求意见，并邀请派员参加听证会。

四是企业合规与公益诉讼、检察建议同步开展，促进行业全面合规。案发后，陆川县检察院提前介入引导侦查，了解案件情况，针对办案中发现的突出问题，通过公益诉讼诉前磋商督促林业部门对7家非法占用林地的矿山企业进行查处；通过发送检察建议督促卫生健康部门对1家企业不按要求申报职业病预防情况落实监管职责，确保企业合规整改的刚性。2021年12月，第一批6家涉案矿山企业合规考察期限届满，经第三方组织评估，认为6家涉案矿山企业均已逐步建立完备的生产经营、安全防范、合规内控的管理体系，完成了回填、复绿等环境修复义务。陆川县检察院举行公开听证会，参与听证各方一致同意检察机关对相关企业和人员作不起诉的意见。2021年12月31日，陆川县检察院依法对Y公司等2家涉案矿山企业及其责任人、L石场等4家涉案矿山企业责任人作出不起诉决定。通过企业合规整改、公益诉讼和检察建议方式，督促相关行政部门履行监管职责和涉案企业进行合规整改，有力推动了全县矿山行业全面合规、守法经营。

五是构建良好合规文化，推动采矿行业转型升级。陆川县检察院联合县自然资源局等部门，组织全县30多家持证矿山企业召开警示教育会，以案说法，激发了当地矿山行业开展合规建设的积极性。针对矿山企业矿区范围设置不科学、不合理，容易造成安全隐患等问题，以矿山企业合规整改为契机，督促县自然资源局等部门对原有不科学、不合理并具备整治条件的矿山采取予以注销，通过科学规划、踏勘，重新划定矿区范围，整治“半边山”采石场，优化矿山开发布局，推动采矿行业转型升级。涉案企业通过扎实开展合规整改，提升了相关软硬件设施，其中5家企业完成绿色矿山验收，2家企业年经营收入达到2000万元以上。

三、典型意义

1. 依法能动履职，服务保障地方采矿行业高质量发展。检察机关办理非法采矿犯罪案件，应当充分考量犯罪事实和情节、案发原因背景、对当地经济社会的影响等因素，准确把握法律政策界限和开展企业合规范围条件，既要有力打击犯罪挽回国家损失，也要充分考虑司法办案对就业、税收、行业发展的影响，努力实现办案政治效果、社会效果与法律效果的有机统一。

2. 创新工作方式，强化对第三方组织的履职监督。该系列案中，各涉案企业的情况不一，合规建设内容专业性强，矿山企业在生产经营中动态变化多。

为实现检察机关对第三方组织的履职有效性监督，陆川县检察院通过对涉案矿山企业合规整改前后的情况以无人机拍摄进行 3D 建模，立体展现整改成效，作为评估第三方组织履职情况及涉案企业合规整改情况的客观依据。通过县矿山企业合规工作领导小组协调，检察机关对接全县矿山视频监控系统以及部分行政机关行政执法数据库，实时掌握涉案矿山企业动态，积极应用大数据法律监督工具，强化对第三方组织履职监督，确保合规考察成效。

3. 刑事检察与公益诉讼检察业务实质性融合，提升检察工作质效。一方面，检察机关要牢牢把握职责定位，推动"四大检察"协同发力，建立健全检察机关各内设机构办案协作机制。另一方面，在办理破坏环境资源保护类犯罪案件中，检察机关在提前介入阶段即可开展公益诉讼诉前磋商，针对案件反映的突出问题制发行政检察建议，以公益诉讼检察监督企业合规整改落实情况，加大公共利益司法保护力度。

4. 启动行业合规，推动检察机关落实诉源治理责任。陆川县检察院结合当地矿山行业经济发展特点，会同主管部门研究针对行业顽瘴痼疾的整治措施，以系列案推动行业治理，助力矿山行业领域形成合规建设的法治氛围。通过矿山"行业合规"建设，当地政府加快推进"半边山"矿山整治工作。企业合规在优化当地矿山企业布局、督促矿山转型升级、促进经济有序发展等方面起到积极促进作用，实现"办理一类案件、规范一个行业"的良好效果。

案例五：福建省三明市 X 公司、杨某某、王某某串通投标案

一、基本案情

福建省三明市 X 公司（以下简称 X 公司）系当地拥有高资质高技术的通信技术规模级设计、施工、集成企业。杨某某系 X 公司法定代表人、总经理；王某某系 X 公司副总经理，负责对外招投标、施工及结算等业务。

X 公司在投标三明市公安局交警支队 3 个智能交通系统维保项目过程中，与其他公司串通，由 X 公司制作标书、垫付保证金，并派遣 X 公司员工冒充参与串标公司的投标代理人进行竞标，最终上述 3 个项目均由 X 公司中标施工建设，中标金额共计 603 万余元。上述项目现已施工完毕，并通过工程验收决算。案发后杨某某、王某某主动投案。2021 年 4 月，三明市公安局三元分局以 X 公司、杨某某、王某某涉嫌串通投标罪向三明市三元区检察院移送审查起诉。2022 年 1 月，检察机关依法对 X 公司、杨某某、王某某作出不起诉决定。

二、企业合规整改情况及效果

一是深入社会调查启动企业合规。检察机关经审查了解，X公司系具有涉密信息系统集成资质乙级等多项资质、多项专利的高资质、发展型民营企业，企业综合实力在福建省同行业排名前20名，是三明市该行业的龙头企业，累计纳税近7000余万元、企业员工100余名、拥有专利20余件。案发后，公司面临巨大危机，大量人员有失业风险，对当地经济和行业发展产生一定负面影响。审查起诉阶段，检察机关向X公司送达《企业刑事合规告知书》，该公司在第一时间提交了书面合规承诺以及行业地位、科研力量、纳税贡献、承担社会责任等证明材料。X公司及杨某某、王某某均自愿认罪认罚，涉案项目已施工完毕，并通过竣工验收决算，无实质性危害后果。检察机关经过实地走访调研，X公司的合规承诺具有真实性、自愿性，符合企业合规相关规定。检察机关在认真审查调查案件事实、听取行政机关意见以及审查企业书面承诺和证明材料基础上，综合考虑企业发展前景、社会贡献、一贯表现及企业当前暴露出的经营管理机制疏漏，2021年9月启动合规考察程序，确定了3个月的合规考察期。

二是扎实开展第三方监督评估。三明市第三方监督评估机制管委会指定3名专业人员组成第三方组织，对X公司启动企业合规监督考察程序。整改期间，检察机关多次与第三方组织、企业专业律师团队会商，针对X公司在投标经营活动方面存在的风险漏洞，指导企业修订、完善《企业合规整改方案》和《企业合规工作计划》，有针对性地督促企业健全内控机制及合规管理体系。X公司积极对照实施，及时汇报进展情况。检察机关会同第三方组织对合规计划执行情况不定期开展灵活多样的跟踪检查评估。

三是公开听证后作出不起诉决定。2022年1月，第三方组织对X公司企业合规整改进行验收，经评估通过合规考察。检察机关组织召开听证会，听取人大代表、政协委员、人民监督员、侦查机关及社会群众代表对X公司合规整改的意见，听证员一致认可企业整改成效。同月，检察机关经综合审查认为，X公司、杨某某、王某某等人主动投案、认罪认罚、主观恶性较小，相关项目业已施工完毕并通过验收，未给社会造成不良影响。且X公司案发后积极开展有效合规整改，建立健全相关制度机制，堵塞管理漏洞，确保依法经营，不断创造利税，依法对X公司、杨某某、王某某作出不起诉决定。

四是持续做好不起诉后跟踪回访。检察机关经综合考察听取各方意见后，依法作出不起诉决定，让企业“活下去”，有机会“经营好”，X公司对参与投标的 13 个项目均进行合规审核，最终中标 2 个项目，金额 100 多万元。检察机关开展“回头看”，要求 X 公司对已整改到位部分加强常态监管，较为薄弱环节持续整改。而后检察机关邀请第三方监管人员围绕企业已整改问题及关联持续建设领域进行跟踪回访，继续为企业依法合规经营提供普法服务，确保合规整改效果能够“长效长治”。

三、典型意义

1. 严格把握企业合规适用标准、条件，围绕企业特点全面做好合规前调查。对于涉案高技术型民营企业，检察机关会同有关部门，对涉案公司开展社会调查，通过市场监管、人社、税务、工商联等平台，调查其社会贡献度、发展前景、社会评价、处罚记录等。同时研判发案原因，查找其经营风险和管理缺漏，以“合规告知书 + 检察建议书”形式，提出整改建议，使涉案企业“合规入脑”，督促其作出合规承诺。检察机关在社会调查时，主动审查涉案公司是否符合适用条件，及时征询涉案企业、个人的意见，与本地区第三方机制管委会提前沟通，做好合规前期准备。

2. 多方协作优化合规计划，严格督促企业逐条对照落实。依托第三方监督评估机制向相关行业领域的专家“借智借力”，立足 X 公司自身问题，结合相关领域的合规标准，指导企业优化合规计划，对合规体系运行涉及的组织架构、事项流程、内控机制、风险整改、文化培塑等进行分解细化，从提升合规意识、规范投标业务操作到健全配套内部资金流向监管审计等层面，严格按照时间表监督落实，做到点面衔接，实现“合规入心”。检察机关还会同第三方组织通过多次实地走访 X 公司，与律师团队等会商研讨，指导 X 公司对合规计划进行修订完善，为后续推进第三方监督评估创造重要前提条件。

3. 综合运用多类型评估、考察机制，确保涉案企业合规整改实质化。评估程序上，坚持问题导向，逐条对照合规计划检视企业整改效果，防止走过场的“纸面合规”。考察方式上，采取灵活、有效方式，不拘泥于特定形式，在不影响正常生产经营的前提下，融合开展实地考察、听取汇报、查阅资料、组织座谈、同业参照等组合方式，推动合规建设，强化员工守法意识。企业通过评估后，检察机关接续用好公开听证、人民监督员监督、人大代表、政协委员监督等方式，以公开促公正，确保合规验收环节的质量效果，实现合规“成效入档”，避免合规建设流于形式。

最高人民检察院涉案企业合规典型案例(第四批)[①]

案例一:北京李某某等9人保险诈骗案

一、基本案情

北京A汽车销售服务有限公司和B汽车销售服务有限公司(以下简称A公司、B公司)均系C集团下属企业,两家公司法定代表人系同一人,组织架构、管理模式相同,经营场所相邻。

李某甲、李某乙、曹某、孙某甲、崔某某、张某甲分别系A公司保险理赔经理、服务总监、保险理赔顾问、车间主任、维修技师,张某乙为B公司保险理赔顾问,李某丙、孙某乙系被保险车辆的车主。

A公司、B公司与多家保险公司有合作关系,保险公司派驻在两家公司的人员负责销售保险、事故车辆定损以及保险理赔等工作,A公司、B公司的保险理赔顾问负责售后协助顾客对接保险公司。李某甲等人为了维系客户、提高业绩,自2019年开始,与到店维修车辆的多名顾客共谋,通过伪造事故现场、故意制造碰撞事故等方式编造出险事由,或者以其他车辆事故定损照片冒充实际发生事故车辆照片夸大损失,骗取保险理赔款。2019年至2021年,李某甲等人共实施14起保险诈骗行为,骗保金额共计41万余元。案发后,A公司、B公司代涉案员工向相关保险公司赔偿了经济损失,保险公司对相关涉案人员予以谅解。

2022年4月,北京市公安局顺义分局以李某甲等9人涉嫌保险诈骗罪向顺义区检察院移送审查起诉。2022年5月,检察机关综合考虑该案的社会危害性、认罪认罚情况,依法对李某甲提起公诉,对李某乙、曹某、孙某甲、李某丙、孙某乙等5人作出不起诉决定。同年6月,检察机关对A公司、B公司启动为期3个月的涉案企业合规整改考察。同年9月,根据企业合规进展情况,法院采纳了检察机关对李某甲从宽处罚的量刑建议,判处李某甲有期徒刑2年6个月,并处罚金3万元。同年10月,合规考察结束后,检察机关综合犯罪事实、企业

① 此部分案例均摘自最高人民检察院官网,https://www.spp.gov.cn/spp/xwfbh/wsfbt/202301/t20230116_598548.shtml#2,最后访问日期:2023年2月8日。

合规整改情况和认罪认罚从宽制度适用情况，对张某甲、张某乙、崔某某等 3 人作出不起诉决定。

二、企业合规整改情况及效果

一是明确犯罪主体，为后续开展企业合规找准切入点。本案是发生在汽车维修服务领域的保险诈骗案件，主要涉案人员为汽车维修服务企业员工，诈骗所得基本由保险公司转入企业账户，因此本案是自然人犯罪还是单位犯罪需要进一步核实。检察机关从两方面着手开展工作，一方面引导公安机关调取企业法定代表人、其他非涉案员工的证言以及车辆维修审核单据等，查明本案行为是否出于单位意志；另一方面积极自行补充侦查，前往 A 公司、B 公司开展调查工作。经调查，A 公司、B 公司的负责人及 C 集团的区域总监均表示公司对员工的骗保行为并不知情，这与公安机关调取到的其他非涉案员工的言词证据以及大多数犯罪嫌疑人的供述能够相互印证。在公安机关侦查和检察机关自行补充侦查相结合的基础上，明确本案非单位犯罪，为后续开展企业合规找准切入点。

二是充分开展调查，积极稳妥启动企业合规工作。检察机关在调查中了解到，C 集团是一家多元化、跨区域经营的投资控股集团，其旗下的 A 公司、B 公司均获得汽车流通协会认可的百强经销商称号，A 公司、B 公司近三年年均纳税额分别达到 1300 余万元和 400 余万元，共有 200 余名员工，具有较大的发展前景和社会贡献。但是公司在制度建设方面存在疏漏，主要体现在没有制定严密的保险理赔管理制度，公司人员法律意识不强，导致部分员工为了维系客户、提高个人业绩，通过骗保的方式为客户修车，触犯了法律。检察官在实地调研中发现，两家企业涉案员工众多，案发初期 A 公司的车辆维修服务部门一度陷入瘫痪状态，两家公司的经营管理、企业形象面临巨大危机。两家公司主动提出愿意承担企业责任，希望进行企业合规整改。同时，保险公司对涉案企业开展企业合规没有异议。检察机关在综合考虑案件事实、企业发展前景、社会贡献、合规意愿的基础上，决定启动合规考察程序。

三是紧扣案件特点，开展专业监督评估。本案中，保险理赔由店内员工与保险公司驻店的查勘定损人员相互配合完成定损、维修、理赔、结算整个流程，具有汽修与保险互涉的行业特点。据此，检察机关商第三方监督评估机制管委会，抽取了由物流行业协会、国企法务部门、市场监管部门的专家组成的第三方组织，突出监督评估的专业适配性。检察机关向第三方组织介绍了基本案情，并协助其对企业进行实地调查。经调查，发现企业存在保险理赔业务流程不规范，保险理赔顾问与财务人员、查勘定损人员职责不清，以及保险理赔与维修施工的衔接环节缺乏有效监管等问题。第三方组织针对汽车销售服务行业保险理赔业务的特点，在两家公司原有整改方案的基础上突出问题导向，细化落实措施，要求涉案公司根据流程要素细分为接车定损、维修施工、交车结算、交案回款、保险手续台账登记等项目进行整改。第三方组织根据企业的前期准备情况以及案件的办理进度，确定了 3 个月的合规考察期。

四是积极能动履职，全面深入组织专业公开听证。2022 年 10 月，第三方监督组织对 A 公司、B 公司的整改落实情况出具了合规考察书面报告，认为企业已经落实了合规整改计划。检察机关在审查企业合规情况、综合全案事实的基础上，拟对张某甲、张某乙、崔某某作相对不起诉处理。本案涉及多方主体，为保证监督考察和案件办理公正透明，实现政治效果、法律效果和社会效果的统一，检察机关组织公开听证。一是邀请汽车维修服务行业的行政监管部门及律师担任听证员，从行业监管角度和法律适用角度评议案件，确保听证意见的全面性；二是邀请 A 公司、B 公司的代表及第三方组织成员参会，分别介绍企业合规整改落实情况和考察评估情况，确保听证员全面了解案件；三是邀请北京市银保监局工作人员以专家身份线上出席听证会，提供保险监管领域专业意见，确保评议结果的专业性。

五是注重权益维护，确保企业合规整改落实见效。案件办理中，检察机关注重对保险公司合法权益的保护，将企业承担经济责任的情况作为审查合规整改落实的要素，同时在办案中通过对犯罪嫌疑人开展释法说理、适用认罪认罚从宽制度、开展羁押必要性审查等工作积极促进追赃挽损，被骗保险公司的损失全部被挽回。同时，检察机关强化对涉案企业规范经营的引导，促使企业步入良性发展轨道。经过合规整改，A 公司、B 公司实现了对保险理赔业务运营风险点的有效管控，理赔服务部门的工作质效大幅提升，与保险公司的合作更为规范顺畅。2022 年，两家公司保险理赔数据趋向正常，在保险公司内部的合作车商等级均由 B 级提升至 A 级。

六是强化行刑衔接，以点及面推进诉源治理。顺义区检察院在办理该案的同时，也对辖区内近年的车险类诈骗案进行系统梳理。经分析发现，有半数以上的案件均有汽车维修服务企业或个体汽车修理厂参与的情况。这些单位或个人熟悉定损和理赔的流程，了解车辆配件价格并掌握维修技巧，也有招揽车主进店维修进而提高收益的需求，往往主动向车主提出可以不付费修车，或者满足车主提出的免费修车要求，而修车款的来源普遍为通过保险诈骗行为获得的保险理赔款。对此情况，顺义区检察院会同区交通局深入研究在汽车维修服务行业开展行刑衔接的具体措施，探索建立联合普法、线索移送等合作机制，通过与汽车维修行业协会建立合作关系，针对辖区内 400 余家企业开展行业治理，促成合规经营的法治氛围。

三、典型意义

1. 依法全面审查，确保企业合规的必要性和可行性。将案件准确定性作为启动企业合规工作的先决条件，积极引导公安机关补充完善证据，并充分发挥检察机关自行补充侦查的职能作用。充分听取犯罪嫌疑人及辩护人的意见，结合证据进行释法说理，解决控辩双方在案件定性方面的争议。积极稳妥开展企业合规必要性审查，通过组织座谈、查阅企业年报、调取完税证明等材料、听取保险公司意见等方式，多角度审查涉案企业的制度漏洞、发展前景、社会贡献、合规意愿，确保后续开展的企业合规具有必要性、可行性。

2. 兼顾企业经营模式和案件特点适用第三方机制，确保企业合规的专业性和科学性。保险公司在车险营销中往往与汽车销售服务企业建立合作关系，企业暴露出的问题兼具汽车维修和保险服务的双重特点。该案在启动第三方机制时充分考虑专业性和针对性，由汽修行业的行政监管部门、相关行业协会组织、法律专业人士组成第三方监督评估组织。合规考察结束后组织公开听证，邀请北京市银保监局工作人员从保险监管的角度提出专业意见，确保合规考察结果运用的科学性。

3. 多措并举支持第三方机制运行，发挥企业合规中检察机关的主导作用。启动第三方机制时，检察机关在保证办案安全的前提下向第三方组织提供涉案企业资料及相关案情，协助第三方组织实地调查，综合研判企业在合规领域存在的突出问题。合规监督考察过程中，检察机关在充分保证第三方组织独立履职的基础上，与第三方组织和企业分别建立定期沟通会商机制，双向跟进企业合规整改进程、合规计划落实情况。第三方组织出具企业合规考察书面报告后，检察机关及时回访涉案企业、保险公司，将审查工作做细、做实。

4. 推进诉源治理，深化企业合规整改实效。在启动、推进、评估涉案企业合规过程中，兼顾保护民营企业健康发展和维护保险公司合法权益双重目标。保障保险公司的知情权和发表意见的权利，通过深入开展涉案企业合规促进保险合作更加规范、顺畅。立足司法办案，延伸检察职能，充分运用类案调研成果，携手行政监管部门、行业协会开展保险诈骗犯罪诉源治理专项工作，以个案合规推动行业合规。

案例二：山东潍坊 X 公司、张某某污染环境案

一、基本案情

山东潍坊 X 公司系中外合资企业，是中国溴系阻燃剂产能最大的企业之一。犯罪嫌疑人张某某系该公司副总经理、生产经理。

2020 年 5 月，张某某雇用人员在厂区土地挖掘沟渠后填埋 X 公司生产过程中产生的溴系阻燃剂落地料 4.8 吨。经山东省环境保护领域专业司法鉴定中心认定，上述倾倒特征物为危险废物。X 公司违反国家规定，非法填埋危险废物 4.8 吨，涉嫌污染环境犯罪，张某某系 X 公司直接负责的主管人员，应予追究刑事责任。案发后，张某某被依法传唤到案，如实供述了犯罪事实。2021 年 8 月 5 日，公安机关以 X 公司、张某某涉嫌污染环境罪移送潍坊市滨海经济技术开发区检察院（以下简称滨海经开区检察院）审查起诉。

2021 年 10 月，当地生态环境部门委托专业机构进行了生态环境损害鉴定评估工作。经评估，X 公司在厂区土地挖掘沟渠非法填埋危险废物的行为，导致沟渠内的土壤被污染，案发后该部分被污染土壤已经全部挖掘用于计算溴系阻燃剂落地料的数量。经检测，除被污染土壤外，周围土壤环境质量未受到本次事件的损害，无须生态环境损害修复，遂要求 X 公司支付土壤环境监测、现场调查、环境损害评估等费用 8 万元。

二、企业合规整改情况及效果

一是深入合资企业实地调查，审查启动企业合规考察。滨海经开区检察院经审查发现 X 公司、张某某非法处置危险废物 4.8 吨，构成污染环境罪，其中张某某作为负责生产经营的副总经理，决定实施倾倒废物的行为，代表了单位意志且单位从倾倒废物行为中获益，X 公司成立单位犯罪。X 公司与张某某均认罪认罚，犯罪嫌疑人张某某犯罪情节相对轻微，刑期为 1 年以下有期徒刑，并处罚金，可适用缓刑。审查起诉期间，检察办案人员先后多次前往 X 公司实地调查，了解到 X 公司是中国溴系阻燃剂产能最大的企业之一，X 公司的外资投资方 H 集团在其国内外同时上市，入选富时社会责任指数系列（FTSE4Good Index Series，旨在识别根据全球公认标准，在环境、社会和治理方面表现良好的公司，并对其成绩进行表彰)。如果对 X 公司进行刑事处罚,将在全球范围对 H 集团造成重大负面影响,严重影响 H 集团富时社会责任指数成员的地位以及 Eco-Vaidis(全球公认的企业社会责任权威评价机构)金牌评级。考虑到 X 公司的产品主要以出口为主,失去众多国际订单,将严重影响企业的融资及生产运营的能力,进而可能导致企业大规模裁员。另发现 X 公司虽然设立了各种制度,但仍然存在生态环保制度不健全、生态环境观念欠缺、操作规程执行不到位等问题。在确认 X 公司已与当地政府达成赔偿协议,支付相关费用且将非法填埋物妥善处置,非法倾倒危险废物的行为对生态环境质量未造成重大影响的情况下,滨海经开区检察院经初步审查认定该公司符合企业合规适用条件,遂层报山东省检察院审批。2022 年 4 月 12 日,山东省检察院同意对 X 公司启动涉案企业合规考察。

二是上下级检察机关联动,积极适用第三方机制。滨海经开区检察院根据案件罪名、案件性质、合规重点方向等方面,着重考虑第三方组织成员人数和行业身份,争取潍坊市检察院支持,由潍坊市检察院从全市专业人员名录库中分类随机抽取 5 名人员(市生态环境局、市应急管理局、市税务局各 1 人,律师 2 人)组建了第三方组织。在合规考察期间,两级检察院积极会同第三方组织成员多次到 X 公司实地考察,查看危险废物非法填埋现场及处置方式,认真研判 X 公司合规领域的薄弱环节和突出问题,督促 X 公司制订整改方案。

X 公司成立专项合规建设领导小组,主动聘用外部专家及外部合规顾问(包括国家级、省级及世界银行专家库的环境专家)协助合规整改,重点对安全生产环节、危废物处置环节进行了检查整改,建立了环境安全合规管理体系,同时新设两处危废物仓库,新购置上框压滤系统用以减少落地物产生。考察期间,X 公司补充制定了共计 3200 多页的修订制度目录、证据清单等专项合规整改材料,同时报送检察机关与第三方组织,并根据双方提出的意见对合规整改方案进行了补充完善。X 公司还建立合规风险发现、举报、监控及处理机制,建立合规绩效评价机制,推进考核与追责,并先后对企业人员开展 12 次全员合规培训、30 多次专项合规培训,投资建立国际先进的“Go Arc”技术管理系统,企业合规文化得以重塑和深化普及。

三是通过听取汇报、现场验收、公开听证等方式,对监督考察结果的客观性进行充分评估论证。滨海经开区检察院经过对 X 公司制订的合规计划、整改方案,第三方组织制订的评估方案、评估指标体系、阶段性考察报告、合规整改考察评估报告等进行全面审查,对整改情况进行实地调查核实,认可企业合规整改合格。2022 年 7 月 28 日,滨海经开区检察院组织人民监督员、第三方组织成员、公安机关侦查人员、生态环境部门工作人员进行公开听证,一致认为,X 公司已经全面、有效完成了合规整改,并形成了长效合规管理机制,企业经营状况大为改观,同意检察机关作不起诉处理。2022 年 8 月 5 日,滨海经开区检察院对 X 公司、张某某作出不起诉决定并公开宣告。同时,滨海经开区检察院提出检察意见,对于办案中发现的涉行政处罚的事由,建议区生态环境局结合 X 公司已经进行企业合规整改的具体情况从宽处罚。

三、典型意义

1. 依法能动履职,全面准确把握涉案企业合规改革的主要目的。滨海经开区检察院以涉案企业合规改革精神为指导,先行到 X 公司调研和查看案发现场,积极推动 X 公司进行企业合规整改。合规建设使企业自身取得了持续发展的能力,保持了企业的国际竞争力,同时对本地其他化工企业起到了警示作用。截至 2022 年 8 月,X 公司稳定原有就业人员近百人,并新增就业人员多名。此外,潍坊市滨海经开区管委会出具了对 X 公司扩产技术改造项目的联审意见,同意 X 公司每年增产 4000 吨溴系阻燃剂的生产,预计 X 公司当年新增投资 1500 万元,新增税收 500 万元,显著提高了企业持续发展的能力。

2. 坚持检察上下一体,联动办案。经山东省检察院同意潍坊市滨海经开区检察院对该案启动涉案企业合规后,滨海经开区检察院结合当时该区尚未成立第三方机制委员会的实际情况,依托潍坊市检察院与市第三方监督评估机制管理委员会会商,选定了包括市检察院特聘专家在内的人员组建第三方组织,同时对第三方组织成员的选任工作和履职情况进行监督。在办案过程中,上下两级检察院办案人员多次会同第三方组织成员到 X 公司进行考察、座谈、评估,在危险废物的识别流程、固体废物的收集和处理环节、员工培训等方面,向 X 公司提出意见。企业合规整改完成后,上下两级检察院精准开展合规监督评估,督促 X 公司认真落实环保责任,弥补了 X 公司的监督管理漏洞,有效防止了再次发生相同或类似违法犯罪,助推 X 公司完善现代企业管理制度。

3. 结合中外合资企业特点,外资集团旗下在华十余家同类企业主动、全面开展合规建设,将 ESG 国际标准本土化,探索建立符合我国国情的专项合规体系。企业合规整改过程中,检察机关发现 X 公司所属集团公司曾获得 EcoVadis 评级金牌,在中国本土化进程中却遇到了挑战。究其原因,X 公司虽然意识到应当将国际 ESG 合规标准应用于中国本地企业，但该标准内容多为体系与原则性规定，在中国落地必然需要依据中国法规与中国实践经验进行细化。X 公司虽然要求 ESG 合规标准融入管理全流程，制定了指导性规定，但具体到每位员工应当承担的责任时出现了偏差，且在固体废物的收集和处理等环节存在漏洞，导致涉案企业危险废物处置由生产经理个人决策，未按照标准汇报公司后处理，从而发生污染环境的犯罪。

针对这一问题，检察机关与第三方组织协助 X 公司结合我国法律分析本地常见违规情况，识别可能导致企业刑事责任的风险点，建议在类似重大决策层面，应将个人责任与集体决策相结合，帮助企业完成制度落地。X 公司深入研究了案件发生的原因，参考 H 集团的 ESG 合规标准与当地最佳合规进行实践操作，使用新型合规方案，使新的决策机制在中国实践获得成功，并形成了双重预防机制智能化，从而将国际 ESG 合规标准本土化。H 集团为落实该项机制，以点带面，主动将集团公司在中国的其他十余家企业均进行了内部合规整改，设立了风险监控与处理机制，真正实现了集团企业全面合规，保证了集团企业在中国的可持续发展。

案例三：山西新绛南某某等人诈骗案

一、基本案情

L 公司系从事塑料包装袋生产、加工为一体的劳动密集型企业，拥有实用性专利 6 项，部分业务涉及进出口贸易，现有员工 300 人，属国家级高新技术企业，年营业收入 2000 余万元。L 公司拓展家庭加工，为周边留守、老龄无稳定收入人群提供稳定收入来源，助力乡村振兴。南某某系 L 公司总经理，张某甲、张某乙分别系公司会计、工人。

2019 年 9 月 7 日，张某乙在生产车间作业时遭机器轧伤右手。因公司未给工人张某乙缴纳工伤保险，为逃避企业承担高额赔偿金，南某某安排张某甲为张某乙于 9 月 9 日补缴工伤保险，采取办理出院再二次入院的手段，虚构张某乙受伤时间，骗取工伤保险赔偿款 26 万余元。案发后，南某某等 3 人主动投案，如实供述犯罪事实，自愿认罪认罚，L 公司将 26 万余元返还社保中心。

公安机关在侦查过程中邀请检察机关介入，涉案企业主动申请适用合规考察，检察机关作出不批准逮捕的决定并同步开展合规准备工作。2022 年 1 月 22 日，根据 L 公司的申请，检察机关决定对 L 公司启动合规考察程序。2022 年

1 月，新绛县公安局以南某某、张某甲、张某乙 3 人涉嫌诈骗罪向新绛县检察院移送审查起诉。检察机关受理案件后，经 3 个月合规考察，2022 年 5 月 18 日，新绛县检察院依法对南某某等 3 人作出不起诉决定。

二、企业合规整改情况及效果

一是深入调查、依法审查，积极稳妥在企业骗保案件中适用合规机制。新绛县检察院在介入侦查环节组成办案组，依法审查企业经营情况，并多次深入 L 公司调查，走访生产关联村民家庭。经了解，L 公司生产模式以车间加工为主、家庭手工为辅，解决了 480 个就业岗位，留守老人占比达 37.5%，对助力当地乡村振兴具有积极作用。L 公司经营状况稳定，产品销往域外多个国家和地区，发展前景良好，且在 2021 年 10 月新绛县遭受洪灾时，主动提供厂房安置灾民 300 余人，具有较强的社会责任感。检察机关综合考虑调查、审查情况，结合南某某等人自首、认罪认罚、退赔等法定、酌定从轻、减轻情节，2022 年 2 月 11 日，根据 L 公司的申请，决定对其正式启动合规考察程序，合规整改期 3 个月。同时，检察机关根据该案特点，及时商第三方机制管委会组成了由安全评价专家、会计师、律师等组成的第三方监督评估小组。

二是精准把脉、标本兼治，监督评估有的放矢。检察机关在社会调查中发现，L 公司在缴纳工伤保险方面存在问题，是案发直接原因，同时在员工管理、规章制度、安全生产执行等方面也存在问题，是引发骗保的深层次原因。新绛县检察院坚持标本兼治的合规整改原则，会同第三方组织为企业精准把脉，引导企业制定“安全生产 + 财税管理”专项合规组合计划，督促企业设立法务部门，健全企业员工管理及财务管理等制度，补充完善员工分级管理制度和岗位责任制度，构建安全生产管理体系、现场作业规范执行奖惩体系，确保合规整改见实效。

三是量化评估、全面验收，合规考察效果显著。检察机关与第三方组织紧密合作，科学制订评估方案，列出安全管理、生产作业、财税管理、企业制度建设四方面内容。明确了修订安全管理制度、安全操作规程、生产安全应急预案，制订应急预案演练计划和年度安全教育培训计划，组织应急演练，完善各类台账，清理生产作业现场，作业岗位悬挂明显的安全警示提醒，完善财税管理制度，加强经济管理和财务管理，工伤保险的缴纳责任到人，按月缴纳并予以公示，确定总经理全面负责的责任落实制度等 24 项内容翔实细致的量化验收标准。L 公司各项指标全部完成，被第三方组织认定为合规整改合格。经公开听证，检察机关对南某某等3人作出相对不起诉决定。经整改,L公司制度建设和生产经营成效显著,2022年5月,L公司与国外3家公司顺利履行500万元编织袋购销合同。

四是检察建议推动专项治理,"以案促改"推动行政机关规范监管。检察机关在履职中,针对发现的县社保中心和县工业园区管委会存在保险理赔审查把关不严、工作混乱、监管不力等问题,分别向两家单位制发检察建议。要求社保中心增强科学管理意识,要求工业园区管委会加强对辖区内企业安全生产管理,检察建议被全部采纳。2022年4月,社保中心开展了"工伤保险专项整治"活动,对近3年工伤理赔案件进行"回头看",督促辖区企业补齐工伤保险资料50余份,总结经验教训,加强和规范审核、把关工作。同月,工业园区管委会开展了"安全生产大检查",组织辖区内企业负责人进行安全生产专题培训,对20家企业进行安全生产抽查,消除重大安全隐患三处。

三、典型意义

1. 准确把握涉案企业合规的适用条件,积极稳妥探索对重罪案件适用合规考察程序。本案中3名犯罪嫌疑人涉嫌诈骗罪,办案机关根据《关于建立涉案企业合规第三方监督评估机制的指导意见(试行)》第3条的规定,认为3名犯罪嫌疑人实施的骗取工伤保险基金的行为属于公司企业的经营管理人员实施的与生产经营活动密切相关的犯罪,可以适用合规考察程序。本案中的诈骗罪行为方式与普通诈骗罪存在许多不同,骗取的对象为政府部门管理的社会保险基金,骗取行为与企业生产经营活动直接相关,虽然刑法对诈骗罪未规定单位犯罪,但根据上述指导意见的规定,符合合规案件适用范围。刑法分则当中存在若干类似的罪名,由于未规定单位犯罪,但只要符合涉案企业合规改革试点文件规定的"与生产经营活动密切相关"的条件,就可以纳入合规改革试点的案件范围,从这个意义上讲,涉案企业合规改革并不限于单位犯罪案件。本案中南某某、张某甲的行为按照诈骗罪量刑,基准刑为66个月,属于重罪案件,但检察机关综合考虑其具有自首、退赔退赃、初犯偶犯、认罪认罚等法定酌定量刑情节,同时对涉案企业是否具备合规整改的条件进行了认真分析,对本案启动合规考察程序,完全符合当前涉案企业合规改革探索中的相关指导性文件规定。

2. 合规准备工作前移,坚持全流程、系统性推进合规改革试点工作。本案中,检察机关在介入侦查环节即着手开展合规准备工作,通过深入细致的专项调查,准确全面地掌握了犯罪的原因、是否符合合规条件等基本信息,并与侦查机关、政府有关部门、工商联等协作机构紧密沟通、达成共识。注重用足用好合规程序的工具箱,对犯罪嫌疑人不批准逮捕,对企业慎重采取查封、扣押、冻结等强制性侦查措施,有助于全面实现合规整改目的。同时,检察机关尽早开展合规准备工作,有助于案件进入审查起诉环节后高质量开展合规考察,更能发挥合规"保企业""保就业"等社会功能。

3. 针对性制订专项合规组合计划,标本兼治推动真合规、真整改。检察机关借助第三方组织,紧扣财税制度混乱导致的漏保风险,以及安全生产执行不到位引发安全事故风险等问题,为企业量身定制"安全生产+财税管理"专项合规组合推进路径,向企业指明合规风险点,提出专业整改意见。同时,检察机关通过总结提炼《合规整改可行性评估报告》内容,建议第三方组织制定《合规整改情况验收表》,对企业合规整改完成情况进行量化评估,促进第三方组织准确履职,确保合规整改监督评估专业有据,考察验收结果更具说服力,合规整改成效更实。

案例四:安徽C公司、蔡某某等人滥伐林木、非法占用农用地案

一、基本案情

安徽C矿业有限公司(以下简称C公司)系外商独资企业,注册成立于2010年4月,隶属于外资企业J控股集团。蔡某某系C公司法定代表人、总经理,熊某、刘某某系副总经理,方某某系生产技术部主管。

C公司因拓宽采矿区的生产经营需要,向有关部门申请林木采伐和道路扩建。2020年8月14日,经安徽省林业局审核,同意C公司扩建工程项目使用村集体林地16公顷。2021年2月2日,芜湖市繁昌区自然资源和规划局根据C公司申报,批准该公司在其申请的四至范围内采伐。但C公司在采伐和修路过程中,均未在上述规定的范围内进行。

2021年2月,在申领到林木采伐许可证后,经蔡某某同意,由熊某具体负责,安排员工对已征收的山林地实施林木砍伐。砍伐过程中,发生超审批许可砍伐林木情况。经鉴定,C公司超审批采伐林木蓄积量49.2236立方米。2021年4月,C公司因扩建项目修建道路,刘某某分管此项工作,方某某具体负责。但在修路过程中,超出了申请的范围。2021年7月13日,芜湖市自然资源和规划局繁昌分局鉴于C公司存在未经批准擅自改变林地用途和滥伐林木行为,向

其下发立即停止违法行为的通知。2021 年 8 月,刘某某擅自向方某某下达复工指令,至同年 11 月工期结束。经鉴定,C 公司未经审批占用林地面积 91.056 亩,均为用材林。

2021 年 11 月 20 日,芜湖市公安局繁昌分局对 C 公司以滥伐林木、非法占用农用地罪,对蔡某某、熊某以滥伐林木罪,对刘某某、方某某以非法占用农用地罪立案侦查,并对 4 人采取了取保候审的强制措施,繁昌区检察院应繁昌公安分局邀请派员介入侦查引导取证。

案发后,C 公司表示愿意就违法行为造成的环境损害进行磋商和修复并以缴纳保证金的方式保障治理费用,充分弥补损失;涉案人员到案后,如实供述犯罪事实、自愿认罪认罚,主动提出合规整改意愿。2022 年 3 月 11 日,繁昌公安分局将该案移送繁昌区检察院审查起诉,繁昌区检察院经层报省检察院同意后于 2022 年 5 月启动合规考察程序,经过两个月的考察,2022 年 7 月,第三方组织评估 C 公司合规整改合格后,繁昌区检察院依法对 C 公司及涉案人员作出不起诉决定。

二、企业合规整改情况及效果

一是坚持一体化办案,审慎启动涉案企业合规程序。案发后,繁昌区检察院介入侦查引导取证,了解案件情况,并及时与公益诉讼部门对接,组成工作专班,做到刑事案件办理与公益诉讼办理同步。在移送审查起诉后,工作专班第一时间赴涉案企业和案发矿区现场调查取证,并及时向市检察院和区委汇报案情。经市检察院批准,市、区两级检察机关抽调办案骨干成立联合办案组,推动涉案企业合规整改。经查,C 公司成立以来,为当地提供 300 余个就业岗位和创业机会,近两年的年纳税额超 6 千万元,关联下游企业年纳税额 3 亿余元。同时,该企业主动承担当地 350 户村民自来水费,积极参与抗洪抢险、疫情防控等公益活动。案发后,涉案企业主动委托第三方机构制订植被恢复治理实施方案,投入专项经费 460 余万元用于生态恢复治理,以弥补犯罪行为造成的环境损害,企业还明确表示愿意缴纳保证金来保障后续治理费用。检察机关综合考虑涉案企业的案发原因、合规整改意愿、社会贡献度、发展前景以及案发点受损林地恢复治理情况,在层报安徽省检察院同意后,决定启动涉案企业合规考察。

二是依托"府检联动",有效凝聚合规整改合力。为争取支持、凝聚共识、形成合力,芜湖市检察院依托"府检联动"工作机制,在该案办理基础上,推动出台

《芜湖市涉案企业合规第三方监督评估机制的实施意见》。繁昌区检察院与区行业主管部门就该案所涉违法行为、生态恢复治理要求等具体事项反复磋商沟通，召开府检专题座谈会3次。同时检察机关邀请来自繁昌区生态环境分局、区自然资源和规划分局的2名特邀检察官助理加入办案组，不仅提出有针对性的意见建议，还协助开展勘验、鉴定、调取证据材料等工作，为该案办理提供专业化支持。

三是专注缺陷补救，切实增强涉案企业全员法律意识。C公司虽持有采伐许可证和规划许可证，但超量采伐，且未经批准擅自改变林地用途，造成环境资源损害，暴露出C公司在环保绿色生产、安全生产承诺及合规管理方面法律意识淡薄。为此，C公司的上级集团公司任命专人担任合规建设领导小组组长到C公司担任合规办公室主任，在对C公司生产经营活动及制度执行履行决策权和监督权的同时，推动企业合规和"边开采边治理"理念向整个集团辐射，积极打造和申报"省级绿色矿山"。C公司在合规建设阶段，邀请了自然资源和规划部门、律师等专业人员就森林法及其实施细则等开展了法律培训，编制了员工行为手册，并通过考试的方式巩固员工学习成果；同时，在用林用地、动土动工等重大事项上建立了分级管理制度，树立全体员工的合规意识、红线意识。

四是聚焦生态修复，推动合规整改走深走实。根据该案特点，检察机关邀请环保、林业、土地方面的专家学者，建立专业化的第三方组织。第三方组织先后4次现场查验，研判问题不足、提出针对性解决意见，并推动C公司在原定实施方案基础上，增加铺种草皮42000平方米，以"挂网喷播"技术恢复植被30000平方米，恢复治理费用由计划投入192万元增至实际支出460余万元，生态恢复治理力度得到大幅提升。在合规整改评估验收通过后，检察机关召开公开听证会，就合规考察工作充分听取意见建议。会议邀请行业代表、律师、人民监督员等5名听证员，同时邀请人大代表、政协委员及侦查机关、主管部门代表等10余人旁听。经评议，参与听证各方对C公司合规建设成效给予肯定，并一致同意检察机关对涉案企业和涉案人员拟不起诉的意见。

三、典型意义

1. 注重理念指引，积极探索对多罪名涉案企业开展合规考察。本案涉案企业涉嫌2个罪名、涉案自然人较多，芜湖市、区两级检察机关强化上下联动，结合涉案企业合规案件适用条件，对该案探索开展环保合规，并推动相关机制的建立。办案机关考虑到涉案企业虽涉嫌两个罪名，但两罪之间具有密切关联，鉴于犯罪成因、企业生产经营状况、法益修复情况等因素，可以对涉案企业开展合规考察。检察机关在办案过程中，还将涉案企业合规与少捕慎诉慎押刑事司法政策、认罪认罚从宽制度有机结合，在确保合规整改实效性的前提下确定合适的考察期限。同时办案机关积极依托“府检联动”机制，有效形成企业合规整改合力，督促涉案企业履行合规承诺的同时，帮助企业尽快恢复正常生产经营秩序。

2. 发挥主导责任，扎实推进合规进程。该案移送检察机关审查起诉之初，涉案企业虽有强烈的合规整改意愿，但因生态治理难度大、投入高，案发地的恢复治理工作迟迟未能跟进。检察机关严格把握企业合规适用条件，在督促涉案企业对损害后果采取必要的补救挽损措施后，才正式启动合规程序，并在合规建设期间，多次邀请第三方组织现场核查合规计划的执行落实情况。同时切实做好企业合规“后半篇文章”，通过上级集团公司直接派遣合规团队介入，督促涉案企业建立用林用地风险防控体系及处理机制，推动出台《合规管理制度》等规章制度，帮助涉案企业和员工树立合规意识，筑牢绿色可持续发展理念。

3. 延伸监督职能，实现行业合规治理。企业合规的最终目是让企业“活下来”“留得住”“经营得好”。繁昌区检察院在依法对 C 公司和蔡某某等涉案人员作出不起诉决定后，充分总结该案暴露的行业治理问题，向行业主管部门制发检察建议，推动“个案合规”向“行业合规”延伸。行业主管部门根据检察机关的建议，在深入辖区内企业开展专项检查的基础上，召开全区矿山开采行业专题会议，通报 C 公司案件情况，要求各相关企业完善配套机制，强化制度执行，并对发现的问题限期整改。检察机关通过 C 公司环保合规案件的办理，推动行业治理，较好地实现了政治效果、法律效果和社会效果的有机统一。

案例五：浙江杭州 T 公司、陈某某等人帮助信息网络犯罪活动案

一、基本案情

杭州 T 网络科技有限公司（以下简称 T 公司）成立于 2017 年，系香港上市公司 D 公司的全资子公司，主营第三方互动式广告平台业务。D 公司旗下“线上用户运营 SaaS”“银行营销 SaaS”“第三方互动式广告平台”三个业务板块均在国内行业领先。T 公司系国家高新技术企业，公司业务发展迅速，现有员工 300 余人，累计纳税超亿元，拥有多项国家专利，先后荣获诸多政府和行业荣誉奖项。陈某某等 12 人分别为 T 公司的实际控制人、主管人员、业务员。

2017 年,T 公司发现其互动广告业务中部分代理商可能存在发布彩票广告和疑似涉赌信息的情形,但为提升公司经营业绩,兼任 T 公司、D 公司董事长的犯罪嫌疑人陈某某与时任公司总裁黎某某等人商定,仍由 T 公司销售部人员对接相关代理商,商谈投放费用;运营部人员落实广告投放平台、投放时间、投放区域,采用直推或加粉方式向网络平台推送广告及后续维护;商务部人员在网络平台购买广告位进行发布,处理投诉和相关舆情;风控部人员对已上线广告明显为赌博页面的及时予以下架,规避查处。案发后,T 公司第一时间下架所有该类型广告,并主动退出 1350 万元非法获利。

2021 年 5 月 13 日,西湖区检察院依法受理了犯罪嫌疑单位 T 公司、犯罪嫌疑人陈某某等 12 人帮助信息网络犯罪活动罪一案。针对该案是否涉嫌开设赌场罪的共同犯罪问题,检察机关审查认为,T 公司、陈某某等人与上游犯罪分子没有共谋或默认的共同故意,也未实施共同的犯罪行为,没有直接从上游犯罪行为中获取高额利益,在侦查机关未能对上游赌博平台进行查证的情况下,不宜认定 T 公司、陈某某等人与上游被帮助人存在积极的意思联络,案件以帮助信息网络犯罪活动罪定性较为适宜。经开展社会调查,检察机关综合考虑各种因素,于 2022 年 2 月决定对 T 公司启动涉案企业合规考察。在 T 公司完成有效合规整改后,2022 年 9 月,西湖区检察院依法对犯罪嫌疑单位 T 公司、犯罪嫌疑人陈某某等 12 人作出不起诉决定。

二、企业合规整改情况及效果

一是精心审查,充分论证确保合规考察的必要性。案件移送审查起诉后,西湖区检察院多次实地走访企业,调查企业规模以及实际经营状况,听取企业在案发至移送审查起诉期间的整改情况汇报。经深入了解,T 公司作为一家成长型科技企业,规模发展迅速,管理层及员工普遍存在重业绩增长轻法律风险等问题,且公司在停止违法行为后,其业绩稳中向好,具备合规整改的基础和意义。西湖区检察院与监管部门、上级检察院开展共同研判,考虑到公司发展前景较好,涉案业务比重小,主要业务运营合法,结合管理层主动停止违法行为着手合规整改的情况,在对其提交的合规申请、整改计划等材料认真审查后,决定对该公司开展合规考察。

二是精准施策,多管齐下确保合规方案的科学性。决定对涉案企业开展合规考察后,西湖区检察院根据企业特点,科学选任第三方组织,邀请省、市两级检察院参与并实际指导企业的合规整改工作,充分研究并提出整改方向和建议。一方面，指导企业深入剖析涉案原因：公司高速发展的业绩压力使管理层忽视了合规治理的重要性，导致内部风险管理水平与业务体量不匹配；广告审核制度不完善、线上风控技术能力较弱，内部核心岗位人员权责不明，制度建设未落实，人力及预算投入不够造成审核力度不足等。另一方面，指导企业制订合规整改方案：成立合规委员会，制定《T 公司合规委员会章程》，避免管理者个人意志左右公司合规决策；创制《合规事项异议处理办法》《员工奖惩制度细则》《合规监察举报办法》，建立四级合规异议制度，初步形成体系性的日常合规事项管理制度；强化广告业务审核，对内全面更新广告业务内容审核，对外创设广告主身份认证规范，充分落实监管责任，避免第三方代理商及广告主违规发布不符合法律规定的广告；落实技术合规目标，加大技术研发投入，创设一系列广告落地页监控手段，针对违法广告开发了系列技术专利；加强内部人员合规意识，通过合规培训、警示教育、合规专项月等形式，强化“人人合规、事事合规”意识。

三是精细考察，多方评定确保审查结果的公正性。合规考察期间，公司“一周一汇报、一月一总结”，及时解决整改中的问题。2022 年 5 月考察期满后，第三方组织认为 T 公司按要求完成合规整改计划，评定合规整改合格。西湖区检察院经过事后走访、现场验收等方式对该结果予以充分审查。为保障涉案企业及时复工复产，同年 9 月，西湖区检察院组织公开听证会，邀请省人大代表、人民监督员、工商联代表、第三方组织成员等参加或旁听。经评议，与会人员对 T 公司合规整改成效充分肯定，一致同意检察机关对 T 公司及涉案人员依法作出不起诉决定。

四是精良治理，系统防范新业态伴随的法律风险，确保企业发展的持续性。西湖区检察院通过办案发现，浙江数字经济发达，部分新业态常常游走在法律边缘，相关案件类型新、争议大，如果在企业违法犯罪之后再行治理，多是“亡羊补牢”，也不可避免对企业发展产生不利影响。为此，西湖区检察院根据本地数字经济产业聚集的实际，推动相关部门共同探索企业事前合规，主动联合该区九个部门研究出台《西湖区预防性企业合规监督评估机制的意见（试行）》，横向联动形成合力，以“我管”促“都管”，对有刑事风险的企业进行事先预警和评估。同时，注重强化行业系统治理，以《个人信息保护法》和《数据安全法》颁布实施为契机，牵头相关职能部门深入调研论证，制定出台了《西湖区企业数据合规指引》，创建企业数据刑事合规通道，助力企业依法合规经营。

三、典型意义

1. 强化能动履职，深入推进企业整改。检察机关从个案出发，考虑涉案企业系辖区重点培育企业，公司规模较大、员工达千余人，所涉犯罪涉及公司部分业务，罪名反映问题较新等诸多因素，从维护社会稳定、促进企业经营发展、保障劳动力就业等公共利益角度综合考虑决定对涉案企业开展合规整改。检察机关将企业合规与认罪认罚从宽制度、不起诉制度融合推进，督促企业重新审视经营流程和机制漏洞，引导企业从源头上完善内部管理体系。

2. 选好第三方组织，确保监督评估效果。第三方组织承担对涉案企业的调查、监督、评估、考核等职责，其专业人员库能否用好，直接关系第三方监督评估的实际效果。该涉案企业存在互联网企业营运模式的专业化特征，且本案又涉互联网广告运营这一特殊领域，检察机关基于涉案合规业务的特性，组建由浙江大学网络安全学术专家、行政主管机关领导、广告业内专家、法律实务专家等组成的第三方监督评估组织。在行政主管的政策引导和业务专家的技术支撑下，合规指导精准有力。

3. 针对犯罪成因的专项合规计划辅之以技术监管，形成行业合规示范效应。该案中，针对广告主身份认证这一关键问题，检察机关和第三方监督评估组要求涉案企业克服困难坚决整改到位，在管好自己的同时也要管理好合作伙伴。通过"制度构建 + 技术升级"，涉案企业初步建立了刑事合规管理体系，一方面，通过对合作伙伴的管理，在一定程度上净化了行业风气；另一方面，也通过技术提升，在违法广告的巡查、筛选方面提出了六项专利权申请，将作弊监测系统、防篡改系统、自动审核系统、异常排查系统等技术手段应用于涉互联网广告行业相关企业，以点带面，有效推动行业良性发展。

4. 强化诉源治理，助力数字经济发展。办案检察机关通过联合相关部门搭建平台、整合数据、对有刑事风险的科创企业进行事先预警评估，督促开展合规整改，探索建立适度容错机制，有效激发了市场主体活力。同时，通过制发数据合规指引，引导企业自主构建数据合规管理、运行、保障和处置体系，强化企业数据安全保障意识和犯罪预防意识，实现"惩""防""治"工作的一体化开展，较好地推动了末端处理与前端治理的有机融合，有力促进了区域数字经济健康发展，彰显了检察担当。

附录 部分常用劳动法律法规

中华人民共和国劳动法

（1994 年 7 月 5 日第八届全国人民代表大会常务委员会第八次会议通过　根据2009 年 8 月 27 日第十一届全国人民代表大会常务委员会第十次会议《关于修改部分法律的决定》第一次修正　根据 2018 年 12 月 29 日第十三届全国人民代表大会常务委员会第七次会议《关于修改〈中华人民共和国劳动法〉等七部法律的决定》第二次修正）

目　　录

第十三章 附 则

第一章 总 则

第一条 为了保护劳动者的合法权益,调整劳动关系,建立和维护适应社会主义市场经济的劳动制度,促进经济发展和社会进步,根据宪法,制定本法。

第二条 在中华人民共和国境内的企业、个体经济组织(以下统称用人单位)和与之形成劳动关系的劳动者,适用本法。

国家机关、事业组织、社会团体和与之建立劳动合同关系的劳动者,依照本法执行。

第三条 劳动者享有平等就业和选择职业的权利、取得劳动报酬的权利、休息休假的权利、获得劳动安全卫生保护的权利、接受职业技能培训的权利、享受社会保险和福利的权利、提请劳动争议处理的权利以及法律规定的其他劳动权利。

劳动者应当完成劳动任务,提高职业技能,执行劳动安全卫生规程,遵守劳动纪律和职业道德。

第四条 用人单位应当依法建立和完善规章制度,保障劳动者享有劳动权利和履行劳动义务。

第五条 国家采取各种措施,促进劳动就业,发展职业教育,制定劳动标准,调节社会收入,完善社会保险,协调劳动关系,逐步提高劳动者的生活水平。

第六条 国家提倡劳动者参加社会义务劳动,开展劳动竞赛和合理化建议活动,鼓励和保护劳动者进行科学研究、技术革新和发明创造,表彰和奖励劳动模范和先进工作者。

第七条 劳动者有权依法参加和组织工会。

工会代表和维护劳动者的合法权益,依法独立自主地开展活动。

第八条 劳动者依照法律规定,通过职工大会、职工代表大会或者其他形式,参与民主管理或者就保护劳动者合法权益与用人单位进行平等协商。

第九条 国务院劳动行政部门主管全国劳动工作。

县级以上地方人民政府劳动行政部门主管本行政区域内的劳动工作。

第二章 促进就业

第十条 国家通过促进经济和社会发展,创造就业条件,扩大就业机会。

国家鼓励企业、事业组织、社会团体在法律、行政法规规定的范围内兴办产业或者拓展经营,增加就业。

国家支持劳动者自愿组织起来就业和从事个体经营实现就业。

第十一条 地方各级人民政府应当采取措施,发展多种类型的职业介绍机构,提供就业服务。

第十二条 劳动者就业,不因民族、种族、性别、宗教信仰不同而受歧视。

第十三条 妇女享有与男子平等的就业权利。在录用职工时,除国家规定的不适合妇女的工种或者岗位外,不得以性别为由拒绝录用妇女或者提高对妇女的录用标准。

第十四条 残疾人、少数民族人员、退出现役的军人的就业,法律、法规有特别规定的,从其规定。

第十五条 禁止用人单位招用未满十六周岁的未成年人。

文艺、体育和特种工艺单位招用未满十六周岁的未成年人,必须遵守国家有关规定,并保障其接受义务教育的权利。

第三章 劳动合同和集体合同

第十六条 劳动合同是劳动者与用人单位确立劳动关系、明确双方权利和义务的协议。

建立劳动关系应当订立劳动合同。

第十七条 订立和变更劳动合同,应当遵循平等自愿、协商一致的原则,不得违反法律、行政法规的规定。

劳动合同依法订立即具有法律约束力,当事人必须履行劳动合同规定的义务。

第十八条 下列劳动合同无效:

(一)违反法律、行政法规的劳动合同;

(二)采取欺诈、威胁等手段订立的劳动合同。

无效的劳动合同,从订立的时候起,就没有法律约束力。确认劳动合同部分无效的,如果不影响其余部分的效力,其余部分仍然有效。

劳动合同的无效,由劳动争议仲裁委员会或者人民法院确认。

第十九条 劳动合同应当以书面形式订立,并具备以下条款:

(一)劳动合同期限;

（二）工作内容；

（三）劳动保护和劳动条件；

（四）劳动报酬；

（五）劳动纪律；

（六）劳动合同终止的条件；

（七）违反劳动合同的责任。

劳动合同除前款规定的必备条款外，当事人可以协商约定其他内容。

第二十条 劳动合同的期限分为有固定期限、无固定期限和以完成一定的工作为期限。

劳动者在同一用人单位连续工作满十年以上，当事人双方同意续延劳动合同的，如果劳动者提出订立无固定期限的劳动合同，应当订立无固定期限的劳动合同。

第二十一条 劳动合同可以约定试用期。试用期最长不得超过六个月。

第二十二条 劳动合同当事人可以在劳动合同中约定保守用人单位商业秘密的有关事项。

第二十三条 劳动合同期满或者当事人约定的劳动合同终止条件出现，劳动合同即行终止。

第二十四条 经劳动合同当事人协商一致，劳动合同可以解除。

第二十五条 劳动者有下列情形之一的，用人单位可以解除劳动合同：

（一）在试用期间被证明不符合录用条件的；

（二）严重违反劳动纪律或者用人单位规章制度的；

（三）严重失职，营私舞弊，对用人单位利益造成重大损害的；

（四）被依法追究刑事责任的。

第二十六条 有下列情形之一的，用人单位可以解除劳动合同，但是应当提前三十日以书面形式通知劳动者本人：

（一）劳动者患病或者非因工负伤，医疗期满后，不能从事原工作也不能从事由用人单位另行安排的工作的；

（二）劳动者不能胜任工作，经过培训或者调整工作岗位，仍不能胜任工作的；

（三）劳动合同订立时所依据的客观情况发生重大变化，致使原劳动合同无法履行，经当事人协商不能就变更劳动合同达成协议的。

第二十七条 用人单位濒临破产进行法定整顿期间或者生产经营状况发生严重困难,确需裁减人员的,应当提前三十日向工会或者全体职工说明情况,听取工会或者职工的意见,经向劳动行政部门报告后,可以裁减人员。

用人单位依据本条规定裁减人员,在六个月内录用人员的,应当优先录用被裁减的人员。

第二十八条 用人单位依据本法第二十四条、第二十六条、第二十七条的规定解除劳动合同的,应当依照国家有关规定给予经济补偿。

第二十九条 劳动者有下列情形之一的,用人单位不得依据本法第二十六条、第二十七条的规定解除劳动合同:

(一)患职业病或者因工负伤并被确认丧失或者部分丧失劳动能力的;

(二)患病或者负伤,在规定的医疗期内的;

(三)女职工在孕期、产期、哺乳期内的;

(四)法律、行政法规规定的其他情形。

第三十条 用人单位解除劳动合同,工会认为不适当的,有权提出意见。如果用人单位违反法律、法规或者劳动合同,工会有权要求重新处理;劳动者申请仲裁或者提起诉讼的,工会应当依法给予支持和帮助。

第三十一条 劳动者解除劳动合同,应当提前三十日以书面形式通知用人单位。

第三十二条 有下列情形之一的,劳动者可以随时通知用人单位解除劳动合同:

(一)在试用期内的;

(二)用人单位以暴力、威胁或者非法限制人身自由的手段强迫劳动的;

(三)用人单位未按照劳动合同约定支付劳动报酬或者提供劳动条件的。

第三十三条 企业职工一方与企业可以就劳动报酬、工作时间、休息休假、劳动安全卫生、保险福利等事项,签订集体合同。集体合同草案应当提交职工代表大会或者全体职工讨论通过。

集体合同由工会代表职工与企业签订;没有建立工会的企业,由职工推举的代表与企业签订。

第三十四条 集体合同签订后应当报送劳动行政部门;劳动行政部门自收到集体合同文本之日起十五日内未提出异议的,集体合同即行生效。

第三十五条 依法签订的集体合同对企业和企业全体职工具有约束力。

职工个人与企业订立的劳动合同中劳动条件和劳动报酬等标准不得低于集体合同的规定。

第四章　工作时间和休息休假

第三十六条　国家实行劳动者每日工作时间不超过八小时、平均每周工作时间不超过四十四小时的工时制度。

第三十七条　对实行计件工作的劳动者，用人单位应当根据本法第三十六条规定的工时制度合理确定其劳动定额和计件报酬标准。

第三十八条　用人单位应当保证劳动者每周至少休息一日。

第三十九条　企业因生产特点不能实行本法第三十六条、第三十八条规定的，经劳动行政部门批准，可以实行其他工作和休息办法。

第四十条　用人单位在下列节日期间应当依法安排劳动者休假：

（一）元旦；

（二）春节；

（三）国际劳动节；

（四）国庆节；

（五）法律、法规规定的其他休假节日。

第四十一条　用人单位由于生产经营需要，经与工会和劳动者协商后可以延长工作时间，一般每日不得超过一小时；因特殊原因需要延长工作时间的，在保障劳动者身体健康的条件下延长工作时间每日不得超过三小时，但是每月不得超过三十六小时。

第四十二条　有下列情形之一的，延长工作时间不受本法第四十一条规定的限制：

（一）发生自然灾害、事故或者因其他原因，威胁劳动者生命健康和财产安全，需要紧急处理的；

（二）生产设备、交通运输线路、公共设施发生故障，影响生产和公众利益，必须及时抢修的；

（三）法律、行政法规规定的其他情形。

第四十三条　用人单位不得违反本法规定延长劳动者的工作时间。

第四十四条　有下列情形之一的，用人单位应当按照下列标准支付高于劳动者正常工作时间工资的工资报酬：

（一）安排劳动者延长工作时间的，支付不低于工资的百分之一百五十的工资报酬；

（二）休息日安排劳动者工作又不能安排补休的，支付不低于工资的百分之二百的工资报酬；

（三）法定休假日安排劳动者工作的，支付不低于工资的百分之三百的工资报酬。

第四十五条 国家实行带薪年休假制度。

劳动者连续工作一年以上的，享受带薪年休假。具体办法由国务院规定。

第五章 工　　资

第四十六条 工资分配应当遵循按劳分配原则，实行同工同酬。

工资水平在经济发展的基础上逐步提高。国家对工资总量实行宏观调控。

第四十七条 用人单位根据本单位的生产经营特点和经济效益，依法自主确定本单位的工资分配方式和工资水平。

第四十八条 国家实行最低工资保障制度。最低工资的具体标准由省、自治区、直辖市人民政府规定，报国务院备案。

用人单位支付劳动者的工资不得低于当地最低工资标准。

第四十九条 确定和调整最低工资标准应当综合参考下列因素：

（一）劳动者本人及平均赡养人口的最低生活费用；

（二）社会平均工资水平；

（三）劳动生产率；

（四）就业状况；

（五）地区之间经济发展水平的差异。

第五十条 工资应当以货币形式按月支付给劳动者本人。不得克扣或者无故拖欠劳动者的工资。

第五十一条 劳动者在法定休假日和婚丧假期间以及依法参加社会活动期间，用人单位应当依法支付工资。

第六章 劳动安全卫生

第五十二条 用人单位必须建立、健全劳动安全卫生制度，严格执行国家劳动安全卫生规程和标准，对劳动者进行劳动安全卫生教育，防止劳动过程中的事故,减少职业危害。

第五十三条 劳动安全卫生设施必须符合国家规定的标准。

新建、改建、扩建工程的劳动安全卫生设施必须与主体工程同时设计、同时施工、同时投入生产和使用。

第五十四条 用人单位必须为劳动者提供符合国家规定的劳动安全卫生条件和必要的劳动防护用品,对从事有职业危害作业的劳动者应当定期进行健康检查。

第五十五条 从事特种作业的劳动者必须经过专门培训并取得特种作业资格。

第五十六条 劳动者在劳动过程中必须严格遵守安全操作规程。

劳动者对用人单位管理人员违章指挥、强令冒险作业,有权拒绝执行;对危害生命安全和身体健康的行为,有权提出批评、检举和控告。

第五十七条 国家建立伤亡事故和职业病统计报告和处理制度。县级以上各级人民政府劳动行政部门、有关部门和用人单位应当依法对劳动者在劳动过程中发生的伤亡事故和劳动者的职业病状况,进行统计、报告和处理。

第七章 女职工和未成年工特殊保护

第五十八条 国家对女职工和未成年工实行特殊劳动保护。

未成年工是指年满十六周岁未满十八周岁的劳动者。

第五十九条 禁止安排女职工从事矿山井下、国家规定的第四级体力劳动强度的劳动和其他禁忌从事的劳动。

第六十条 不得安排女职工在经期从事高处、低温、冷水作业和国家规定的第三级体力劳动强度的劳动。

第六十一条 不得安排女职工在怀孕期间从事国家规定的第三级体力劳动强度的劳动和孕期禁忌从事的劳动。对怀孕七个月以上的女职工,不得安排其延长工作时间和夜班劳动。

第六十二条 女职工生育享受不少于九十天的产假。

第六十三条 不得安排女职工在哺乳未满一周岁的婴儿期间从事国家规定的第三级体力劳动强度的劳动和哺乳期禁忌从事的其他劳动,不得安排其延长工作时间和夜班劳动。

第六十四条 不得安排未成年工从事矿山井下、有毒有害、国家规定的第四级体力劳动强度的劳动和其他禁忌从事的劳动。

第六十五条 用人单位应当对未成年工定期进行健康检查。

第八章 职业培训

第六十六条 国家通过各种途径,采取各种措施,发展职业培训事业,开发劳动者的职业技能,提高劳动者素质,增强劳动者的就业能力和工作能力。

第六十七条 各级人民政府应当把发展职业培训纳入社会经济发展的规划,鼓励和支持有条件的企业、事业组织、社会团体和个人进行各种形式的职业培训。

第六十八条 用人单位应当建立职业培训制度,按照国家规定提取和使用职业培训经费,根据本单位实际,有计划地对劳动者进行职业培训。

从事技术工种的劳动者,上岗前必须经过培训。

第六十九条 国家确定职业分类,对规定的职业制定职业技能标准,实行职业资格证书制度,由经备案的考核鉴定机构负责对劳动者实施职业技能考核鉴定。

第九章 社会保险和福利

第七十条 国家发展社会保险事业,建立社会保险制度,设立社会保险基金,使劳动者在年老、患病、工伤、失业、生育等情况下获得帮助和补偿。

第七十一条 社会保险水平应当与社会经济发展水平和社会承受能力相适应。

第七十二条 社会保险基金按照保险类型确定资金来源,逐步实行社会统筹。用人单位和劳动者必须依法参加社会保险,缴纳社会保险费。

第七十三条 劳动者在下列情形下,依法享受社会保险待遇:

(一)退休;

(二)患病、负伤;

(三)因工伤残或者患职业病;

(四)失业;

(五)生育。

劳动者死亡后,其遗属依法享受遗属津贴。

劳动者享受社会保险待遇的条件和标准由法律、法规规定。

劳动者享受的社会保险金必须按时足额支付。

第七十四条　社会保险基金经办机构依照法律规定收支、管理和运营社会保险基金,并负有使社会保险基金保值增值的责任。

社会保险基金监督机构依照法律规定,对社会保险基金的收支、管理和运营实施监督。

社会保险基金经办机构和社会保险基金监督机构的设立和职能由法律规定。

任何组织和个人不得挪用社会保险基金。

第七十五条　国家鼓励用人单位根据本单位实际情况为劳动者建立补充保险。

国家提倡劳动者个人进行储蓄性保险。

第七十六条　国家发展社会福利事业,兴建公共福利设施,为劳动者休息、休养和疗养提供条件。

用人单位应当创造条件,改善集体福利,提高劳动者的福利待遇。

第十章　劳动争议

第七十七条　用人单位与劳动者发生劳动争议,当事人可以依法申请调解、仲裁、提起诉讼,也可以协商解决。

调解原则适用于仲裁和诉讼程序。

第七十八条　解决劳动争议,应当根据合法、公正、及时处理的原则,依法维护劳动争议当事人的合法权益。

第七十九条　劳动争议发生后,当事人可以向本单位劳动争议调解委员会申请调解;调解不成,当事人一方要求仲裁的,可以向劳动争议仲裁委员会申请仲裁。当事人一方也可以直接向劳动争议仲裁委员会申请仲裁。对仲裁裁决不服的,可以向人民法院提起诉讼。

第八十条　在用人单位内,可以设立劳动争议调解委员会。劳动争议调解委员会由职工代表、用人单位代表和工会代表组成。劳动争议调解委员会主任由工会代表担任。

劳动争议经调解达成协议的,当事人应当履行。

第八十一条　劳动争议仲裁委员会由劳动行政部门代表、同级工会代表、用人单位方面的代表组成。劳动争议仲裁委员会主任由劳动行政部门代表担任。

第八十二条 提出仲裁要求的一方应当自劳动争议发生之日起六十日内向劳动争议仲裁委员会提出书面申请。仲裁裁决一般应在收到仲裁申请的六十日内作出。对仲裁裁决无异议的,当事人必须履行。

第八十三条 劳动争议当事人对仲裁裁决不服的,可以自收到仲裁裁决书之日起十五日内向人民法院提起诉讼。一方当事人在法定期限内不起诉又不履行仲裁裁决的,另一方当事人可以申请人民法院强制执行。

第八十四条 因签订集体合同发生争议,当事人协商解决不成的,当地人民政府劳动行政部门可以组织有关各方协调处理。

因履行集体合同发生争议,当事人协商解决不成的,可以向劳动争议仲裁委员会申请仲裁;对仲裁裁决不服的,可以自收到仲裁裁决书之日起十五日内向人民法院提起诉讼。

第十一章 监督检查

第八十五条 县级以上各级人民政府劳动行政部门依法对用人单位遵守劳动法律、法规的情况进行监督检查,对违反劳动法律、法规的行为有权制止,并责令改正。

第八十六条 县级以上各级人民政府劳动行政部门监督检查人员执行公务,有权进入用人单位了解执行劳动法律、法规的情况,查阅必要的资料,并对劳动场所进行检查。

县级以上各级人民政府劳动行政部门监督检查人员执行公务,必须出示证件,秉公执法并遵守有关规定。

第八十七条 县级以上各级人民政府有关部门在各自职责范围内,对用人单位遵守劳动法律、法规的情况进行监督。

第八十八条 各级工会依法维护劳动者的合法权益,对用人单位遵守劳动法律、法规的情况进行监督。

任何组织和个人对于违反劳动法律、法规的行为有权检举和控告。

第十二章 法律责任

第八十九条 用人单位制定的劳动规章制度违反法律、法规规定的,由劳动行政部门给予警告,责令改正;对劳动者造成损害的,应当承担赔偿责任。

第九十条　用人单位违反本法规定，延长劳动者工作时间的，由劳动行政部门给予警告，责令改正，并可以处以罚款。

第九十一条　用人单位有下列侵害劳动者合法权益情形之一的，由劳动行政部门责令支付劳动者的工资报酬、经济补偿，并可以责令支付赔偿金：

（一）克扣或者无故拖欠劳动者工资的；

（二）拒不支付劳动者延长工作时间工资报酬的；

（三）低于当地最低工资标准支付劳动者工资的；

（四）解除劳动合同后，未依照本法规定给予劳动者经济补偿的。

第九十二条　用人单位的劳动安全设施和劳动卫生条件不符合国家规定或者未向劳动者提供必要的劳动防护用品和劳动保护设施的，由劳动行政部门或者有关部门责令改正，可以处以罚款；情节严重的，提请县级以上人民政府决定责令停产整顿；对事故隐患不采取措施，致使发生重大事故，造成劳动者生命和财产损失的，对责任人员依照刑法有关规定追究刑事责任。

第九十三条　用人单位强令劳动者违章冒险作业，发生重大伤亡事故，造成严重后果的，对责任人员依法追究刑事责任。

第九十四条　用人单位非法招用未满十六周岁的未成年人的，由劳动行政部门责令改正，处以罚款；情节严重的，由市场监督管理部门吊销营业执照。

第九十五条　用人单位违反本法对女职工和未成年工的保护规定，侵害其合法权益的，由劳动行政部门责令改正，处以罚款；对女职工或者未成年工造成损害的，应当承担赔偿责任。

第九十六条　用人单位有下列行为之一，由公安机关对责任人员处以十五日以下拘留、罚款或者警告；构成犯罪的，对责任人员依法追究刑事责任：

（一）以暴力、威胁或者非法限制人身自由的手段强迫劳动的；

（二）侮辱、体罚、殴打、非法搜查和拘禁劳动者的。

第九十七条　由于用人单位的原因订立的无效合同，对劳动者造成损害的，应当承担赔偿责任。

第九十八条　用人单位违反本法规定的条件解除劳动合同或者故意拖延不订立劳动合同的，由劳动行政部门责令改正；对劳动者造成损害的，应当承担赔偿责任。

第九十九条　用人单位招用尚未解除劳动合同的劳动者，对原用人单位造成经济损失的，该用人单位应当依法承担连带赔偿责任。

第一百条 用人单位无故不缴纳社会保险费的,由劳动行政部门责令其限期缴纳;逾期不缴的,可以加收滞纳金。

第一百零一条 用人单位无理阻挠劳动行政部门、有关部门及其工作人员行使监督检查权,打击报复举报人员的,由劳动行政部门或者有关部门处以罚款;构成犯罪的,对责任人员依法追究刑事责任。

第一百零二条 劳动者违反本法规定的条件解除劳动合同或者违反劳动合同中约定的保密事项,对用人单位造成经济损失的,应当依法承担赔偿责任。

第一百零三条 劳动行政部门或者有关部门的工作人员滥用职权、玩忽职守、徇私舞弊,构成犯罪的,依法追究刑事责任;不构成犯罪的,给予行政处分。

第一百零四条 国家工作人员和社会保险基金经办机构的工作人员挪用社会保险基金,构成犯罪的,依法追究刑事责任。

第一百零五条 违反本法规定侵害劳动者合法权益,其他法律、行政法规已规定处罚的,依照该法律、行政法规的规定处罚。

第十三章 附　　则

第一百零六条 省、自治区、直辖市人民政府根据本法和本地区的实际情况,规定劳动合同制度的实施步骤,报国务院备案。

第一百零七条 本法自 1995 年 1 月 1 日起施行。

中华人民共和国劳动合同法

(2007 年 6 月 29 日第十届全国人民代表大会常务委员会第二十八次会议通过　根据 2012 年 12 月 28 日第十一届全国人民代表大会常务委员会第三十次会议《关于修改〈中华人民共和国劳动合同法〉的决定》修正)

目　　录

第一章 总 则

第一条 为了完善劳动合同制度，明确劳动合同双方当事人的权利和义务，保护劳动者的合法权益，构建和发展和谐稳定的劳动关系，制定本法。

第二条 中华人民共和国境内的企业、个体经济组织、民办非企业单位等组织（以下称用人单位）与劳动者建立劳动关系，订立、履行、变更、解除或者终止劳动合同，适用本法。

国家机关、事业单位、社会团体和与其建立劳动关系的劳动者，订立、履行、变更、解除或者终止劳动合同，依照本法执行。

第三条 订立劳动合同，应当遵循合法、公平、平等自愿、协商一致、诚实信用的原则。

依法订立的劳动合同具有约束力，用人单位与劳动者应当履行劳动合同约定的义务。

第四条 用人单位应当依法建立和完善劳动规章制度，保障劳动者享有劳动权利、履行劳动义务。

用人单位在制定、修改或者决定有关劳动报酬、工作时间、休息休假、劳动安全卫生、保险福利、职工培训、劳动纪律以及劳动定额管理等直接涉及劳动者切身利益的规章制度或者重大事项时，应当经职工代表大会或者全体职工讨论，提出方案和意见，与工会或者职工代表平等协商确定。

在规章制度和重大事项决定实施过程中，工会或者职工认为不适当的，有权向用人单位提出，通过协商予以修改完善。

用人单位应当将直接涉及劳动者切身利益的规章制度和重大事项决定公

示，或者告知劳动者。

第五条 县级以上人民政府劳动行政部门会同工会和企业方面代表，建立健全协调劳动关系三方机制，共同研究解决有关劳动关系的重大问题。

第六条 工会应当帮助、指导劳动者与用人单位依法订立和履行劳动合同，并与用人单位建立集体协商机制，维护劳动者的合法权益。

第二章 劳动合同的订立

第七条 用人单位自用工之日起即与劳动者建立劳动关系。用人单位应当建立职工名册备查。

第八条 用人单位招用劳动者时，应当如实告知劳动者工作内容、工作条件、工作地点、职业危害、安全生产状况、劳动报酬，以及劳动者要求了解的其他情况；用人单位有权了解劳动者与劳动合同直接相关的基本情况，劳动者应当如实说明。

第九条 用人单位招用劳动者，不得扣押劳动者的居民身份证和其他证件，不得要求劳动者提供担保或者以其他名义向劳动者收取财物。

第十条 建立劳动关系，应当订立书面劳动合同。

已建立劳动关系，未同时订立书面劳动合同的，应当自用工之日起一个月内订立书面劳动合同。

用人单位与劳动者在用工前订立劳动合同的，劳动关系自用工之日起建立。

第十一条 用人单位未在用工的同时订立书面劳动合同，与劳动者约定的劳动报酬不明确的，新招用的劳动者的劳动报酬按照集体合同规定的标准执行；没有集体合同或者集体合同未规定的，实行同工同酬。

第十二条 劳动合同分为固定期限劳动合同、无固定期限劳动合同和以完成一定工作任务为期限的劳动合同。

第十三条 固定期限劳动合同，是指用人单位与劳动者约定合同终止时间的劳动合同。

用人单位与劳动者协商一致，可以订立固定期限劳动合同。

第十四条 无固定期限劳动合同，是指用人单位与劳动者约定无确定终止时间的劳动合同。

用人单位与劳动者协商一致，可以订立无固定期限劳动合同。有下列情形

之一,劳动者提出或者同意续订、订立劳动合同的,除劳动者提出订立固定期限劳动合同外,应当订立无固定期限劳动合同:

(一)劳动者在该用人单位连续工作满十年的;

(二)用人单位初次实行劳动合同制度或者国有企业改制重新订立劳动合同时,劳动者在该用人单位连续工作满十年且距法定退休年龄不足十年的;

(三)连续订立二次固定期限劳动合同,且劳动者没有本法第三十九条和第四十条第一项、第二项规定的情形,续订劳动合同的。

用人单位自用工之日起满一年不与劳动者订立书面劳动合同的,视为用人单位与劳动者已订立无固定期限劳动合同。

第十五条　以完成一定工作任务为期限的劳动合同,是指用人单位与劳动者约定以某项工作的完成为合同期限的劳动合同。

用人单位与劳动者协商一致,可以订立以完成一定工作任务为期限的劳动合同。

第十六条　劳动合同由用人单位与劳动者协商一致,并经用人单位与劳动者在劳动合同文本上签字或者盖章生效。

劳动合同文本由用人单位和劳动者各执一份。

第十七条　劳动合同应当具备以下条款:

(一)用人单位的名称、住所和法定代表人或者主要负责人;

(二)劳动者的姓名、住址和居民身份证或者其他有效身份证件号码;

(三)劳动合同期限;

(四)工作内容和工作地点;

(五)工作时间和休息休假;

(六)劳动报酬;

(七)社会保险;

(八)劳动保护、劳动条件和职业危害防护;

(九)法律、法规规定应当纳入劳动合同的其他事项。

劳动合同除前款规定的必备条款外,用人单位与劳动者可以约定试用期、培训、保守秘密、补充保险和福利待遇等其他事项。

第十八条　劳动合同对劳动报酬和劳动条件等标准约定不明确,引发争议的,用人单位与劳动者可以重新协商;协商不成的,适用集体合同规定;没有集体合同或者集体合同未规定劳动报酬的,实行同工同酬;没有集体合同或者集体合同未规定劳动条件等标准的,适用国家有关规定。

第十九条 劳动合同期限三个月以上不满一年的,试用期不得超过一个月;劳动合同期限一年以上不满三年的,试用期不得超过二个月;三年以上固定期限和无固定期限的劳动合同,试用期不得超过六个月。

同一用人单位与同一劳动者只能约定一次试用期。

以完成一定工作任务为期限的劳动合同或者劳动合同期限不满三个月的,不得约定试用期。

试用期包含在劳动合同期限内。劳动合同仅约定试用期的,试用期不成立,该期限为劳动合同期限。

第二十条 劳动者在试用期的工资不得低于本单位相同岗位最低档工资或者劳动合同约定工资的百分之八十,并不得低于用人单位所在地的最低工资标准。

第二十一条 在试用期中,除劳动者有本法第三十九条和第四十条第一项、第二项规定的情形外,用人单位不得解除劳动合同。用人单位在试用期解除劳动合同的,应当向劳动者说明理由。

第二十二条 用人单位为劳动者提供专项培训费用,对其进行专业技术培训的,可以与该劳动者订立协议,约定服务期。

劳动者违反服务期约定的,应当按照约定向用人单位支付违约金。违约金的数额不得超过用人单位提供的培训费用。用人单位要求劳动者支付的违约金不得超过服务期尚未履行部分所应分摊的培训费用。

用人单位与劳动者约定服务期的,不影响按照正常的工资调整机制提高劳动者在服务期期间的劳动报酬。

第二十三条 用人单位与劳动者可以在劳动合同中约定保守用人单位的商业秘密和与知识产权相关的保密事项。

对负有保密义务的劳动者,用人单位可以在劳动合同或者保密协议中与劳动者约定竞业限制条款,并约定在解除或者终止劳动合同后,在竞业限制期限内按月给予劳动者经济补偿。劳动者违反竞业限制约定的,应当按照约定向用人单位支付违约金。

第二十四条 竞业限制的人员限于用人单位的高级管理人员、高级技术人员和其他负有保密义务的人员。竞业限制的范围、地域、期限由用人单位与劳动者约定,竞业限制的约定不得违反法律、法规的规定。

在解除或者终止劳动合同后，前款规定的人员到与本单位生产或者经营同类产品、从事同类业务的有竞争关系的其他用人单位，或者自己开业生产或者经营同类产品、从事同类业务的竞业限制期限，不得超过二年。

第二十五条　除本法第二十二条和第二十三条规定的情形外，用人单位不得与劳动者约定由劳动者承担违约金。

第二十六条　下列劳动合同无效或者部分无效：

（一）以欺诈、胁迫的手段或者乘人之危，使对方在违背真实意思的情况下订立或者变更劳动合同的；

（二）用人单位免除自己的法定责任、排除劳动者权利的；

（三）违反法律、行政法规强制性规定的。

对劳动合同的无效或者部分无效有争议的，由劳动争议仲裁机构或者人民法院确认。

第二十七条　劳动合同部分无效，不影响其他部分效力的，其他部分仍然有效。

第二十八条　劳动合同被确认无效，劳动者已付出劳动的，用人单位应当向劳动者支付劳动报酬。劳动报酬的数额，参照本单位相同或者相近岗位劳动者的劳动报酬确定。

第三章　劳动合同的履行和变更

第二十九条　用人单位与劳动者应当按照劳动合同的约定，全面履行各自的义务。

第三十条　用人单位应当按照劳动合同约定和国家规定，向劳动者及时足额支付劳动报酬。

用人单位拖欠或者未足额支付劳动报酬的，劳动者可以依法向当地人民法院申请支付令，人民法院应当依法发出支付令。

第三十一条　用人单位应当严格执行劳动定额标准，不得强迫或者变相强迫劳动者加班。用人单位安排加班的，应当按照国家有关规定向劳动者支付加班费。

第三十二条　劳动者拒绝用人单位管理人员违章指挥、强令冒险作业的，不视为违反劳动合同。

劳动者对危害生命安全和身体健康的劳动条件，有权对用人单位提出批评、检举和控告。

第三十三条 用人单位变更名称、法定代表人、主要负责人或者投资人等事项，不影响劳动合同的履行。

第三十四条 用人单位发生合并或者分立等情况，原劳动合同继续有效，劳动合同由承继其权利和义务的用人单位继续履行。

第三十五条 用人单位与劳动者协商一致，可以变更劳动合同约定的内容。变更劳动合同，应当采用书面形式。

变更后的劳动合同文本由用人单位和劳动者各执一份。

第四章 劳动合同的解除和终止

第三十六条 用人单位与劳动者协商一致，可以解除劳动合同。

第三十七条 劳动者提前三十日以书面形式通知用人单位，可以解除劳动合同。劳动者在试用期内提前三日通知用人单位，可以解除劳动合同。

第三十八条 用人单位有下列情形之一的，劳动者可以解除劳动合同：

（一）未按照劳动合同约定提供劳动保护或者劳动条件的；

（二）未及时足额支付劳动报酬的；

（三）未依法为劳动者缴纳社会保险费的；

（四）用人单位的规章制度违反法律、法规的规定，损害劳动者权益的；

（五）因本法第二十六条第一款规定的情形致使劳动合同无效的；

（六）法律、行政法规规定劳动者可以解除劳动合同的其他情形。

用人单位以暴力、威胁或者非法限制人身自由的手段强迫劳动者劳动的，或者用人单位违章指挥、强令冒险作业危及劳动者人身安全的，劳动者可以立即解除劳动合同，不需事先告知用人单位。

第三十九条 劳动者有下列情形之一的，用人单位可以解除劳动合同：

（一）在试用期间被证明不符合录用条件的；

（二）严重违反用人单位的规章制度的；

（三）严重失职，营私舞弊，给用人单位造成重大损害的；

（四）劳动者同时与其他用人单位建立劳动关系，对完成本单位的工作任务造成严重影响，或者经用人单位提出，拒不改正的；

（五）因本法第二十六条第一款第一项规定的情形致使劳动合同无效的；

（六）被依法追究刑事责任的。

第四十条　有下列情形之一的，用人单位提前三十日以书面形式通知劳动者本人或者额外支付劳动者一个月工资后，可以解除劳动合同：

（一）劳动者患病或者非因工负伤，在规定的医疗期满后不能从事原工作，也不能从事由用人单位另行安排的工作的；

（二）劳动者不能胜任工作，经过培训或者调整工作岗位，仍不能胜任工作的；

（三）劳动合同订立时所依据的客观情况发生重大变化，致使劳动合同无法履行，经用人单位与劳动者协商，未能就变更劳动合同内容达成协议的。

第四十一条　有下列情形之一，需要裁减人员二十人以上或者裁减不足二十人但占企业职工总数百分之十以上的，用人单位提前三十日向工会或者全体职工说明情况，听取工会或者职工的意见后，裁减人员方案经向劳动行政部门报告，可以裁减人员：

（一）依照企业破产法规定进行重整的；

（二）生产经营发生严重困难的；

（三）企业转产、重大技术革新或者经营方式调整，经变更劳动合同后，仍需裁减人员的；

（四）其他因劳动合同订立时所依据的客观经济情况发生重大变化，致使劳动合同无法履行的。

裁减人员时，应当优先留用下列人员：

（一）与本单位订立较长期限的固定期限劳动合同的；

（二）与本单位订立无固定期限劳动合同的；

（三）家庭无其他就业人员，有需要扶养的老人或者未成年人的。

用人单位依照本条第一款规定裁减人员，在六个月内重新招用人员的，应当通知被裁减的人员，并在同等条件下优先招用被裁减的人员。

第四十二条　劳动者有下列情形之一的，用人单位不得依照本法第四十条、第四十一条的规定解除劳动合同：

（一）从事接触职业病危害作业的劳动者未进行离岗前职业健康检查，或者疑似职业病病人在诊断或者医学观察期间的；

（二）在本单位患职业病或者因工负伤并被确认丧失或者部分丧失劳动能力的；

（三）患病或者非因工负伤，在规定的医疗期内的；

（四）女职工在孕期、产期、哺乳期的；

（五）在本单位连续工作满十五年，且距法定退休年龄不足五年的；

（六）法律、行政法规规定的其他情形。

第四十三条 用人单位单方解除劳动合同，应当事先将理由通知工会。用人单位违反法律、行政法规规定或者劳动合同约定的，工会有权要求用人单位纠正。用人单位应当研究工会的意见，并将处理结果书面通知工会。

第四十四条 有下列情形之一的，劳动合同终止：

（一）劳动合同期满的；

（二）劳动者开始依法享受基本养老保险待遇的；

（三）劳动者死亡，或者被人民法院宣告死亡或者宣告失踪的；

（四）用人单位被依法宣告破产的；

（五）用人单位被吊销营业执照、责令关闭、撤销或者用人单位决定提前解散的；

（六）法律、行政法规规定的其他情形。

第四十五条 劳动合同期满，有本法第四十二条规定情形之一的，劳动合同应当续延至相应的情形消失时终止。但是，本法第四十二条第二项规定丧失或者部分丧失劳动能力劳动者的劳动合同的终止，按照国家有关工伤保险的规定执行。

第四十六条 有下列情形之一的，用人单位应当向劳动者支付经济补偿：

（一）劳动者依照本法第三十八条规定解除劳动合同的；

（二）用人单位依照本法第三十六条规定向劳动者提出解除劳动合同并与劳动者协商一致解除劳动合同的；

（三）用人单位依照本法第四十条规定解除劳动合同的；

（四）用人单位依照本法第四十一条第一款规定解除劳动合同的；

（五）除用人单位维持或者提高劳动合同约定条件续订劳动合同，劳动者不同意续订的情形外，依照本法第四十四条第一项规定终止固定期限劳动合同的；

（六）依照本法第四十四条第四项、第五项规定终止劳动合同的；

（七）法律、行政法规规定的其他情形。

第四十七条 经济补偿按劳动者在本单位工作的年限，每满一年支付一个月工资的标准向劳动者支付。六个月以上不满一年的，按一年计算；不满六个月的，向劳动者支付半个月工资的经济补偿。

劳动者月工资高于用人单位所在直辖市、设区的市级人民政府公布的本地区上年度职工月平均工资三倍的，向其支付经济补偿的标准按职工月平均工资三倍的数额支付，向其支付经济补偿的年限最高不超过十二年。

本条所称月工资是指劳动者在劳动合同解除或者终止前十二个月的平均工资。

第四十八条　用人单位违反本法规定解除或者终止劳动合同，劳动者要求继续履行劳动合同的，用人单位应当继续履行；劳动者不要求继续履行劳动合同或者劳动合同已经不能继续履行的，用人单位应当依照本法第八十七条规定支付赔偿金。

第四十九条　国家采取措施，建立健全劳动者社会保险关系跨地区转移接续制度。

第五十条　用人单位应当在解除或者终止劳动合同时出具解除或者终止劳动合同的证明，并在十五日内为劳动者办理档案和社会保险关系转移手续。

劳动者应当按照双方约定，办理工作交接。用人单位依照本法有关规定应当向劳动者支付经济补偿的，在办结工作交接时支付。

用人单位对已经解除或者终止的劳动合同的文本，至少保存二年备查。

第五章　特别规定

第一节　集体合同

第五十一条　企业职工一方与用人单位通过平等协商，可以就劳动报酬、工作时间、休息休假、劳动安全卫生、保险福利等事项订立集体合同。集体合同草案应当提交职工代表大会或者全体职工讨论通过。

集体合同由工会代表企业职工一方与用人单位订立；尚未建立工会的用人单位，由上级工会指导劳动者推举的代表与用人单位订立。

第五十二条　企业职工一方与用人单位可以订立劳动安全卫生、女职工权益保护、工资调整机制等专项集体合同。

第五十三条　在县级以下区域内，建筑业、采矿业、餐饮服务业等行业可以由工会与企业方面代表订立行业性集体合同，或者订立区域性集体合同。

第五十四条　集体合同订立后，应当报送劳动行政部门；劳动行政部门自收到集体合同文本之日起十五日内未提出异议的，集体合同即行生效。

依法订立的集体合同对用人单位和劳动者具有约束力。行业性、区域性集体合同对当地本行业、本区域的用人单位和劳动者具有约束力。

第五十五条 集体合同中劳动报酬和劳动条件等标准不得低于当地人民政府规定的最低标准;用人单位与劳动者订立的劳动合同中劳动报酬和劳动条件等标准不得低于集体合同规定的标准。

第五十六条 用人单位违反集体合同,侵犯职工劳动权益的,工会可以依法要求用人单位承担责任;因履行集体合同发生争议,经协商解决不成的,工会可以依法申请仲裁、提起诉讼。

第二节 劳务派遣

第五十七条 经营劳务派遣业务应当具备下列条件:

(一)注册资本不得少于人民币二百万元;

(二)有与开展业务相适应的固定的经营场所和设施;

(三)有符合法律、行政法规规定的劳务派遣管理制度;

(四)法律、行政法规规定的其他条件。

经营劳务派遣业务,应当向劳动行政部门依法申请行政许可;经许可的,依法办理相应的公司登记。未经许可,任何单位和个人不得经营劳务派遣业务。

第五十八条 劳务派遣单位是本法所称用人单位,应当履行用人单位对劳动者的义务。劳务派遣单位与被派遣劳动者订立的劳动合同,除应当载明本法第十七条规定的事项外,还应当载明被派遣劳动者的用工单位以及派遣期限、工作岗位等情况。

劳务派遣单位应当与被派遣劳动者订立二年以上的固定期限劳动合同,按月支付劳动报酬;被派遣劳动者在无工作期间,劳务派遣单位应当按照所在地人民政府规定的最低工资标准,向其按月支付报酬。

第五十九条 劳务派遣单位派遣劳动者应当与接受以劳务派遣形式用工的单位(以下称用工单位)订立劳务派遣协议。劳务派遣协议应当约定派遣岗位和人员数量、派遣期限、劳动报酬和社会保险费的数额与支付方式以及违反协议的责任。

用工单位应当根据工作岗位的实际需要与劳务派遣单位确定派遣期限,不得将连续用工期限分割订立数个短期劳务派遣协议。

第六十条 劳务派遣单位应当将劳务派遣协议的内容告知被派遣劳动者。

劳务派遣单位不得克扣用工单位按照劳务派遣协议支付给被派遣劳动者的劳动报酬。

劳务派遣单位和用工单位不得向被派遣劳动者收取费用。

第六十一条　劳务派遣单位跨地区派遣劳动者的,被派遣劳动者享有的劳动报酬和劳动条件,按照用工单位所在地的标准执行。

第六十二条　用工单位应当履行下列义务:

(一)执行国家劳动标准,提供相应的劳动条件和劳动保护;

(二)告知被派遣劳动者的工作要求和劳动报酬;

(三)支付加班费、绩效奖金,提供与工作岗位相关的福利待遇;

(四)对在岗被派遣劳动者进行工作岗位所必需的培训;

(五)连续用工的,实行正常的工资调整机制。

用工单位不得将被派遣劳动者再派遣到其他用人单位。

第六十三条　被派遣劳动者享有与用工单位的劳动者同工同酬的权利。用工单位应当按照同工同酬原则,对被派遣劳动者与本单位同类岗位的劳动者实行相同的劳动报酬分配办法。用工单位无同类岗位劳动者的,参照用工单位所在地相同或者相近岗位劳动者的劳动报酬确定。

劳务派遣单位与被派遣劳动者订立的劳动合同和与用工单位订立的劳务派遣协议,载明或者约定的向被派遣劳动者支付的劳动报酬应当符合前款规定。

第六十四条　被派遣劳动者有权在劳务派遣单位或者用工单位依法参加或者组织工会,维护自身的合法权益。

第六十五条　被派遣劳动者可以依照本法第三十六条、第三十八条的规定与劳务派遣单位解除劳动合同。

被派遣劳动者有本法第三十九条和第四十条第一项、第二项规定情形的,用工单位可以将劳动者退回劳务派遣单位,劳务派遣单位依照本法有关规定,可以与劳动者解除劳动合同。

第六十六条　劳动合同用工是我国的企业基本用工形式。劳务派遣用工是补充形式,只能在临时性、辅助性或者替代性的工作岗位上实施。

前款规定的临时性工作岗位是指存续时间不超过六个月的岗位;辅助性工作岗位是指为主营业务岗位提供服务的非主营业务岗位;替代性工作岗位是指用工单位的劳动者因脱产学习、休假等原因无法工作的一定期间内,可以由其他劳动者替代工作的岗位。

用工单位应当严格控制劳务派遣用工数量，不得超过其用工总量的一定比例，具体比例由国务院劳动行政部门规定。

第六十七条 用人单位不得设立劳务派遣单位向本单位或者所属单位派遣劳动者。

第三节 非全日制用工

第六十八条 非全日制用工，是指以小时计酬为主，劳动者在同一用人单位一般平均每日工作时间不超过四小时，每周工作时间累计不超过二十四小时的用工形式。

第六十九条 非全日制用工双方当事人可以订立口头协议。

从事非全日制用工的劳动者可以与一个或者一个以上用人单位订立劳动合同；但是，后订立的劳动合同不得影响先订立的劳动合同的履行。

第七十条 非全日制用工双方当事人不得约定试用期。

第七十一条 非全日制用工双方当事人任何一方都可以随时通知对方终止用工。终止用工，用人单位不向劳动者支付经济补偿。

第七十二条 非全日制用工小时计酬标准不得低于用人单位所在地人民政府规定的最低小时工资标准。

非全日制用工劳动报酬结算支付周期最长不得超过十五日。

第六章 监督检查

第七十三条 国务院劳动行政部门负责全国劳动合同制度实施的监督管理。

县级以上地方人民政府劳动行政部门负责本行政区域内劳动合同制度实施的监督管理。

县级以上各级人民政府劳动行政部门在劳动合同制度实施的监督管理工作中，应当听取工会、企业方面代表以及有关行业主管部门的意见。

第七十四条 县级以上地方人民政府劳动行政部门依法对下列实施劳动合同制度的情况进行监督检查：

（一）用人单位制定直接涉及劳动者切身利益的规章制度及其执行的情况；

（二）用人单位与劳动者订立和解除劳动合同的情况；

（三）劳务派遣单位和用工单位遵守劳务派遣有关规定的情况；

（四）用人单位遵守国家关于劳动者工作时间和休息休假规定的情况；

（五）用人单位支付劳动合同约定的劳动报酬和执行最低工资标准的情况；

（六）用人单位参加各项社会保险和缴纳社会保险费的情况；

（七）法律、法规规定的其他劳动监察事项。

第七十五条　县级以上地方人民政府劳动行政部门实施监督检查时，有权查阅与劳动合同、集体合同有关的材料，有权对劳动场所进行实地检查，用人单位和劳动者都应当如实提供有关情况和材料。

劳动行政部门的工作人员进行监督检查，应当出示证件，依法行使职权，文明执法。

第七十六条　县级以上人民政府建设、卫生、安全生产监督管理等有关主管部门在各自职责范围内，对用人单位执行劳动合同制度的情况进行监督管理。

第七十七条　劳动者合法权益受到侵害的，有权要求有关部门依法处理，或者依法申请仲裁、提起诉讼。

第七十八条　工会依法维护劳动者的合法权益，对用人单位履行劳动合同、集体合同的情况进行监督。用人单位违反劳动法律、法规和劳动合同、集体合同的，工会有权提出意见或者要求纠正；劳动者申请仲裁、提起诉讼的，工会依法给予支持和帮助。

第七十九条　任何组织或者个人对违反本法的行为都有权举报，县级以上人民政府劳动行政部门应当及时核实、处理，并对举报有功人员给予奖励。

第七章　法律责任

第八十条　用人单位直接涉及劳动者切身利益的规章制度违反法律、法规规定的，由劳动行政部门责令改正，给予警告；给劳动者造成损害的，应当承担赔偿责任。

第八十一条　用人单位提供的劳动合同文本未载明本法规定的劳动合同必备条款或者用人单位未将劳动合同文本交付劳动者的，由劳动行政部门责令改正；给劳动者造成损害的，应当承担赔偿责任。

第八十二条　用人单位自用工之日起超过一个月不满一年未与劳动者订立书面劳动合同的，应当向劳动者每月支付二倍的工资。

用人单位违反本法规定不与劳动者订立无固定期限劳动合同的，自应当订立无固定期限劳动合同之日起向劳动者每月支付二倍的工资。

第八十三条 用人单位违反本法规定与劳动者约定试用期的，由劳动行政部门责令改正；违法约定的试用期已经履行的，由用人单位以劳动者试用期满月工资为标准，按已经履行的超过法定试用期的期间向劳动者支付赔偿金。

第八十四条 用人单位违反本法规定，扣押劳动者居民身份证等证件的，由劳动行政部门责令限期退还劳动者本人，并依照有关法律规定给予处罚。

用人单位违反本法规定，以担保或者其他名义向劳动者收取财物的，由劳动行政部门责令限期退还劳动者本人，并以每人五百元以上二千元以下的标准处以罚款；给劳动者造成损害的，应当承担赔偿责任。

劳动者依法解除或者终止劳动合同，用人单位扣押劳动者档案或者其他物品的，依照前款规定处罚。

第八十五条 用人单位有下列情形之一的，由劳动行政部门责令限期支付劳动报酬、加班费或者经济补偿；劳动报酬低于当地最低工资标准的，应当支付其差额部分；逾期不支付的，责令用人单位按应付金额百分之五十以上百分之一百以下的标准向劳动者加付赔偿金：

（一）未按照劳动合同的约定或者国家规定及时足额支付劳动者劳动报酬的；

（二）低于当地最低工资标准支付劳动者工资的；

（三）安排加班不支付加班费的；

（四）解除或者终止劳动合同，未依照本法规定向劳动者支付经济补偿的。

第八十六条 劳动合同依照本法第二十六条规定被确认无效，给对方造成损害的，有过错的一方应当承担赔偿责任。

第八十七条 用人单位违反本法规定解除或者终止劳动合同的，应当依照本法第四十七条规定的经济补偿标准的二倍向劳动者支付赔偿金。

第八十八条 用人单位有下列情形之一的，依法给予行政处罚；构成犯罪的，依法追究刑事责任；给劳动者造成损害的，应当承担赔偿责任：

（一）以暴力、威胁或者非法限制人身自由的手段强迫劳动的；

（二）违章指挥或者强令冒险作业危及劳动者人身安全的；

（三）侮辱、体罚、殴打、非法搜查或者拘禁劳动者的；

（四）劳动条件恶劣、环境污染严重，给劳动者身心健康造成严重损害的。

第八十九条　用人单位违反本法规定未向劳动者出具解除或者终止劳动合同的书面证明，由劳动行政部门责令改正；给劳动者造成损害的，应当承担赔偿责任。

第九十条　劳动者违反本法规定解除劳动合同，或者违反劳动合同中约定的保密义务或者竞业限制，给用人单位造成损失的，应当承担赔偿责任。

第九十一条　用人单位招用与其他用人单位尚未解除或者终止劳动合同的劳动者，给其他用人单位造成损失的，应当承担连带赔偿责任。

第九十二条　违反本法规定，未经许可，擅自经营劳务派遣业务的，由劳动行政部门责令停止违法行为，没收违法所得，并处违法所得一倍以上五倍以下的罚款；没有违法所得的，可以处五万元以下的罚款。

劳务派遣单位、用工单位违反本法有关劳务派遣规定的，由劳动行政部门责令限期改正；逾期不改正的，以每人五千元以上一万元以下的标准处以罚款，对劳务派遣单位，吊销其劳务派遣业务经营许可证。用工单位给被派遣劳动者造成损害的，劳务派遣单位与用工单位承担连带赔偿责任。

第九十三条　对不具备合法经营资格的用人单位的违法犯罪行为，依法追究法律责任；劳动者已经付出劳动的，该单位或者其出资人应当依照本法有关规定向劳动者支付劳动报酬、经济补偿、赔偿金；给劳动者造成损害的，应当承担赔偿责任。

第九十四条　个人承包经营违反本法规定招用劳动者，给劳动者造成损害的，发包的组织与个人承包经营者承担连带赔偿责任。

第九十五条　劳动行政部门和其他有关主管部门及其工作人员玩忽职守、不履行法定职责，或者违法行使职权，给劳动者或者用人单位造成损害的，应当承担赔偿责任；对直接负责的主管人员和其他直接责任人员，依法给予行政处分；构成犯罪的，依法追究刑事责任。

第八章　附　　则

第九十六条　事业单位与实行聘用制的工作人员订立、履行、变更、解除或者终止劳动合同，法律、行政法规或者国务院另有规定的，依照其规定；未作规定的，依照本法有关规定执行。

第九十七条　本法施行前已依法订立且在本法施行之日存续的劳动合同，继续履行；本法第十四条第二款第三项规定连续订立固定期限劳动合同的次数，自本法施行后续订固定期限劳动合同时开始计算。

本法施行前已建立劳动关系，尚未订立书面劳动合同的，应当自本法施行之日起一个月内订立。

本法施行之日存续的劳动合同在本法施行后解除或者终止，依照本法第四十六条规定应当支付经济补偿的，经济补偿年限自本法施行之日起计算；本法施行前按照当时有关规定，用人单位应当向劳动者支付经济补偿的，按照当时有关规定执行。

第九十八条 本法自 2008 年 1 月 1 日起施行。